KB023492

선거는
어떻게
대중을
유혹하는가

선거는 어떻게 대중을 유혹하는가

EBS CLASS ⓔ

| 김지윤 지음 |

오늘의 미국을 만든
선거 민주주의의 진실

EBS BOOKS

강력하고 거대한 나라의
쩨쩨하고 쪼잔한 세계

책을 쓰기로 하고 출판사와 처음 만났을 때 내가 느낀 가장 어려운
요구는 이거였다.

"미국 대선이 지금 대한민국에 살고 있는 우리와 무슨 상관이 있는
지 말해주면 좋겠어요."

아무리 생각해도 뾰족한 답이 나오지 않았다. 물론 누가 미국의 대
통령이 되는지에 따라 외교정책이 달라지고, 대북정책이 달라지고,
동맹에 대한 처우가 달라지고, 전 세계 정세에 큰 영향을 미칠 수
있다. 그 정도 언급하면 되지 싶기도 했다. 그럼에도 풀리지 않는

숙제는, 미국 백악관에 누가 들어가느냐가 한국에 살고 있는 일반 시민에게 얼마나 영향을 주겠는가였다. 그렇게 질문을 해 들어가니 답이 없었다. 외교정책 운운도 결국 미국이 아니라 한국 정부가 달라지는 미국 외교정책 기조에 어떻게 대응하느냐의 영역이기 때문이다.

그렇게 생각을 정리하고 나니 그냥 깔끔한 답이 나왔다. 혹시라도 있을 독자의 흥미와 호기심에 의지하며 글을 썼다(출판사에는 매우 죄송하지만).

나는 아주 우연한 기회로 미국 정치American Politics를 공부했다. 원래는 정치경제Political Economy를 공부하려는 계획을 세우고 박사과정에 진학했는데, 내 지도교수를 맡았던 분이 종신 교수직tenure을 얻지 못하면서 1년 만에 다른 곳으로 떠나버렸다. 졸지에 지도교수 없는 낙동강 오리알이 되어버린 것이다. 다른 교수를 알아보고 다녔는데, 한창 정치경제 분야가 뜨던 시기인지라 학생을 더 받아줄 만한 분을 찾기 어려웠다. 그때, 대학원의 필수 과목인 계량 분석 방법론 Quantitative Analysis Method을 가르치던 교수가 넌지시 미국 정치를 공부해보지 않겠느냐는 말을 건넸다. 원래부터 수학을 좋아하던 건 아니지만, 숨길 수 없는 아시아 학생 특유의 숫자 본능이 발현되었던 것같다. 다른 수업에서는 조용한 학생이었던 내가 그 수업에서만큼은

선거는 어떻게 대중을 유혹하는가

발군의 실력을 보이긴 했다. 계량 분석이 주를 이루는 미국 정치 분야에서 수학을 기초로 한 통계를 잘해야 하는 건 필수였고, (결국 나의 새로운 지도교수가 된) 교수의 눈에는 숫자만 나오면 두 눈에 불을 켜고 답을 죽죽 읊어대는 내가 무슨 아시아에서 온 수학 영재쯤 되어 보였나 보다. 사실 나는 부족한 영어 실력으로 다른 수업에서 꿀 먹은 벙어리였던 터라, 그 수업에서만큼은 각 잡고 한풀이를 한 거였다. 클래스메이트들한테 바보로 보이고 싶지 않았기 때문이기도 했다. 그렇게 엉뚱하게 미국 정치학의 길에 들어섰다.

미국 정치의 재미는 '쪼잔함'에 있다. 세계 제일 강대국의 정치인데 쪼잔하다고 하니 어폐가 있지만, '악마는 디테일에 있다'는 말이 가장 잘 들어맞는 학문이 미국 정치다. 꼼꼼하게 남겨놓은 기록과 데이터를 파다 보면 그 철저함에 경이로움마저 느낀다. 끝까지 따지고 들지, 대충 눙치고 넘어가는 것이 없다. 거대 담론을 이야기하는 국제 관계나 비교 정치를 전공하는 사람들이 본다면, 쩨쩨하고 쪼잔하기 그지없다. 그런데 나는 그런 꼼꼼함이 좋았다. 소심하고 뒤 끝 있는 내 성격과도 맞았던 듯하다. 아직도 데이터를 하나하나 스프레드시트에 직접 적어 넣을 때의 쾌감(?)을 잊지 못한다. 뭐, 민주주의든 공화주의든, 결국 일상생활의 불편함에 대한 쪼잔한 고찰과 불만에서부터 시작되는 것 아니던가.

미국에 이전과 사뭇 다른 희대의 대통령이 등장하면서, 미국이 우리가 알던 나라가 아니라는 말들이 많다. 그런데 우리가 알던 미국은 어떤 나라이기에, 실망감 내지는 흥미로움을 보이는 것일까. 어쩌면 우리는 미국을 막연하게만 알고 있었는지 모른다. 민주주의의 '큰형님' 같은 국가, 세계 1위의 경제력을 가진 선진국, 이민자에게 열린 나라, 다양한 사람이 모여서 엄청난 국력을 창출해내는 국가. 그러면서도 냉전 시대에 또 이후에 그 가공할 파워를 휘둘러서 여러 국가를 피곤하게 하고 심지어 침공까지 했던 국가. 그런데 미국을 칭송하는 이들도 비판하는 이들도, 사실 진정한 미국의 모습을 잘 몰랐던 건 아닐까.

전하고 싶은 메시지가 있었다. 20세기와 21세기에 걸쳐 세계 최강국으로 군림해온 미국은, 굉장히 불완전하고 비합리적이며 변덕스러운 국가였을 뿐이라고. 다만, 끊임없이 고민하고 수정하고 때로는 피 흘리는 희생을 감수하며 여기까지 온 것이라고. 아마도 우리가 아는 미국의 힘은, 그 고민과 수정의 과정에서 나온 게 아닐까. 그렇게 결론짓고 나면, 미국을 무조건 미워할 이유도, 턱없이 숭상할 이유도 별로 남지 않는다. 그저, 지금까지 이 나라가 걸어온 길에서 존중할 부분을 존중하고 비판할 부분을 비판하는 자연스러움만이 남는다. 그리고 조금은 느긋한 기분으로 저편에서 벌어지는 일을 관전할 여유도 생긴다. 이 책은 독자 여러분이 관전을 할 때

선거는 어떻게 대중을 유혹하는가

조금 더 재미를 주는 '팝콘'이 되는 것을 목표로 했다.

세계 최강국이라 일컫는 미국이 얼마나 허술한 방법을 통해서 대통령을 선출하는지, 그 허술함을 다 알면서도 왜 바꾸지 않는지, 허술한 틀 안에서 얼마나 신묘하게 시스템을 유지해왔는지, 그리고 〈하우스 오브 카드House of Cards〉는 얼마나 리얼하게 잘 만든 드라마인지. 멀리 떨어진 곳에서 벌어지는 이들의 일을, 안방에서 체험하듯 독자 여러분 눈앞에 그려볼 수 있기를 바란다.

아, 마지막 한 가지 소망. 이 책을 읽은 독자가 이후 '북한 핵 문제, 미국 대선의 쟁점'이라는 얼토당토않은 헤드라인을 단 기사는 코웃음 치며 무시할 수 있다면, 그야말로 나는 소명을 다했다고 느낄 것이다.

김지윤

★ ★ ★ ★ ★

차례

★ ★ ★ ★ ★

PART 3 | 격변하는 시스템: 누구에게 호소할 것인가

PART 1 | 선택의 역설

: 당나귀인가 코끼리인가

트럼프는 어떻게
대통령이 됐을까

2016년 11월 8일, 미국 공화당 부통령 러닝메이트였던 마이크 펜스Mike Pence 후보와 자신의 가족과 함께 무대에 선 도널드 J. 트럼프Donald J. Trump의 얼굴에는 왠지 모를 당황스러움이 비쳤다. 미국의 제45대 대통령으로 당선이 확정된 직후였다. 통상적으로 선거에서 승리가 확정되면 후보자는 기쁨을 감추지 못하기 마련인데, 트럼프의 표정은 뭔가 묘했다. 스스로도 결과를 믿지 못하는 모습처럼 비쳤고, 그래서인지 그날의 승리 연설은 평소의 그답지 않게 매우 점잖았으며, 아닌 말로 진짜 정치인다웠다.

그리고 다른 이들은 경악했다. 물론 트럼프의 당선을 기뻐하는 많은 공화당 당원들과 지지자들이 있었지만 "어떻게 이런 일이?"라는 반응이 주를 이뤘다. 진보 성향이 강한 할리우드에서는, 우리에게도 잘 알려진 유명 스타들이 탄식의 트윗을 올리기도 했다. 마돈나 Madonna, 마크 러팔로 Mark Ruffalo 같은 스타들은 다시 일어나 싸워야 한다고 투지를 다졌다(그런데 무엇을 향해?). 한편으로 트럼프의 당선은 나를 비롯한 수많은 정치학자와 여론조사 전문가를 한순간에 바보 멍청이로 만들어버리는 순간이기도 했다. 특히 여론조사는 또다시 세간의 놀림감이 되었다. 2008년과 2012년 대통령 선거 결과를 거의 100퍼센트 가깝게 맞혔던 정치통계 사이트 538 FiveThirtyEight의 네이트 실버 Nate Silver 역시 예측 실패로 쓴맛을 보았다.

이쯤 되면 오기가 나서라도 왜 틀렸는지 분석해야 직성이 풀린다. 매일 밤 이불킥에 창피하기 짝이 없지만, 그래서 더욱 결과를 다시 한 번 면밀히 살펴보게 된다.

2016년 11월 8일, 도널드 트럼프 후보가 얻은 표는 모두 6,298만 4,828표다. 반면 힐러리 R. 클린턴 Hillary R. Clinton 후보는 모두 6,585만 3,514표를 얻었다. 클린턴 후보가 무려 300만 표 가까이 더 많이 득표한 것이다. 비율로 따지자면 트럼프 후보가 46.1퍼센트, 클린턴 후보가 48.2퍼센트의 득표율이니, 우리나라처럼 한 표 한 표 모두 계산에 포함되는 제도였다면 클린턴은 미국 최초의 여성 대통령이 되었을 것이다.

그러나 불행히도 미국의 대통령 선거제도는 이보다 훨씬 복잡하고 기괴하기까지 하다. 시쳇말로 '괴랄'하다고 표현할 수 있겠다. 미국 50개 주마다 실제로 대통령을 뽑는 '선거인단electoral college'이 배분되어 있고, 각 주에서 한 표라도 더 득표한 후보는 그 주에 걸려 있는 선거인단을 모두 가져가게 된다. 이를 두고 소위 승자 독식제Winner-takes-all라고 한다. 그리고 총 538명의 선거인단 가운데 과반을 넘는 270명의 선거인단을 먼저 확보하는 후보가 대통령에 당선된다. 결국 누가 먼저 270명의 선거인단 수에 도달하느냐의 경쟁인 셈이다. 만일 후보가 3명 이상이고 그중 누구도 과반의 선거인단을 차지하지 못한다면? 그런 경우엔 연방의회의 하원에서 누가 대통령이 될지를 결정한다(미국 역사상 그런 일이 딱 두 번 있었다).

2016년 선거에서 트럼프가 승리할 수 있었던 이유는 무엇일까. 경합주에서 아슬아슬하게 이기고 그 주에 걸린 선거인단을 모두 가져갔기 때문이다. 클린턴보다 300만 표 가까이 적게 얻은 트럼프는 승리에 필요한 270명을 훌쩍 넘는 304명의 선거인단을 확보하면서

227명의 선거인단을 차지한 클린턴을 가뿐하게 눌렀다.* 클린턴으로서는 억울하기 짝이 없는 결과일 것이다. 그리고 우리는 '어쩌다 이런 일이?'를 되뇔 뿐이다.

러스트 벨트, 러스트 벨트, 러스트 벨트

당시 클린턴에게 가장 뼈아픈 패배는 누가 뭐래도 미시간, 위스콘신, 그리고 펜실베이니아, 이 세 주州에서의 패배였다. 세 주는 사실 민주당 색채가 강한 지역이라서, 그 누구도 클린턴이 패배할 것이라 생각하지 못했다. 자동차 노조가 강력하게 자리 잡고 있는 미시간이라든지, 동북부의 전통이 남아 있는 펜실베이니아, 그리고 항상 개혁적 바람이 먼저 시작되는 곳인 위스콘신은 전통적으로 민주당의 편을 들어주는 곳이라 여겨졌기 때문이다. 세 주에 걸린 선거인단 수도 각각 16명, 20명, 10명으로 모두 합하면 46명이나 된다. 클린턴 캠프는 분명히 이 46명의 선거인단을 무난히 확보할 수 있을 거라 생각했음에 틀림없다. 설혹 플로리다와 오하이오를 모두 넘겨줘도,

---

* 최종 선거인단 결과를 보면 미국 대통령 선거의 '괴랄'함이 한 번 더 드러난다. 선거인단 수를 단순하게 계산하면 트럼프가 306명, 클린턴이 232명이다. 하지만 당에서 선정한 선거인단들이 '배신'을 때리는 일이 생겼다. 트럼프 측에서 2명이, 클린턴 측에서 무려 5명이 막판에 이탈해 엉뚱한 다른 사람들을 지지함으로써, 최종 결과는 304 대 227로 나왔다. 뭐, 승패에는 영향을 미치지 않았지만 말이다.

산술적으로 계산해보면 승리에 큰 무리가 없다고 보았을 것이다(플로리다의 선거인단 수는 29명, 오하이오는 18명이다).

그런데 결과는 모두를 놀라게 했다. 펜실베이니아에서 트럼프는 클린턴을 4만 4,292표 차이로 이겼다. 위스콘신에서는 2만 2,748표

	미시간	위스콘신	펜실베이니아
1972	공화당	공화당	공화당
1976	공화당	민주당	민주당
1980	공화당	공화당	공화당
1984	공화당	공화당	공화당
1988	공화당	민주당	공화당
1992	민주당	민주당	민주당
1996	민주당	민주당	민주당
2000	민주당	민주당	민주당
2004	민주당	민주당	민주당
2008	민주당	민주당	민주당
2012	민주당	민주당	민주당
2016	공화당	공화당	공화당

미시간, 위스콘신, 펜실베이니아의 역대 대통령 선거 투표 결과

	미시간	위스콘신	펜실베이니아	전체
트럼프	2,279,543	1,405,284	2,970,733	6,655,560
클린턴	2,268,839	1,382,536	2,926,441	6,577,816
	10,704	22,748	44,292	77,744

2016년 선거 당시 미시간, 위스콘신, 펜실베이니아의 표 차이

차, 그리고 미시간에서는 1만 704표 차이로 간신히 이겼다. 다 합치면 7만 7,744표 차. 이 10만이 채 안 되는 표가 트럼프의 품에 무려 46명의 선거인단을 몽땅 안겨주었고, 클린턴은 전국적으로 300만 표 가까이 이겨놓고도 미국 대통령 자리를 놓치고 말았다.

선거 당시, 우리나라에서도 많이 언급되었던 말이 있다. 바로 '러스트 벨트Rust Belt'다. 미국은 종종 '벨트Belt'라는 이름을 붙여 표심이나 정치 성향을 설명한다. 농업에 종사하고 특히 옥수수나 대두가 많이 나는 지역인 인디애나, 일리노이, 아이오와, 미주리 등을 통틀어 '팜 벨트Farm Belt'라고 하기도 하고, 복음주의 신도들이 많아서 도덕적으로 보수적인 동남부 지역은 '바이블 벨트Bible Belt'라고 일컫는다. 언론에 종종 나왔기 때문에 많은 사람이 알고 있을 법한 '러스트 벨트'는 미국의 오대호를 둘러싼 동북부와 중서부 지역을 의미한다. 펜실베이니아, 오하이오, 미시간, 위스콘신, 일리노이 등 과거 자동

선거는 어떻게 대중을 유혹하는가

차와 철강으로 대표되는 미국 제조업을 이끌던 지역이다. 미국이 한창 잘나갈 때는 국가 경제를 이끌었지만, 저렴하고 성능이 뛰어난 일본과 한국의 자동차로 인해 큰 타격을 입고 이제는 쇠퇴해가는 지역으로 꼽힌다. '러스트^{rust}'가 영어로 '녹'을 의미하는 만큼, 이 지역을 활기차게 만들었던 경제가 녹슬어간다는 뜻을 담고 있다.

지금 우리가 머릿속에 떠올리는 미국은 언뜻 최첨단 기술을 자랑하는 초강대국이고, 군사력으로 따지면 그야말로 '넘사벽'인 국가다. 이름만 들어도 세련되게 느껴지는 구글, 아마존, 마이크로소프트 같은 기업들과 실리콘 밸리가 태어난 곳이다. 그렇지만 한때 미국을 가열차게 돌아가게 만든 원동력은 제조업이었다. 1970년대, 미국을 상징하는 철강 산업과 자동차 산업을 필두로 한 제조업은 미국 총생산^{GDP}의 24퍼센트를 차지하기도 했다. 그러던 것이 일본과 유럽의 공격적인 제조업 발전과 저렴한 상품 가격으로 인해 타격을 받으면서 1990년에는 17.8퍼센트로 줄어들었다. 급기야 최근 2017년에는 불과 11.2퍼센트로 크게 쪼그라들었다. 물론, 줄어든 제조업의 생산 비율은 다른 산업으로 채워졌는데, 2017년 미국 총생산 가운데 20.8퍼센트의 비중을 차지한 것은 바로 금융, 보험, 부동산, 임대업이다.

산업혁명까지는 아니더라도 상당히 많은 혁신과 구조조정을 이루어낸 미국 산업계는 분명한 승자와 패자를 만들어냈다. 실리콘 밸리의 그들이 승자라면, 1960~1970년대에 제조업 강국을 만들던 이들은 패자가 되었다. 그리고 그 패자의 목소리를 들어주던 정치권은 너무나 신속하게 이들을 떠나버렸다. 함께 싸우고 편이 되어주던 민주당마저도.

우리를 지켜주지 않는 브라만 좌파

『21세기 자본론』으로 반향을 일으켰던 토마 피케티^{Thomas Piketty} 교수의 새로운 책『자본과 이데올로기』를 얼마 전 읽었다. 다른 부분도 무척 흥미로웠지만, 최근 미국을 비롯한 서구 민주주의 국가에서 나타나고 있는 정당 구조와 지지 계층의 변화 대목에 눈길이 갔다. 사실 이 부분은 이미 피케티 교수가 2018년에 논문으로 발표한 바 있다.

피케티 교수는 여기서 '브라만 좌파^{Brahmin Left}'라는 말을 사용했다. 브라만은 잘 알다시피 인도 카스트의 최상부에 속한 계급이다. 좌파에 브라만을 붙인 것은 무슨 의도에서일까? 보통 좌파라고 하면 우리는 노동자 계층과 함께 대오를 이뤄 노동 투쟁을 하는 정치 집단을 떠올린다. 저소득층이나 취약계층의 편에 서서 임금이나 복지

투쟁을 함께 하는 사람들. 그러나 피케티 교수는 최근 나타나는 좌파의 변절(?)에 주목한다.

이전의 민주당은 교육 수준이 낮은 유권자로 구성되어 있었다. 대공황 이후 민주당 출신 프랭클린 D. 루스벨트Franklin D. Roosevelt 대통령의 뉴딜정책은 당시 대공황으로 가장 타격을 입었던 노동자, 이민자, 여성 등의 취약계층을 모두 뉴딜우산New Deal Umbrella 아래 모이게 했고, 미국의 전격적인 노동법이라 할 수 있는 전국노동관계법 National Labor Relations Act을 통과시켰다. 이후로 민주당은 오랜 시간 노동자와 소시민의 정당이었다. 그렇게 공화당은 엘리트 집단의 정당으로, 민주당은 대중의 정당으로 모양새를 갖춰왔다.

그 후 거의 100년에 가까운 세월이 지나는 동안, 미국 사회는 훨씬 복잡하고 다채롭게 변했다. 당시에는 생각지 못했던 국제 패권이 손에 쥐어졌고, 제조업 붐에 힘입어 세계의 공장 노릇을 하던 나라에서 혁신적인 첨단산업의 고향으로 탈바꿈하기 시작했다. '세계화 globalization'는 값싼 노동력이 기다리고 있는 곳으로 기업의 생산기지를 옮기게 했고, 한때 미국의 자랑거리였던 건실한 노동자들은 시대에 뒤처지는, 못 배우고 가방끈 짧은 유권자로 전락했다. 그리고 이들을 대표해주던 민주당은 '정치적 올바름politically correctness'을 이야기하는 세련되고 입바른 정당이 되어 있었다.

민주당이 이전과 다른 성격을 띠게 된 원인은 지지자들이 고학력, 고소득이 된 데 있다. 2016년 대선 출구조사 결과만 놓고 보아도, 고학력일수록 힐러리 클린턴을 지지한 비율이 훨씬 높았다. 반면 저학력일수록 트럼프에게 표를 주었다. 엘리트 이미지의 공화당은 온데간데없이 사라지고, 민주당이 고학력 정당으로 변모하고 있었다.

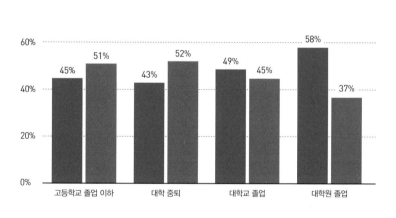

학력에 따른 투표 행태(2016)

선거는 어떻게 대중을 유혹하는가

1960년대 노동자의 자녀들은 고등교육을 받고 계급 상승을 할 수 있었다. 하지만 그들의 부모로부터 물려받은 정치적 성향은 그대로 남아 여전히 민주당 지지자의 정체성을 가지고 있다. 피케티 교수가 지적하듯, 변해버린 현재 민주당의 모습은 (공장 노동자들에겐) 고답적인 담론과 어젠다에 천착하는 잘난 인간들의 모임일 뿐이었다. 공화당은 늘 그랬듯 엘리트 자산가들의 클럽이었고. 그 누구도 우리의 목소리를 들어주지 않는다는 절망감을 느낄 때 나타난 인물이 트럼프였다. 공화당이 신경 쓰지 않았던 '러스트'한 노동자들을 안고 가겠다고 주장한 후보. 우리 편인 줄 알았는데, 우리한테는 전혀 관심도 가지지 않는 배신자 민주당을 열심히 때려주는 후보. 미드웨스트의 많은 백인 유권자가 트럼프에 열광한 것은 우연이 아니다.

너, 나가!

또 하나 놓쳐서는 안 되는 것이 있다. 바로 외부인에 대한 증오 표현이다. 1965년 이민법 개정을 통해 많은 이민자가 미국에 쏟아져 들어오면서 기존 유권자와는 상당히 다른 유권자층이 커다란 비중을 차지하기 시작했다. 특히 히스패닉 인구의 급증세는 눈여겨볼 만하다. 실제로 2060년 즈음에는 히스패닉 인구가 미국 전체 인구의 30퍼센트에 가까운 비중을 차지하게 될 것이라 전망된다. 여기에 흑인 인구, 아시아계 인구를 합하면 백인은 더 이상 과반을 차지하는 주류 인종이 되지 못할 것이라고도 한다. 그런 의미에서 버락 오바마Barack Obama 대통령의 등장은 많은 백인 유권자에게 심리적 충격을 주었음이 분명하다.

사실 낙오된 러스트 벨트의 유권자만으로 선거에서 이길 수 없다. 제아무리 트럼프 같은 수준 떨어지는 후보가 입맛에 맞지 않는다 하더라도, 위선적인 민주당의 클린턴을 찍을 수는 없는 전통적인 공화당 성향 유권자가 많았기에 트럼프는 당선되었던 것이다. 그리고 이런 생각을 가진 공화당 유권자는 백인을 주축으로 삼고 있다. 2016년 선거 출구조사에 따르면, 힐러리 클린턴과 도널드 트럼프 사이의 백인 유권자 표 차이는 20퍼센트에 육박한다.

트럼프 대통령이 후보 시절 당시 멕시코 이민자에 대해 쏟아낸 모욕적 발언은 매우 유명하다. 많은 사람이 아연실색했고 증오와 혐오를 이용한 정치를 한다며 비난했다. 그리고 결국 히스패닉 유권자들이 등을 돌리는 일이 발생할 것이라고 주장했다. 히스패닉 유권자는 점점 규모가 커지면서 중요한 투표 집단으로 성장하고 있는 상황이기도 했다.

진실은 조금 달랐다. 히스패닉 유권자의 20퍼센트 내지 30퍼센트는 꾸준히 공화당을 지지하고 있다. 95퍼센트가 민주당을 지지하는 흑인 유권자와는 좀 다른 성향을 보인다. 그리고 이들은 낮은 투표율로 악명이 높다. 백인 유권자와 흑인 유권자가 대략 60퍼센트대와 50퍼센트대 투표율을 보이는 데 반해, 히스패닉 유권자와 아시아 유권자의 투표율은 기껏해야 30퍼센트대에 지나지 않는다. 멕시코 출신 불법 체류 히스패닉 유권자를 모욕해서 잃는 표보다, 이를 통

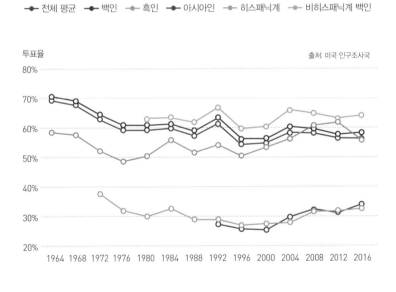

인종별 대통령 선거 투표율(1964~2016)

해 통쾌함을 느끼는 백인에게 얻는 표가 더 많다는 이야기다.

거침없는 모욕과 네거티브 전술. 트럼프 대통령은 이번 선거에서도 이를 십분 활용할 것이다. 확장성이라고는 1도 없는, 하지만 열렬한 지지층을 가진 트럼프의 목표는 별 매력 없이 무난해 보이는 조 바이든 Joe Biden에게 한 표 행사할 수도 있는 뜨뜻미지근한 유권자로 하여금 투표소에 나타나지 않게 하는 것이다. 그리고 이 목표를 달성하기 위해서는 네거티브 선거 전략만큼 좋은 것이 없다. '너'와 '나'를 가르고, '그들'과 '우리'를 가르고, 진정한 미국인과 외국인을 가르는 것은 주효한 네거티브 전략이다. 뒤에서 다루겠지만 여기서 중요한 한 몫을 하는 것이 인종 카드다.

양당 정치의 숨겨진 역사

가끔 CNN이나 미국 정치 관련 책을 보면 당나귀와 코끼리가 그려져 있는 것을 볼 수 있다. 정치 이야기를 하는데 당나귀는 뭐고, 코끼리는 뭐지?

답부터 말하자면 당나귀는 민주당을 의미하고 코끼리는 공화당을 의미한다. 이 심벌은 150여 년 전에 만들어져서 지금까지 사용되어 오고 있다. 그럼 어쩌다가 민주당의 상징은 당나귀가 되고 공화당의 상징은 코끼리가 되었을까?

동물이 상징으로 등장한 것은 민주당의 당나귀가 먼저다. 1828년 미국 대통령에 당선되었던 앤드루 잭슨Andrew Jackson은 고집 세고 불 같은 성격으로 알려져 있다. 화끈해서 좋기도 한데, 지나치게 자기 주장을 강압적으로 밀어붙이는 카리스마 넘치는 꼰대라고 보는 게 좋겠다. 어쨌든 성석들은 1812년 영국과의 2차 전쟁에서 전쟁 영웅 으로 유명했던 그를 두고 '수탕나귀Jackass'라고 불렀는데, 대체로 당 나귀라 하면 고집불통에 머리도 좀 안 좋은, 멍청이란 의미를 담고 있다. 그런데 희한하게도 앤드루 잭슨은 이 별명을 좋아했다고 한 다. 대통령 선거 이후 당나귀는 사람들 뇌리에서 사라졌다가 다시 등장하게 된다. 이를 다시 소환한 이는 당대 가장 인기 있던 시사만 화가 토머스 내스트Thomas Nast였다. 1870년대에 활발하게 활동했던 그는 50년 전쯤 유행했던 앤드루 잭슨의 당나귀를 가지고 와서 민 주당을 표현했다. 그가 그린 카툰이 폭발적인 인기를 얻으면서 민 주당의 상징 동물은 당나귀가 되었다.

공화당의 상징인 코끼리 역시 그가 만들어낸 작품이다. 코끼리는 1874년《하퍼스 위클리Harper's Weekly》라는 주간지에 등장했다. 1874년 에는 중간선거가 있었는데, 당시 이미 재선되어 두 차례 대통령직 을 수행하던 율리시스 그랜트Ulysses Grant 대통령이 1876년 대통령 선

민주당의 상징 당나귀와 공화당의 상징 코끼리

공화당을 코끼리로, 민주당 성향의 언론을 당나귀로 묘사한 토머스 내스트의 그림

거를 앞두고 3선을 하려는 꿍꿍이를 가지고 있다는 루머가 돌기 시작했다(당시만 해도 3선을 금지하는 조항은 없었다. 프랭클린 D. 루스벨트 대통령이 네 차례에 걸쳐 대통령직을 수행한 뒤 수정헌법을 통해 대통령직을 두 차례만 허용하는 제한이 마련되었다). 워낙에 산전수전 다 겪고 세상 초월한 듯 사는 스타일로 알려진 그랜트 대통령의 성격을 보건대 그 루머가 진짜 같지는 않지만, 어쨌든 소문은 무성해졌다. 내스트는 이 상황을 정치 카툰으로 그려냈는데, 그랜트의 출마설에 불을 지폈던 민주당 성향의 언론사인 뉴욕헤럴드New York Herald를 사자의 탈을 쓴 당나귀로, 공화당은 나무로 얼기설기 만들어진 아슬아슬한 다리를 건너려는 코끼리로 묘사했다. 그렇게 두 정당은 이후 당나귀와 코끼리로 150년을 지내왔다.

양당제가 유지되는 세계 유일의 나라

한국의 정당 변천사와 수명을 보면 한숨이 나오기도 한다. 어쩌면 이렇게도 많은 이합집산과 당명 개정이 있었을까. 맘먹고 계산해봤더니, 평균 정당 수명이 5년 정도밖에 안 되었다. 이에 비해 미국은 민주당과 공화당이라는 양당 체제를 오랫동안 유지해오고 있다. 그 흔한 당명 한 번 바꾸지 않고.

선거는 어떻게 대중을 유혹하는가

또 하나 더. 미국의 정당 시스템을 보면서 항상 경이로운 부분이 있다. 두 정당 외에 다른 선택지가 없고, 이런 시스템이 상당 기간 오래도록 유지되고 있다는 점이다. 보통 선거제도를 공부할 때 기초적인 이론으로 나오는 것 중 '뒤베르제의 법칙Duverger's Law'이 있다. 프랑스의 선거정치학자인 모리스 뒤베르제Maurice Duverger가 정의했는데, 쉽게 말하자면 단순다수대표제를 채택한 국가는 양당제 시스템으로 구성되는 경향이 있고, 비례대표제를 채택한 국가는 다당제 시스템이 만들어지는 경향이 있다는 것이다.

단순다수대표제는 우리나라 지역구 선거 방식과 유사하다. 비례대표제는 우리나라의 과거 비례대표 선출 방식이라고 말할 수 있다.

단순다수대표제처럼 지역구에서 한 표라도 더 많이 얻은 1위 후보만 당선되는 시스템이라면, 내가 제3의 후보를 지지한다 하더라도 선뜻 지지 후보에게 표를 주기가 쉽지 않다. '어차피 3등 후보이니까 당선될 가능성은 크지 않은데. 그럴 바엔, 정말 싫은 후보 A보다는 그래도 덜 싫은 후보 B한테 표를 주는 게 낫지 않을까?'라는 심리가 작용해서 차악을 선택하게 되고, 이런 심리는 결국 거대 정당 둘만을 살아남게 한다는 것이 뒤베르제의 설명이다. 그런데 단순다수대표제를 선택하고 있는 나라는 지구상에 많지만, 뒤베르제가 말한 것처럼 양당제를 고수하는 국가는 생각보다 많지 않다. 아니, 사실상 거의 없다고 해도 과언이 아니다. 미국을 제외하고.

남북전쟁 이후 미국은 민주당과 공화당의 양당제를 공고하게 유지하고 있다. 물론, 지역마다 수많은 정당이 있고 녹색당Green Party, 자유당Libertarian Party 같은 군소 정당이 아예 없는 것은 아니다. 이번 대선에도 자유당의 조 조르겐센Jo Jorgensen과 녹색당의 하위 호킨스Howie Hawkins가 출마했다. 또, 무소속 의원들도 원내에 있다. 하지만 제3 정당의 깃발을 들고 미 의사당인 캐피톨 힐Capitol Hill에 들어간 정당은 많지 않다. 현재 자유당의 저스틴 어마시Justin Amash 의원이 연방 하원에서 활동하고 있지만, 어마시 의원은 2019년 자유당으로 당적을 옮기면서 자유당 의원이 된 것이고, 당선될 당시에는 공화당 후보였다.

중앙 정치에서 존재감 있는 정당이 되려면 대통령 선거에서 1, 2위를 다투는 후보 하나쯤은 내본 적이 있어야 한다. 그런데 미국은 진보당Progressive Party을 창당하고 1912년 대통령 선거에 후보로 나와서 2위를 차지했던 전직 대통령 시어도어 루스벨트Theodore Roosevelt*를 제외하고, 민주당이나 공화당이 아닌 후보가 대통령 선거에서 의미

---

* 미국인이 매우 사랑했던 대중적인 대통령이다. 아이들이 좋아하는 '테디 베어Teddy Bear'는 그의 별칭 테디 루스벨트의 이름을 따서 만든 말이다.

있는 성적을 내본 역사가 없다. 유례없이 뒤베르제의 법칙이 잘 작동하는 나라인 셈이다. 제3당이 이렇게도 전무하다시피 한 이유는 민주당과 공화당이 새롭게 생겨나는 이슈를 자신들의 정당 정책으로 잘 흡수해서이기도 하지만, 선거제도의 영향, 새로운 정당이 전국 정당으로 거듭나기 힘든 제도적 장치 등이 복합적으로 작용한 탓이라 할 수 있다.

그렇다면 다음 질문을 해볼 수 있다. 두 정당이 미국 유권자들의 요구를 취합해서 다른 이념을 대표해왔다면, 민주당과 공화당이라는 두 정당을 관통하는 가장 중요한 이슈는 무엇일까? 누군가가 내게 미국 대통령 선거에서 가장 화두가 되는 이슈 두 가지를 꼽아보라고 한다면 나는 단연코 인종 문제와 경제라고 답할 것이다. 독자에게 다음 질문을 던져보고 싶다.

"1900년대 초, 당신이 미국의 흑인이라면 어느 정당을 지지할까?"

많은 이들이 민주당이라 답할 것이다. 유색인종이나 이민자에게 상대적으로 너그럽고, 무엇보다 흑인 대통령이 나온 정당인데, 당연히 민주당이 아닐까?

정답은 공화당이다. 트릭은 '1900년대 초'에 있다. 남북전쟁을 감수하며 노예해방을 이끈 인물인 에이브러햄 링컨Abraham Lincoln은 공화당이 낳은 첫 대통령이다. 1900년대 초라면 흑인들이 링컨에 대한 존경과 함께 그의 정당인 공화당에 무한 신뢰를 보낼 시기다. 미국 정치와 정당 역사를 자세히 모르는 독자라면 헷갈릴 만도 하다. 현재의 공화당과는 현격한 차이가 있으니까.

흑인 대통령과 여성 대통령 후보가 나온 민주당의 과거는 사실 굉장히 인종차별적인 정당이었다. 원래 남부를 기반으로 하고 있었기 때문이다. 그렇다면 민주당은 언제부터 이렇게 친유색인종 정당이 된 것일까? 반대로 링컨의 정당은 어떤 이유로 트럼프의 정당이 되어버린 것일까?

떠나지 않는 이슈, 인종 갈등

미국의 민주당은 세계에서 가장 오래된 정당이다. 건국 당시에는 연방주의당Federalist Party과 민주공화당Democratic-Republican Party이 경쟁했으나, 연방주의당은 곧 사라지고 토머스 제퍼슨Thomas Jefferson과 제임스 매디슨James Madison의 민주공화당이 30년 가까이 독주했다. 그러다가 앤드루 잭슨 대통령이 귀족적이고 엘리트 중심인 민주공화당에 반기를 들고나와 만든 정당이 지금의 민주당이다(잭슨 대통령은 현재 트럼프 대통령과 비슷하다는 평을 듣는 인물이다). 뿌리는 제퍼슨의 민주 공화당에 있지만 1828년에 본격적으로 만들어진 민주당은 지금까지 이어지고 있다.

공화당은 이보다 30년 정도 뒤에 등장한다. 공화당의 원류는 휘그당Whig Party인데, 휘그당은 앤드루 잭슨 대통령이 대중의 인기를 등에 업고 막무가내식 정치를 하는 데 반발한 민주당 당원들이 만든 정당이다(트럼프와 비슷하다니까!). 휘그당은 노예제도에 반대하는 입장을 가지고 있었다. 하지만 1854년 남북전쟁의 전조이기도 한 캔자스-네브래스카 법Kansas-Nebraska Act*이 통과될 때, 휘그당 지도부는 노예제도 폐지 이슈에 과감하게 행동하지 못하고 주저하는 모습을 보인다. 이에 반발한 개혁 진보적인 젊은 당원들이 휘그당을 뛰쳐나오고, 그렇게 태어난 정당이 현재의 공화당이다. 주로 북부 대도시와 상공업자, 자유주의자들을 중심으로, 상당히 개혁적인 성향을 가지고 있었다. 굳이 지금으로 비유하자면, 실리콘 밸리의 혁신적인 기업가와 리버럴한 엔지니어들이 주축이 되는 정당이라고 볼 수도 있겠다. 공화당은 노예제 폐지를 강력하게 주장했고, 1860년 에

---

* 미국이 연방에 가입하려는 주들을 받아들이면서 문제가 되기 시작했던 것이 노예주와 자유주의 구분이었다. 이전의 미주리 협정Missouri Compromise을 통해 북위 36.30도 아래는 노예주로, 위는 자유주로 가입을 허용해왔다. 그러더 36.30도 위에 위치한 캔자스와 네브래스카가 모두 자유주로 가입하는 상황이 벌어지자 남부는 반발했다. 결국 새로 연방에 가입하는 주들이 노예주로 가입할 것인지 아니면 자유주로 가입할 것인지를 주민 스스로 정하게 하자는 캔자스-네브래스카 법이 통과됐다.

이브러햄 링컨을 대통령에 당선시켰다.

잘 알려져 있다시피 남북전쟁은 미국을 초토화시켰으며, 공화당이 이끄는 연방정부의 승리로 끝이 났다. 전쟁이 끝난 뒤 공화당의 위세는 대단했다. 그렇지만 연방군의 남부 군정이 정치적인 이유로 끝나면서, 민주당은 다시 남부의 맹주가 되었다. 물론, 남부인의 요구에 맞춰 상당히 인종차별적인 관습법을 강력하게 지지하면서.

결국 남부에서의 참혹한 삶을 견디다 못한 흑인들은 제1차 세계대전과 함께 값싼 노동력이 필요해진 도시의 공장 노동 시장을 찾아 북부와 동부로 떠난다. 1916년부터 1970년대까지 약 600만 명의 흑인이 고향을 떠나 동북부로 대거 이동했다. 대이동The Great Migration이라 불릴 만큼 미국 역사에서 상당히 큰 의미가 있는 사건이다. 특히 이 시기는 미국이 이민을 제한하는 법을 통과시켜 유럽으로부터 유입되는 노동인구가 줄었던 터라, 대체할 노동인구가 필요했다. 이들이 선택한 곳은 상대적으로 일자리를 쉽게 찾을 수 있는 대도시였다. 시카고Chicago, 디트로이트Detroit, 클리블랜드Cleveland, 뉴욕New York처럼. 이들은 새로운 정착지에서도 여전히 공화당을 지지했다. 사실, 당시의 공화당이 흑인이나 이민자, 유색인종의 삶에 큰 도움이 되었던 것도 아니었지만, 원래 인간은 정치 성향에서도 '애착'을 느끼곤 하고, 그 감정을 끊어내는 데는 상당한 시간이 걸린다.

1960년대의 민권운동

"I have a dream(나는 꿈이 있습니다)."

흑인 민권운동의 아이콘으로 알려진 마틴 루터 킹^{Martin Luther King Jr.} 목사의 1963년 연설은 지금까지도 미국 역대 최고의 연설 중 하나로 꼽힌다. 나 역시 그 연설의 울림에 반해 외우고 다닌 적이 있다. 킹 목사만큼 유명한 맬컴 엑스^{Malcolm X}, 우리에게 잘 알려져 있진 않지만 블랙팬서당^{Black Panther Party}의 스토클리 카마이클^{Stokely Carmichael} 등을 필두로 인종차별에 맞서 흑인들의 시민권을 찾기 위한 움직임이 한창이었다. 하지만 1960년대의 민권운동이 그냥 나온 것은 아니었다. 이미 1950년대부터 꾸준히 인종분리정책에 대한 반발과 소송이 이어지고 있었다. 이유는 하나였다. 흑인들 역시 제2차 세계대전에서 파시즘과 나치즘에 맞서 국가를 위해 싸웠고, (당연하게도) 자신들이 국가를 위해 목숨을 걸었던 대가를 바라게 되었다. 특히 파시스트나 나치들이 소수자를 다뤘던 행태와 별다를 바 없는 미국 사회의 위선에 대한 비판이 거셌다.

미국 흑인 민권운동과 정당사의 결정적인 순간은 1964년 민권법^{Civil Rights Act}과 1965년 투표권법^{Voting Rights Act}이 통과되던 때라고 할 수 있다. 사실 1960년 선거에서 리처드 닉슨^{Richard Nixon}을 이기고 대통령이 된 민주당의 존 F. 케네디^{John F. Kennedy} 대통령은 처음부터 흑인 민권운동에 큰 관심을 둔 인물은 아니다(미국 최초의 흑인 메이저리거인 재키 로빈슨^{Jackie Robinson}은 케네디가 흑인의 권리에 관심 없는 부잣집 도련님일 뿐이라며 닉슨을 지지했다). 하지만 취임 이후 거세어져만 가는 흑인 민권운동의 바람을 맞고 시대적 요구를 받아들이기로 결심한다. 그리고 1963년, 인종차별을 금지하는 민권법을 발의하게 된다.

바로 그해, 케네디는 텍사스주의 댈러스^{Dallas}에서 암살당한다. 너무나 많은 의혹을 남긴 채. 케네디의 민권법은 대통령직을 물려받은 린든 B. 존슨^{Lyndon B. Johnson} 대통령에 의해 통과되는데, 1964년 대통령 선거를 앞두고 있던 존슨 대통령은 당시 절친한 리처드 러셀^{Richard Russell Jr.} 조지아주 상원의원에게 이런 말을 들었다고 한다.

"단언컨대 이 법안으로 인해 남부 표는 얻지 못할 걸세. 아마 선거에서도 질지 몰라."

이에 대한 존슨 대통령의 답변은 다음과 같다.

"그게 내가 치러야 할 대가라면, 기쁜 마음으로 치르겠네."

고인이 된 전 대통령 케네디와 그 자신이 속한 민주당 의원들 중 남부 출신은 특히 격렬하게 반대했다. 그럼에도 불구하고 존슨 대통령은 이 법안을 밀어붙였다. 다행히 1964년 선거에서, 존슨은 민권법에 격렬하게 반대했던 애리조나주 상원의원 출신인 공화당의 배리 골드워터Barry Goldwater를 격파하고 당선되었다. 당시 골드워터에게 표를 주었던 주는, 골드워터의 고향인 애리조나와 소위 딥 사우스Deep South라고 불리는 남부 중에서도 '찐'남부인 앨라배마, 조지아, 루이지애나, 미시시피, 사우스캐롤라이나 5개 주였다. 이 정도면 선방이다.

하지만 이것은 전조에 불과했다. 프랭클린 D. 루스벨트 대통령 때부터 유난히 흑인들에게 친절해지는 민주당에 불만을 느끼고, 중앙 정계의 민주당과는 사뭇 다른 노선을 취해오던 남부 주의 민주당 지지자들과 의원들은(이들을 딕시크랫Dixiecrat이라고도 불렀다. 남북전쟁 당시 남부연합을 대표하는 노래인 〈딕시랜드Dixie Land〉에서 따온 말이다) 본격적으로 공화당으로 옮겨 가기 시작한다. 그리고 이후 민주당이 대통령 선거에서 남부 주를 가져가는 일은 조지아주 주지사 출신인 지미 카터Jimmy Carter와 아칸소주 주지사 출신인 빌 클린턴Bill Clinton의 경우를 제외하고는 찾아보기 힘들게 되었다.

레이건과 네쇼바

1980년 8월 3일, 공화당의 대통령 후보로 나선 로널드 레이건^{Ronald} Reagan은 첫 공식 선거 유세를 시작했다. 그가 선택한 곳은 미시시피주의 필라델피아^{Philadelphia} 근처에서 열리는 네쇼바 카운티 페어 Neshoba County Fair. 레이건은 유세 연설에서 '주의 권리^{State's right}'를 강조하고 연방정부와 주정부의 권한이 균형을 이루지 못한 채 기이할 정도로 연방정부 측에 과도하게 쏠려 있다고 주장했다. 그러면서 이제는 '주'에 권한을 돌려줄 때라고 역설했다. 미국 대통령 선거와 관련해 유명하기로 손에 꼽히는 연설이며, 남부가 완벽하게 몸과 마음을 다해 공화당으로 돌아서게 되는 결정적 신호탄이었다.

'주의 권리'는 흑백분리주의자로 유명한 스트롬 서몬드^{Strom Thurmond}나 조지 월리스^{George Wallace} 같은 남부 출신 정치인들이 강조하던 바였다. 주정부와 연방정부 사이의 파워 경쟁으로 인해 남북전쟁까지 겪은 미국이다. 특히 남부에서 주의 권리를 주장하는 것은, 단순히 주정부에 더 많은 힘을 실어달라는 수준의 의미가 아님을 모두가 잘 알고 있었다. 짐 크로 법^{Jim Crow Law}을 시행하든, 흑인들을 차별하든, 주에서 알아서 할 일이니까 연방정부에서 이래라저래라 하지 말라는 뜻과 일맥상통했다.

네쇼바 카운티의 상징성 역시 문제가 되었다. 네쇼바 카운티 페어 는 미시시피주에 있는 네쇼바 카운티에서 1889년부터 시작된 전통 있는 동네잔치다. 또한 네쇼바 카운티는 미국 흑인 민권 역사에서 비극적인 한 부분을 차지하는 곳이기도 하다.

1964년 6월, 흑인들의 유권자 등록을 도와주고 투표 권장 운동을 벌이며 차를 타고 남부를 주행하던 3명의 젊은이들이 있었다. 그들 의 이름은 제임스 체이니James Chaney, 앤드루 굿맨Andrew Goodman, 마이 클 슈워너Michael Schwerner. 이 3명의 젊은이들이 네쇼바 카운티를 떠나 기 직전 돌연 행방불명된다. 세 젊은이가 속해 있던 단체에서는 이 들이 미시시피의 네쇼바 카운티에서 사라진 사실을 언론에 알렸고, 실종 사건이 전국적인 관심을 모으면서 연방정부와 FBI가 수사에 나서기 시작한다. 40여 일이 지난 뒤, FBI는 참혹하게 살해당한 채 암매장된 세 구의 시신을 발견한다. 수사 결과, 이 사건에는 네쇼 바 카운티 보안관, 필라델피아 경찰관, 그리고 KKK단이 모두 연루 되어 있었다는 사실이 드러난다. 굿맨과 슈워너는 백인 청년이었고 체이니는 흑인 청년이었는데, 모두 지근거리에서 총에 맞아 숨진 것으로 밝혀졌다. 특히 흑인인 체이니의 시신에는 심하게 구타당한 흔적이 있었고, 생식기는 잘려 있었다. 이 끔찍한 실화를 바탕으로 만들어진 영화가 앨런 파커Alan Parker 감독이 연출하고 진 해크먼Gene Hackman과 윌럼 더포Willem Dafoe가 출연한 〈미시시피 버닝Mississippi Burning〉

이다. 그런데 불과 14년 뒤, 공화당의 대선 후보인 레이건은 충격과 공포, 살인의 기운이 아직 가시지 않은 바로 그 네쇼바 카운티에서 첫 유세를 한 것이다. 그리고 분리주의자들의 그것과 똑같은 구호를 외치며 유세의 첫 발자국을 내디뎠다.

미국 현대 민주당과 그 정신의 아버지가 프랭클린 D. 루스벨트라면, 공화당과 보수의 아버지는 단연코 로널드 레이건이다. 당시 네쇼바 카운티 페어에서의 연설은 큰 논란을 불러일으켰지만, 레이건은 재선까지 성공하고 많은 미국인으로부터 사랑을 받았다. '레이건 데모크랫Reagan Democrat'이라는 말을 남길 정도로, 공화당뿐 아니라 민주당 지지 성향을 가진 이들도 레이건을 사랑했다. '꽃노년'이라는 말이 어울릴 법한 인자하고 잘생긴 얼굴에 부드러운 목소리. 그러면서도 소련과 공산주의 블록에는 단호한 모습을 보이고, 치고 올라오던 독일과 일본을 까불지 못하게 단단히 손봐줌으로써 세계 1위 강국 미국을 지켜낸 할아버지 대통령. 네쇼바 카운티 연설은 공화당이 100년 만에 남부에서 터를 잡는 주춧돌이 되었지만, 유권자들로 하여금 어느 정당이 흑인을 비롯한 유색인종의 편에 서 있는지 가리키는 명확한 이정표로 작용하는 계기이기도 했다. 그리고 그 인종의 딱지는 민주당의 버락 오바마가 흑인으로는 처음으로 대통령 자리에 오르고, 트럼프가 공화당의 대통령이 되면서 더욱더 짙어지고 있다.

★ ★ ★ ★ ★

미국의 대통령 선거,
무엇이 다른가

★ ★ ★ ★ ★

잘 알려져 있다시피, 2016년 미국 대통령 선거에서 더 많은 표를 받은 후보는 힐러리 클린턴 민주당 후보였다. 클린턴은 트럼프보다 무려 300만 표 가까이 더 받았다. 그럼에도 불구하고 선거인단 수에서 졌기 때문에 분루를 삼켜야 했다. 선거 개표가 이루어지고 난 후, 미국에 있는 지인들에게 물어보았다.

"이 선거가 계기가 돼서 미국 선거제도가 바뀌는 일은 없겠지?"

미국의 어느 조그만 대학에서 교수를 하고 있는 내 친구는 단호하게 답했다.

"Absolutely not(절대 안 돼)."

억울한 1등

역사적으로 전체 득표수에서 졌지만 선거인단 수에서 앞서 대통령에 당선된 경우는 2016년의 도널드 트럼프를 포함해 네 번 있었다. 1876년의 러더퍼드 B. 헤이스^{Rutherford B. Hayes} 대통령, 1888년의 벤저민 해리슨^{Benjamin Harrison} 대통령, 2000년의 조지 W. 부시^{George w. Bush} 대통령 그리고 2016년의 트럼프 대통령이다. 1824년의 존 퀸시 애덤스^{John Quincy Adams}와 앤드루 잭슨의 경우를 비슷한 사례로 치는 이도 있지만, 스토리가 약간 다르다. 그해에는 여러 후보가 경쟁을 했는데, 첫 번째 결과에서 잭슨 후보가 애덤스 후보를 선거인단 수에서도 앞섰다. 하지만 누구도 과반의 선거인단을 차지하지 못했기에, 헌법에 명시된 대로 연방의회 하원에서 대통령을 결정했고, 하원은 애덤스의 손을 들어주었다. 억울하기는 매한가지이지만 상황이 다르다. 어쨌든 더 많은 국민이 선택해줬는데도 선거인단이라는 신묘한 제도 때문에 지다니, 참 많이들 억울했겠다 싶다.

선거는 어떻게 대중을 유혹하는가

사실 19세기의 사례는 상당히 정치적인 결과였다. 그와 동시에 부패로 점철된 선거였다. 그중에서도 1876년의 대통령 선거는 미국 대통령 선거 역사상 가장 논란이 크고 결과로 인한 여파가 참혹했다. 선거가 끝나고 개표가 이루어지던 그날 밤, 민주당의 새뮤얼 J. 틸든Samuel J. Tilden 후보는 184명의 선거인단을 확보했는데, 이는 당시의 과반인 185명에 딱 한 명 모자라는 숫자였다. 반면 공화당 후보인 헤이스는 165명을 확보한 상황이었다. 최종 결과는 루이지애나, 플로리다, 사우스캐롤라이나 세 주에 달려 있었고, 세 주의 선거인단 수를 합하면 20명이었다. 그리고 세 주 모두 남부 연합 일원으

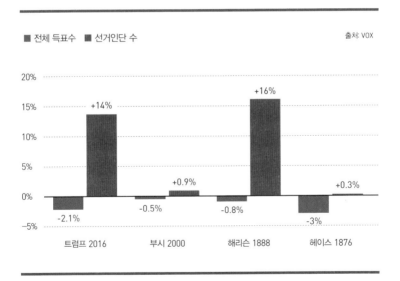

득표수에서 이겼지만 선거인단 수에서 진 네 번의 선거

로서 남북전쟁에 참여한 주였는데, 여전히 북부 연방군의 군정이 시행되고 있던 상태였다. 세 주 모두 남부 주이기에 당연한 이야기이지만, 틸든에게 유리한 결과가 나왔다. 하지만 공화당 쪽에서 투표 과정에서 흑인들에 대한 투표 방해와 협박, 폭력 행위 등이 이뤄진 부정선거라는 주장을 했고, 결국 이를 조사하기 위해 선거위원회가 구성된다. 선거위원회는 부정선거를 사실로 인정하면서 헤이스의 손을 들어주었고, 헤이스는 숄지에 20명의 선거인단을 얻었다. 185명의 선거인단을 확보한 헤이스는 19대 대통령에 취임한다.

문제는, 이 결과를 도출하기 위해 뒤에서 이루어진 추악한 협상이다. 당시 선거위원회에서 민주당 측은 헤이스를 대통령으로 추대하는 대신, 문제가 되었던 세 주에 주둔하던 연방군을 철수시키기로 공화당과 타협했다. 타협의 결과, 연방군은 이제 막 공화국 국민으로 적응을 시작한 흑인들을 이전 노예주들의 손에 무방비 상태로 버려둔 채 떠나게 된다. 이후 1954년 연방대법원의 '브라운 대 토피카 교육위원회Brown v. Board of Education of Topeka' 판결이 나오기까지 남부에서는 짐 크로 법을 통한 흑백분리정책이 시행되었고, 잔혹한 흑인 탄압과 테러가 자행된다.

선거는 어떻게 대중을 유혹하는가

왜 바꾸지 못하나

주마다 배분된 선거인단 수는 연방의회의 하원의원 의석수와 상원의원 의석수를 합한 숫자다(워싱턴 DC는 의회에 대표권은 없지만 대통령 선거에서만큼은 특별히 3명의 선거인단을 부여받았다). 하원의원 의석수는 그 주의 인구수에 비례해서 정해지고, 상원의원 의석수는 주의 크기와 상관없이 2명으로 정해져 있다. 가장 많은 선거인단 수를 가진 주는 역시 규모가 가장 큰 캘리포니아다. 총 55명의 선거인단을 확보하고 있다. 그다음은 텍사스로, 38명의 선거인단 수를 확보하고 있다. 가장 적은 수의 선거인단을 가지고 있는 주는 와이오밍주와 영화 〈가을의 전설Legends of the Fall〉의 배경이었던 몬태나주로, 총 3명의 선거인단을 갖고 있다. 즉, 상원의원 2명에 하원의원은 1명밖에 없는 조그만 주임을 뜻한다.

인구 비례로 배분한다 하니 언뜻 보면 별문제 없어 보이는 선거인단 제도는 사실 상당히 민심을 왜곡하곤 한다. 2016년 선거에서 나타난 총 득표수와 총 선거인단 수의 차이만 봐도 알 수 있다. 사실 2016년 선거 직후, 트럼프의 당선에 충격을 받은 많은 진보 성향 미국인들은 선거제도를 바꿔야 한다는 이야기를 꺼냈다. 특히 캘리포니아주의 유권자 중 일부는 미국 연방에서 탈퇴해 캘리포니아 국가를 세우자는 과격한 말까지 할 정도로 불공평함에 격분했다(물론, 연방 탈퇴는 남북전쟁 이후 불가능한 일이다). 캘리포니아 주민들은 왜 이렇게 화가 났을까?

캘리포니아주의 투표 가능한 총유권자 수는 2016년 10월 기준으로 2,487만 5,293명인 데 반해, 와이오밍주는 44만 7,212명이다. 캘리포니아의 유권자 숫자가 와이오밍 유권자 숫자의 약 55.6배가 되는 것이다. 그런데 선거인단 숫자로 따지면, 캘리포니아의 선거인단 수는 와이오밍의 18배밖에 되지 않는다. 와이오밍주 유권자들이 초과대대표되고 캘리포니아주 유권자들은 초과소대표되고 있다. 실제로 2016년 선거 당시 캘리포니아주에서는 트럼프 표가 약 450만 표 정도 나왔고, 클린턴 표가 870만 표 정도 나왔다. 캘리포니아는 무려 400만 표 넘게 차이가 날 정도로 클린턴을 지지했던 것이다. 그런데 트럼프의 승리에 가장 중요한 역할을 했던 미시간, 위스콘신, 펜실베이니아주의 표 차이를 다 합해도 10만 표가 채 안 된다. 이쯤 되니 캘리포니아 주민들 입장에선 분통이 터질 만도 하다.

이렇게 인구가 적은 주들이 과대대표되고 인구가 많은 주들은 과소대표되는 현상은 대통령 선거에만 영향을 미치는 게 아니다. 선거인단 숫자가 기본적으로 연방의회의 의석수와 연계되어 있기에, 연방의회에서도 작은 주들은 과대대표가 되고, 면적이 크고 인구밀도가 높은 주들은 과소대표가 되고 있다. 그런데 미국의 정치 지형을 보면, 대체로 인구가 많은 도시에서는 민주당이 강세를 보이고 인구가 적은 시골 지역에서는 공화당이 강세를 보인다. 그렇기 때문에 민주당은 대통령 선거 선거인단에서뿐 아니라 연방의회에서도 불리한 입장인 게 사실이다.

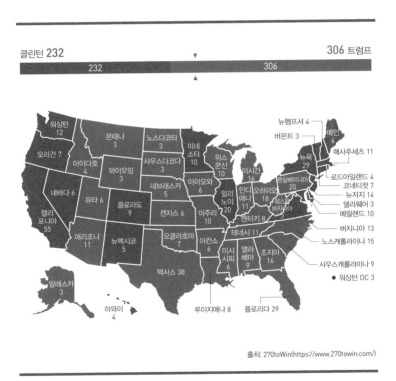

출처: 270toWin(https://www.270towin.com/)

2016년 대통령 선거 결과와 각 주에 걸린 선거인단 수 그렇다면 한 가지 질문을 해볼 수 있다. 미국은 왜 이렇게 말도 많고 탈도 많은 선거제도를 유지하고 있는 것일까?

사실 처음 선거인단 제도를 도입했을 때는 나름의 이유가 있었다. 지금이야 공교육으로 인해 모든 국민이 최소한의 교육을 받는다고 하지만, 처음 미국이 독립했을 당시는 그러지 못했다. 1852년이 되어서야 의무교육을 제도화했으니, 건국 초기에는 이른바 귀족계급에 가까운 소수의 부유한 정치 엘리트와 고등교육을 제대로 받지 못한 다수의 일반 대중으로 구성되어 있었다. 당시로서는 당연한 이야기일 수도 있지만, 소수의 귀족적 성향을 가진 엘리트들은 대중을 우매하다고 생각해서 이들의 선택을 믿지 못하고 선거권에 제한을 두었다. 이른바 중우 민주주의Mob Democracy에 빠지지 않기 위해 하나의 필터링 제도로 선거인단 제도를 마련한 것이다.

미국 헌법 제2조는 대통령의 권한과 자격에 대해 말하고 있고, 대통령이 어떻게 선출되어야 하는지도 밝히고 있다. 그렇기 때문에 대통령 선거제도를 바꾸려면 헌법 개정이 필요하다. 문제는 이 선거제도를 바꾸는 것이 만만치 않다는 점이다. 한국 역시 개헌을 위해서는 국회뿐 아니라 국민투표를 거치는 두 번의 과정이 있다. 미국도 마찬가지인데, 오히려 더 까다롭다고도 볼 수 있다. 미국의 헌법을 고치기 위해서는 먼저 상하원 양원의 3분의 2에 달하는 의원들

선거는 어떻게 대중을 유혹하는가

이 이른바 수정헌법안을 찬성해서 발의해야 한다. 그리고 다시 4분의 3이 넘는 주에서 이를 비준해야 수정헌법이 통과된다. 그러니까 38개 이상의 주의회가 새로운 헌법에 찬성해야 한다는 이야기다.* 양원의 3분의 2에 해당하는 의원들이, 그리고 38개 주에서 찬성한다는 것은 거의 전 국민적 공감대가 형성되어야 함을 의미한다.

캘리포니아나 뉴욕, 텍사스같이 큰 주에서야 찬성하겠지만, 문제는 규모가 작은 주다. 솔직히 규모가 작은 주의 주민이라면 인구수에 정확히 비례하는 수정헌법안을 채택할 이유가 '전혀' 없다. 그러잖아도 캘리포니아니 뉴욕이니, 다들 많이 배우고 잘산다고 잘난 척하는 것도 밥맛없는데, 내가 쪼금(?) 과하게 누리고 있던 정치적 권한까지 이들에게 양보하라니.

말도 안 되는 것 같은 미국의 대통령 선거제도는 결국 이대로 지속되지 않을까 싶다.

---

* 원래는 발의와 비준 모두 두 가지 방법으로 할 수 있다. 3분의 2에 해당하는 주의회에서 연방의회에 전국 전당대회를 열어달라고 부탁하고, 그 전당대회에서 4분의 3의 주 대표들이 찬성하면 수정헌법이 통과될 수도 있지만, 지금까지 이 방법을 사용한 적은 없었다.

2인자의
조건 혹은 숙명

1804년 7월 11일 아침, 뉴저지주 허드슨강 부근. 결투를 위해 두 남성이 만났다. 오랜 시간 정치적 적수로 으르렁거려왔던 이들은 비장한 표정으로 결투에 나섰다. 두 발의 총성이 들리고, 한 남성이 쓰러졌다. 척추를 관통한 총알은 결국 그의 목숨을 앗아갔다. 반대편의 남성은 멀쩡했지만, 그 역시 모든 명예를 잃고 평탄치 못한 생을 살았다. 이 결투에서 사망한 남성은 미국의 초대 재무부 장관을 지냈던 알렉산더 해밀턴^{Alexander Hamilton}이고, 살아남았지만 힘든 생을

알렉산더 해밀턴과 에런 버의 결투

보내야 했던 남성은 미국 3대 부통령인 에런 버^{Aaron Burr, Jr.}다. 전직 재무부 장관과 현직 부통령이 목숨을 담보로 벌인 희대의 결투극이 었다. 그리고 이 결투극은 당시 대통령과 부통령을 선출하는 방식 과 깊은 연관이 있다.

대통령과 부통령

건국 초기 미국의 대통령과 부통령 선출 방식은 현재와 달랐다. 미국 헌법 제2조 제1항에 나와 있다시피, 선거인단 선거에서 절반을 넘는 후보 중 가장 많은 표를 얻은 후보가 대통령으로 당선되었다. 그리고 두 번째로 많이 득표하는 후보는 부통령에 당선되었다. 처음 나라를 건국할 때만 하더라도 성당끼리의 경쟁이 있을 거라는 예상을 별로 하지 않았는데, 두 차례에 걸쳐 대통령직을 수행해낸 조지 워싱턴George Washington 초대 대통령이 자리에서 물러나자마자 기다렸다는 듯 미국 정가는 정쟁에 휩싸이게 된다. 당시 두 라이벌 정파는 강한 연방정부를 주장하는 연방주의자들과 주의 자치권을 최대한 허용해서 이전처럼 느슨하게 얽힌 연방주의로 가야 한다는 제퍼슨의 공화주의자들이었다. 그러다 1800년 12월 대통령 선거에서, 토머스 제퍼슨이 당시 현직 대통령이었던 존 애덤스John Adams를 꺾고 3대 대통령에 당선된다. 4년 전 대통령 선거에서 애덤스에게 지는 바람에, 정치 성향도 성격도 전혀 맞지 않는 애덤스를 대통령으로 모시고 부통령 노릇을 하던 제퍼슨의 복수혈전이었던 셈이다.

그러나 제퍼슨은 당선이 확정되어 백악관에 들어가기까지 꽤 많은 우여곡절을 겪는다. 당시만 해도 선거인단 투표에서 과반 1위를 차지한 후보가 대통령, 2위를 차지한 후보가 부통령에 선출되었다. 민

선거는 어떻게 대중을 유혹하는가

주공화당의 거두인 제퍼슨은 당연히 현직 대통령인 존 애덤스만 꺾으면 대통령이 될 거라 생각했다. 같은 당의 에런 버가 후보로 등록되어 있었지만, 버는 사실상 부통령 러닝메이트였다. 대부분의 민주공화당 지지자들도 대통령은 제퍼슨이 차지하고 부통령은 같은 당의 에런 버가 맡는 그림을 그렸다. 다만, 그러려면 버가 2위를 차지해야 했고, 선거인단은 가지고 있는 두 표를 현명하게 던져서 제퍼슨을 1위, 버를 2위로 만들어야 했다.

그래서 제퍼슨을 대통령으로 미는 선거인단은 일단 모두 제퍼슨에게 표를 주고, 다른 한 표는 버에게 행사하기로 약속했다. 딱 한 사람만 빼고 말이다. 그 '딱 한 명'은 제퍼슨도 버도 아닌 다른 후보에게 표를 줘서 제퍼슨을 1위로 만들어주고, 그럼으로써 버는 '딱' 한 표 모자란 2위가 되어 부통령으로 선출되어야 했다. 문제는, 그 '딱 한 표' 역할을 맡은 선거인단이 깜빡하고 두 번째 표도 버에게 주었다는 것이다.

덕분에 제퍼슨과 버는 73표로 동률이 되었다. 전체 138명의 선거인단 중 과반수인 70명의 선거인단을 확보해야 했으니, 두 사람 모두 73표로 1위의 자격은 갖춘 셈이다. 이쯤 되니 에런 버도 슬금슬금 다른 생각이 들기 시작했다. 사람이 화장실 들어갈 때와 나올 때가 다르다는 고금의 진리처럼, 제퍼슨의 아성에 한 번쯤 비벼볼 만하다고 생각한 것이다. 어쨌든 동률을 기록했으니 공은 헌법에 쓰여진 대로 연방 하원으로 넘어갔다. 헌법에 따르면 연방의회에 가입한 주 하나당 한 표를 행사할 수 있었다. 당시 연방에는 총 16개 주가 있었기에 대통령직을 따내기 위해선 9표를 얻어야 했다. 44세의 야심 찬 정치인이었던 버는 신나게 선거운동을 하고 다녔고, 제퍼슨은 무려 36번에 걸쳐 표결을 치른 다음에야 10표를 얻어서 겨우 대통령에 당선될 수 있었나.

그 '딱 한 명'의 사고 끝에 탄생한 것이 수정헌법 제12조다. 이제는 대통령 후보 2명에게 표를 행사하는 게 아니라, 두 표 중 한 표는 대통령 후보에게 다른 한 표는 부통령 후보에게 행사하게 수정했다. 처음부터 부통령 후보를 만들어놓음으로써, 또다시 이런 하극상(?)이 일어나지 않도록 안전장치를 마련한 셈이다.

앞서 이야기한 버와 해밀턴의 결투는 이 사건과 연관이 있다. 당시 대통령을 누구로 뽑을지 결정해야 했던 연방 하원은 연방주의자들로 가득했다. 비록 1800년 치러진 선거에서 대패했기에 곧 떠날 사람들이었지만, 여전히 의회 회기가 끝나지 않았던 것이다. 한마디로 민주공화당이 선거에 이겨서 대통령직을 가져가게 됐는데, 제퍼슨과 버 둘 중 누구를 대통령으로 올릴 것인지는 정적인 연방주의자들의 손에 달린 웃지도 울지도 못할 아이러니의 상황이었다. 이때 활약한 인물이 알렉산더 해밀턴이다. 해밀턴은 강경한 연방주의자였고 제퍼슨과는 평생 정치적 라이벌이었는데도 그는 제퍼슨이 대통령이 되어야 한다고 주장했다. 에런 버는 믿을 수 없을 뿐 아니라 제퍼슨보다 더 저질 정치인이므로, 절대로 버를 대통령으로 만들어서는 안 된다고 동료 연방주의자 의원들을 설득하고 다녔다. 한마디로 차악을 선택하라는 말이었다. 연방주의자 의원들이 해밀턴의 말을 잘 들어서 그랬는지 어쨌는지는 모르겠지만, 결국 제퍼슨이 대통령이 되었다. 이쯤 되면 버 '부통령'이 해밀턴에게 악감정을 품을 만하다.

물론 둘의 관계는 이전부터 매우 안 좋았고, 결투의 단초가 되었던 것은 또 다른 정치적 충돌이었다. 어쨌든 이렇게 해서 1800년의 역사적 선거는 수정헌법 제12조를 제정하게 했고, 전직 재무부 장관과 현직 부통령의 결투라는 희대의 비극을 낳았다.

선거인단은 어떻게 투표할까

미국 대통령 총 선거인단 숫자는 각 주의 연방 하원의원 숫자와 상원의원 숫자, 그리고 워싱턴 DC에 주어진 3명의 합인 538명이다. 이 중 과반인 270명 이상을 확보하는 후보가 대통령으로 당선된다.

그렇다면 선거인단은 어떻게 선택될까?

먼저 가을에 각 주의 정당위원회가 그 정당의 후보를 위한 선거인단 명부를 작성한다. 대통령 선거는 11월의 첫 번째 월요일이 지난 후 돌아오는 화요일에 치러지게 되어 있다. 2020년은 11월 첫 번째 월요일이 11월 2일이기 때문에, 다음 날인 11월 3일에 선거가 있다. 그런데 엄밀히 말하면 이날은 유권자들이 대통령 후보에게 표를 던지는 날이 아니다. 내가 지지하는 후보를 위해 표를 던져주겠다는 선거인단에게 투표하는 날이다. 그리고 개표 결과에 따라 특정 후보를 위한 선거인단이 선택되는 것이다.

그 주에서 가장 많은 득표를 한 후보의 선거인단은 각 주의 도심인 주도에 모여 다시 한 번 투표를 한다. 이 날짜는 12월 두 번째 수요일이 지난 후 돌아오는 월요일이다. 2020년은 12월 14일이 되겠다. 이날 선거인단의 표결이 끝나면 그 결과를 연방의회와 연방등록사무소에 보내게 된다. 연방등록사무소는 표결을 꼼꼼히 확인하는 역할을 한다. 그리고 이듬해 1월 6일, 모든 연방의회 의원이 참석한 가운데, 연방의회에서 최종적으로 미국의 다음 대통령 당선자를 공식 선언한다(이 선언은 상원의장인 부통령이 맡아서 하게 되어 있다). 그러니 실제 차기 대통령이 확정되는 순간은 선거가 있고 두어 달 후인 1월 6일인 셈이다. 그리고 정확히 2주 후인 1월 20일, 새로 선출된 대통령은 성경에 선서하고 백악관에 입성하게 된다. 휘유.

만약 선거인단으로 이름을 올린 사람들이 정작 12월에 가서 가장 많은 득표를 한 자신의 정당 후보에게 표를 주지 않는다면 어떻게 될까? 그러니까, 배신 때리기 말이다.

실제로 그런 일이 일어나곤 한다. 지난 2016년 대통령 선거 당시만 해도 무려 7명의 배신투표 행위가 있었다. 하와이, 텍사스, 워싱턴주의 선거인단 가운데 몇 명이 배신을 때린 것이다. 클린턴이나 트럼프 대신 이들이 택한 후보들은 꽤 다양하다. 버니 샌더스^{Bernie Sanders}를 택한 민주당 선거인단도 있었고, 2016년 공화당 경선 후보였던 오하이오주 주지사인 존 케이식^{John Kasich}을 택한 텍사스주 공화당원도 있었다. 워싱턴주에서는 특히나 부시 행정부에서 국무부 장관을 지낸 전쟁 영웅 콜린 파월^{Colin Powell} 장군이 뜬금없이 세 표나 얻었다(그것도 민주당 선거인단에게!). 또 한 명은 송유관 설치를 반대하는 환경운동가 원주민 여성 '페이스 스파티드 이글^{Faith Spotted Eagle}'이었다. 이름이 희한한가? 예전에 케빈 코스트너^{Kevin Costner}가 출연했던 동명의 영화 속 '늑대와 춤을' 같은 인디언식 이름이라 생각하면 된다. 어쨌든 그녀는 원주민 최초로 대통령 선거인단의 표를 얻은 여성으로 기록되었다.

과반을 차지하는 후보가 나오지 않으면 대통령은 하원에서 선출하게 된다. 부통령은 상원의 몫이다. 그래서 현재도 부통령은 상원의 의장 역할까지 맡고 있다. 상원에서의 표결이 동률일 때에 한해 한 표를 행사할 수 있고, 상하원 합동회의가 있을 경우 회의를 주관하는 역할을 한다.

부통령의 '막중한' 책임은 무엇일까

없다. 미국 부통령은 심심치 않게 놀림감이 되기도 하고, 있으나 마나 한 존재인 소위 '병풍'처럼 여겨진다. 미국의 초대 부통령을 지냈던 존 애덤스는 부통령직을 두고 "인간이 만들어낸 혹은 상상해낼 수 있는 가장 의미 없고 하찮은 직책"이라고 평가절하했다. 건국 당시 수많은 역사적 인물 중에서도 당대의 천재로 손꼽히는 애덤스에게 변변하게 할 일이 주어지지 않는 부통령직은 참으로 따분했을 것 같긴 하다. 물론 대통령 유고 시 부통령은 대통령 역할을 하는 1순위다. 대통령이 업무를 수행할 수 없는 불상사를 제외하고 실제로 부통령이 하는 일은 많지 않다. 상원의 의장이라 하더라도 50 대 50으로 표가 갈려서 부통령이 굳이 표결에 참여해야 하는 일이 자주 있는 것도 아니고. 대통령 대신 외교사절을 받거나 아니면 대통령이 가기에 격이 떨어지거나 별로 가고 싶지 않

선거는 어떻게 대중을 유혹하는가

은 곳에 가서 대신 자리를 빛내주는 정도가 부통령이 하는 일로 여겨진다.

어쨌거나 '넘버 투'이니만큼, 대통령이 두 번의 임기를 끝낸다면 다음에 기회가 올 가능성이 많을 거라 생각하기 쉽다. 실제로 임기 두 번을 마친 대통령의 정당은 부통령을 지냈던 이를 다음 대통령 선거의 후보로 내세우는 경우가 있기 때문이다. 클린턴 대통령의 부통령이었던 앨 고어^Al Gore, Jr. 나 로널드 레이건 대통령의 부통령이었던 아버지 부시^George H. W. Bush 의 경우가 그렇다.

그러나 실제로 부통령 임기를 끝낸 후 대통령에 당선된 이는 드물다. 현직 대통령의 유고나 부재 시가 아니라, 임기가 끝난 뒤 대통령 선거에 출마해서 승리한 경우만 포함했을 때 말이다. 지금까지 존 애덤스, 토머스 제퍼슨, 마틴 밴 뷰런^Martin Van Buren, 리처드 닉슨, 그리고 조지 H. W. 부시까지 5명밖에 되지 않는다. 이 중 닉슨은 드와이트 아이젠하워^Dwight Eisenhower 대통령의 임기가 끝나는 1960년 선거에 출마했지만 케네디 대통령에게 패했고, 1968년 다시 출마해서 대통령에 오른 경우다. 그것도 아주 오래전 건국 초기까지 포함한 숫자이니 사실 확률이 높지 않은 편이다. 대통령이 임기 중 사망하거나 불미스러운 일로 그만두는 바람에 대통령직을 물려받아서 대통령이 된 부통령은 9명이다. 둘을 합하면 14명이니, 총 45명의 대통령 중 14명이 부통령직을 거친 셈이다. 여전히 비율로 따지면 아주 높진 않다.

대통령님, 사실은 우리한테 원자폭탄이 있거든요

루스벨트 대통령의 부통령이었던 해리 트루먼Harry Truman은 루스벨트가 1945년 임기 중 사망하자 갑작스럽게 대통령직을 물려받게 되었다. 아직 전쟁은 끝나지 않았고 히틀러도 건재한 상황이었다. 급작스럽게 대통령직을 수행하게 된 미주리 출신의 신참내기 대통령은 시작한 지 2주도 안 되어 당시 전쟁부 장관이었던 헨리 스팀슨 Henry Stimson으로부터 국가 기밀사항을 넌지시 듣게 된다. 바로 '맨해튼 프로젝트Manhattan Project'라 불리는 원자폭탄 개발 프로젝트다. 소위 넘버 투인 부통령이 이런 국가적 프로젝트에 대해 1도 몰랐던 것이다. 어찌 됐든 트루먼은 지금까지 인류 최초이자 유일하게 원자폭탄을 사용한 국가 수장으로 기록되고 있다.

사실 1944년 7월, 루스벨트 대통령에 의해 부통령 러닝메이트로 낙점받은 트루먼이 1945년 4월까지 대통령을 만난 것은 여덟 번에 불과했다. 물론 루스벨트가 워낙에 독단으로 결정하는 스타일이기도 했지만, 유서 깊은 뉴욕의 상류층 출신인 루스벨트에게 미주리 출

선거는 어떻게 대중을 유혹하는가

신의 고졸 부통령은 가볍게 패싱해도 별 탈 없는 존재였을 것이다. 오죽하면 트루먼이 이런 말을 했을까.

> "부통령은 상원이나 관장하면서 (대통령의) 장례식을 기원하며 지내는 자리다."

그렇게 대체로 존재감이 없다고 여겨지지만, 최근에는 부통령에게 이전에 비해 많은 역할을 요구하기도 한다. 실질적인 대통령이라고 일컬어진 딕 체니Dick Cheney처럼 어리바리한 조지 W. 부시 대통령을 좌지우지한 부통령이 있었는가 하면, 대통령이 가지지 못한 취약점을 보완해줄 것을 요구받는 부통령도 있었다. 2020년 대통령 후보로 선거에 나선 조 바이든 전 부통령이 대표적인 경우다. 아직 젊고 연방 정치 경험이 거의 없는 신참 상원의원인 버락 오바마에게는 1972년 당선된 이후 줄곧 워싱턴 DC에서 정치 근육을 키워온 바이든만큼 자신의 약점을 보완해주기에 적합한 인물이 없었을 것이다. 특히 바이든의 전공이라고도 할 수 있는 국제 관계와 외교정책에서의 전문성과 능력은 타의 추종을 불허하니, 오바마에게는 최고의 파트너였다고 하겠다.

이와 더불어, 완벽할 수 없는 대통령 후보를 보완하거나 특정 유권자 집단을 타깃으로 러닝메이트를 지명하는 경우도 늘어나고 있다.

트럼프 대통령이 마이크 펜스 부통령을 러닝메이트로 정한 것이 그
러하다. 공화당 주류와는 접점도 별로 없고 오히려 싫어할 만한 점
만 가득한 트럼프에게 절실했던 것은, 공화당의 탄탄한 정파적 지
지였다. 러스트 벨트의 성난 노동자와 농민만으로는 선거에서 이
길 수 없었기 때문이다. 그런 의미에서 거의 모든 분야에서 보수적
일 뿐 아니라(민주당 지지자에게는 지나친 극보수이겠지만) 어쩌면 삶의
궤적이 트럼프와 정반대에 서 있다고 해도 과언이 아닌 인디애나주
주지사 마이크 펜스는 매우 훌륭한 선택이었다. 펜스 부통령은 특
히 도덕적, 사회적 이슈에 있어 매우 보수적이고 신실한 기독교 신
자다. 실제로 트럼프 대통령의 음담패설 스캔들이 터졌을 때, 펜스
부통령 부부는 러닝메이트 자리를 내놓을지 말지 심각하게 고민했
다고 한다(이때 펜스가 사퇴할까 봐 겁이 난 트럼프가 펜스에게 수차례 전화
를 했지만 받지 않으면서 트럼프의 애를 태웠다는 후문도 있다). 펜스는 우
리나라에도 잘 알려진 '펜스 룰Pence Rule'의 주인공이기도 하다. 지난
2001년 정치잡지 《더 힐The Hill》에서 그는 부인이 아닌 여성과 단둘
이 식사하지 않는다는 인터뷰를 했고, 이게 '펜스 룰'이라는 이름으
로 알려졌다. 이것만 들어도 벌써 트럼프 대통령과는 완전히 다른
세계에 사는 사람임이 확 체감된다. 어쨌든 개신교 근본주의자들과
전통 공화당 지지자들로부터 '펜스가 부통령이라면 저 XXX 같은
트럼프도 어느 정도 제어가 가능하겠지……'라는 생각을 하게 했다
(물론 큰 착각이었다).

2020년 미국 대통령–부통령 선거 후보
공화당의 트럼프 대통령과 펜스 부통령(위) 민주당의 바이든 전 부통령과 카멀라 해리스 상원의원(아래)

2020년 민주당의 대선 후보인 바이든 역시 이 부분을 고려해서 러닝메이트를 골랐다. 캘리포니아주 상원의원인 카멀라 해리스Kamala Harris를 선택한 것이다. 캘리포니아주의 검찰총장을 지낸 해리스 상원의원은 연방대법원 대법관 후보였던 브렛 캐버너Brett Kavanaugh 청문회 당시 대단한 카리스마와 공격적인 모습으로 강한 인상을 남긴 바 있다. 민주당 경선에서는 바이든 후보를 수세에 몰아넣기도 한 인물이기도 하다. 그런 해리스를 러닝메이트로 고른 이유는 명확하다. 78세의 나이로 노쇠하고 기운 없어 보이는 백인 할아버지 대통령 후보를 보완해줄 사람으로, 젊고 강렬한 파이터 이미지를 가진 흑인 여성만 한 사람도 없을 것이다. 사람 좋아 보이지만 실수도 많은 바이든에 비해, 일단 물면 놓치지 않을 것 같은 파이터 기질의 해리스는 바이든 대신 트럼프와 맞짱 뜨기에 적합하기도 하다.

일각에서는 흑인과 여성의 표심을 노린 회심의 카드라고 이야기하는데, 사실 해리스는 일반적인 흑인과는 꽤 다른 삶을 산 사람이다. 카멀라 해리스는 자메이카계 흑인 아버지와 인도인 어머니 사이에서 태어났다. 핏줄로만 보자면 상당히 글로벌(?)한 셈이다. 한마디로 뉴욕이나 시카고, 혹은 남부에서 흔히 볼 수 있는 흑인은 아니다. 또한, 아버지는 스탠퍼드대학교 경제학과 교수였고 어머니 역시 학자였으니, 그야말로 인텔리 집안 출신이다. 큰 굴곡 없는 삶을 살아왔기에 흑인 유권자 집단과 접점이 많다고 보기는 어렵다. 오

선거는 어떻게 대중을 유혹하는가

히려 성공한 여성인 해리스를 내세워 바이든을 탐탁지 않게 생각하는 젊은 여성들의 마음을 공략하는 데 관심을 두었을 가능성이 높다. 더불어, 해리스 지명 이후 유거브YouGov가 실시한 여론조사에 따르면, 나이가 지긋한 중도 성향의 민주당 유권자들에게도 인기가 있는 편이다. 심지어 놀랍게도 공화당 지지자들까지 해리스에 대해 나쁘지 않은 인상을 갖고 있다.

어쨌든 해리스가 선거에 큰 영향을 미치지는 않을 것이다. 지금껏 그랬듯이, 대통령 선거는 대통령 후보를 두고 결정되기 때문이다. 물론, 엎치락뒤치락하는 상황에서는 1퍼센트 차이도 소중하다. 부통령이 결정적인 영향을 미친다는 증거는 거의 없지만 소홀히 하기에는 꺼림칙한 이유다.

왜 아이오와에
주목하는가

미국에서 10년 가까이 살았는데도 못 가본 곳들이 있다. 서부인 캘리포니아와 동부인 매사추세츠에서 공부했기에 그쪽 지역에 대해서는 잘 아는 편이지만, 중부와 남부는 많이 여행해보지 못했다. 다만 자동차로 대륙횡단을 하면서 잠시 들러봤던 지역들은 있는데, 그중 한 곳이 아이오와의 주도인 디모인^{Des Moines}이다. 별로 뚜렷한 기억은 없는 걸 보니 그냥 심심하게 지나간, 큰 매력 없는 미국 도시였던 것 같다. 영어로 표현하면 'middle of nowhere', 즉 '어딘지도 모르는 곳 그 어드메' 정도로 말할 수 있는 곳이다. 사실 미국 여행을 떠난다는 사람들은 대개 뉴욕, 로스앤젤레스^{Los Angeles}, 샌프란시스코^{San Francisco}, 시카고 등을 간다고 하지, 아이오와를 가겠다고 말하는 사람은 본 적이 없다. 꼭 가야 하는 지역 리스트에 포함할 정도는 아니란 이야기다.

그런 아이오와가 대통령 선거 때마다 그야말로 '핵인싸' 지역이 된다. 미국 대선의 경선 과정을 전혀 모르더라도 '아이오와 코커스^{Iowa Caucus}'만큼은 귀에 익은 사람이 많을 것이다. 가장 먼저 대통령 후보 경선을 치르는 지역이라서 전 미국, 아니 전 세계 언론의 관심을 받기 때문이다.

미국의 경선 방식은 두 가지다. 코커스^{Caucus}와 프라이머리^{Primary}. 한국에서는 통상적으로 경선을 가리켜 '프라이머리'라고 칭하지만, 둘은 방식이 엄연히 다르다. 많은 사람이 코커스의 정확한 어원이 무엇인지에 관해 갑론을박하고 있지만, 대체로 '상의하다'라는 뜻으로 이해하면 된다. 미국이 건국되고 초대 대통령으로 추대된 조지 워싱턴을 제외하고, 이후에 모든 미국 대통령은 형식의 차이가 있을지언정 코커스 과정을 거쳐 후보가 되고 대통령 자리에 올랐다.

프라이머리는 그냥 투표 방식의 경선이라 상대적으로 이해하기 쉬운데, 도대체 코커스는 어떤 과정이고 뭘 하는 것이냐는 질문을 참 많이도 받았다. 쉽게 설명하면, 대통령 후보를 선정하는 전국 전당 대회에 보낼 대의원을 뽑기 위한, 마을이나 연방의회 선거구 혹은 카운티 단위의 정당 회합을 의미한다. 먼저, 학교 체육관이나 지역 주민센터 강당 같은 곳에 유권자 등록이 되어 있는 유권자들이 모인다. 이미 어느 후보를 지지할 것인지 마음을 먹고 온 사람도 있고, 아직 결정하지 못한 사람도 있다. 이미 결정이 끝난 사람들은 그들대로 그룹을 짓고, 결정하지 못한 사람들은 또 그들대로 그룹을 만든다. 그리고 특정 후보를 지지하는 사람들은 이른바 '작업'에 들어간다. 아직 마음을 결정하지 못한 스윙보터swing voter들을 향해 자신이 지지하는 후보를 뽑아달라고 설득하는 작업이다. 왜 이 후보가 선출되어야 하는지 설파하면서 말이다.

그런 까닭에 코커스는 가뿐하게 한 표 찍고 오는 프라이머리와 달리 꽤 피곤한 일일 수밖에 없다. 코커스에 참여하는 사람들은 대개 직장에서 일을 마치고 저녁을 먹은 뒤, 코커스가 열리는 장소로 간다. 2020년의 아이오와 코커스도 저녁 7시에 시작했다. 그리고 거기서도 몇 시간을 보내게 된다. 토론하랴, 설득하랴, 마지막으로 투표하고 개표 결과 확인하랴. 그렇기 때문에 코커스에 참여하는 열정을 가진 유권자라면 프라이머리에 참여하는 유권자보다 훨씬 정치에 관심이 많은 편이고 특정 후보의 열렬한 지지자일 확률이 높다.

유권자의 인구사회학적 분포도 편향적이기 쉽다. 저녁 시간이 자유롭지 않은 사람들을 생각해보면 더욱 그러하다. 어린 자녀가 있는 여성이 대표적인 경우라 할 수 있다. 반대로 저녁 시간이 상대적으로 자유로운 노년층이나 학생, 그리고 정해진 시간에 일할 수 있는 (이른바 9 to 5) 직장을 가진 고학력 남성의 경우에는 코커스를 가는 데 훨씬 부담이 덜하고, 당연히 이들의 비율이 높다.

코커스는 민주적인가

앞서 설명했듯이 코커스는 정당인들이 후보를 정하기 위해 모이는 회합이다. 굳이 시간을 내서 토론과 투표에 참석할 정도면 상당히 강한 정당 정체성Party Identity을 가지고 있는 유권자일 수밖에 없다. 그에 반해 프라이머리는 가서 투표만 하면 되기 때문에 코커스에 비해 수고로움이 적다. 물론, 평일에 잠시나마 시간을 내서 프라이머리에 참여하는 것도 정치에 관심이 있지 않으면 쉽지 않긴 하다.

문제는 코커스라는 과정이 과연 '민주적'인가, 또 코커스의 결과가 얼마나 '민의'를 잘 대표하는가다. 이 두 가지를 가늠하는 방법은 여러 가지가 있겠지만, 얼마나 많은 사람이 참여했는지가 하나의 기준이 될 수 있다. 자칫 폭력적일 수 있는 다수결의 원칙이 정당해지기 위해서는 최대한 많은 사람이 참여해서 뜻을 표현하는 편이 바람직하기 때문이다. 그렇다면 어떤 방식의 경선이 더 많은 유권자의 참여를 이끌어낼까?

당연히 프라이머리다. 예를 들어, 2016년 민주당의 프라이머리 평균 참여율은 32.4퍼센트였던 데 반해, 코커스 참여율은 9.9퍼센트에 지나지 않았다. 코커스에서는 정말 소수의 민주당원에 의해 후보가 결정되는 셈이다.

코커스의 또 다른 문제점은 무엇일까. 참여하는 사람들이 열정적인 정당 당원들인 탓에 결과가 한쪽으로 치우치는 경우가 많다는 점이다. 2008년 민주당 경선 당시를 떠올려보자. 혜성처럼 등장한 젊은 흑인 후보 오바마와 노련한 정치인이자 전 미국인이 알고 있는 여성 후보 클린턴의 대결로 굉장한 시선을 끈 경선이었다. '오바마 걸Obama girl'이라는 말이 나올 정도로 젊은 여성들한테 특히 인기가 많았던 오바마 당시 후보는 그야말로 열정적인 지지자들이 발로 뛰는 스타일의 캠프를 운영했다. 반면 클린턴 당시 후보는 처음부터 대세로 여겨졌고 전국적인 인지도를 바탕으로 무난한 후보라는 평가를 받는 편이었다. 당연히 오바마는 코커스에서 우세를 보였고 클린턴은 프라이머리에서 우세를 보였다.

텍사스주의 사례를 보자. 텍사스주는 특이하게도 코커스와 프라이머리 두 가지 제도를 모두 이용하고 있는데, 텍사스주의 민주당 후보 선출을 위한 대의원 중 약 30퍼센트는 코커스에 의해, 나머지 70퍼센트는 프라이머리를 통해 선정된다. 2008년 민주당 경선 당시 텍사스 프라이머리에서 클린턴은 50.9퍼센트의 득표를 하고 오바마는 47.4퍼센트의 득표를 했다. 하지만 코커스에서는 양상이 달랐다. 클린턴은 텍사스 코커스에서 43.7퍼센트 득표를 기록했고, 오바마는 56.2퍼센트의 득표를 했다. 열성적인 지지자가 많은 오바마가 확실히 코커스에서 강세를 보였고, 전국적 인지도를 발판으로 무난하다는 평가를 받는 클린턴이 프라이머리에서 강세를 보인 것이다. 이런 편향성은 텍사스에만 국한된 게 아니었다. 당시 오바마는 열성 지지자들 덕에 거의 대부분의 코커스 경선을 휩쓸었다. 2016년 민주당 경선에서도 비슷한 일이 일어났다. 열성 지지자를 거느린 버몬트주의 상원의원 버니 샌더스는 총 18개 코커스 경선 주 가운데 11개 경선에서 클린턴을 눌렀다.

흥미로운 점은, 열성 지지자들의 도움이 결정적인 코커스에서 강세를 보이는 후보들이 '대세' 후보이기보다는 소위 말하는 '언더독Underdog', 즉 약체 후보인 경우가 많다는 것이다. 혜성같이 등장했다든지, 이념과 정책이 한쪽으로 기울어져 있다든지, 아니면 '한곳만 판다' 식으로 특정 이슈에만 강점을 보이는 경우도 있다. 그러다 보니 코커스에서 강한 후보의 경우에는 중도 유권자들이 보기에 너무 한쪽으로 치우쳐 있다는 거부감을 불러일으킬 수 있다. 그리고 본선 경쟁에서 불리하다는 우려가 나오기도 한다. 이번 2020년 민주당 경선에서 버니 샌더스 후보나 엘리자베스 워런Elizabeth Warren 후보가 민주당 후보가 되면 필패라는 주장이 나온 것도 그 이유에서다. 많은 정통 민주당 당원들은 별 매력은 없어도 바이든처럼 무난한 사람이 본선에서 트럼프와 싸우기에 유리하다고 생각한 것이다.

1970년까지만 해도 대세는 코커스였다. 하지만 최근 들어서는 프라이머리로 시스템을 바꾸는 주가 많아지고 있다. 코커스 제도가 비효율적이고, 정당 차원에서 돈이 많이 든다는 게 하나의 이유이기도 하지만, 과연 코커스가 민주적인 절차인가에 대해 많은 사람이 의문을 표하고 있기 때문이다. 정당 당원의 채 10퍼센트도 참여하지 않는 코커스 경선이라면 과연 정당성이 있는 것인지, 또 그렇게 선택되는 사람이 과연 정당 전체의 뜻을 대표할 수 있고 실제 대선에서 상대 후보를 맞아 경쟁력을 발휘할 것인지에 대해서도 문제가 제기되고 있다.

그렇다면 두 번째 주제. 왜 아이오와는 중요한가?

뭐든 선빵(!)이 최고

답은 간단하다. 첫 번째 경선이기 때문이다.

그렇다면 왜 아이오와는 가장 먼저 경선을 치르게 되었는지 궁금해질 것이다. 사실 이건 그야말로 '어쩌다 보니' 그렇게 되었다. 지금이야 후보 경선 과정이 모두에게 열려 있고 과정 또한 공개되지만, 예전에는 정당의 주요 인사들이 모여서 그야말로 담배 연기 가득한 방에서 자기들끼리 논의를 거쳐서 후보를 결정하곤 했다. 사실상 '그들만의 리그'였던 셈이다. 이 과정을 밀실에서 처음 밖으로 끌고 나온 사람이 7대 대통령인 앤드루 잭슨이었다. 그래도 후보 경선은 여전히 정당 주요 인사들의 꿍꿍이에 의해 진행되어왔는데, 본격적으로 대중 참여형으로 바뀌기 시작한 것은 1972년 민주당 경선 때부터였다.

1968년 시카고에서 열린 민주당 전국 전당대회는 갑작스럽게 대선에 출마하지 않겠다고 선언한 존슨 대통령으로 인해 새로이 후보를 추대해야 하는 자리였다. 그런데 반전운동 등으로 인한 시위에다 폭력 사태까지 발생하면서 최악의 전당대회라는 오명을 남겼고, 민주당 지도부는 경선 과정에 대대적인 수술이 필요성을 느꼈다. 그렇게 탄생한 맥거번-프레이저^{McGovern-Fraser} 위원회는 개혁적인 경선

제도를 새로 마련했고 1972년부터 본격적으로 이를 도입하기 시작했다. 새 경선 제도의 목적은 더 많은 대중이 참여할 수 있고, 투명한 경선을 통해 후보를 선출하는 것이었다.

그중 한 가지 새로운 룰은 대통령 선거가 예정된 날짜로부터 1년 이내에 경선을 시작해야 하는 것이었다. 아이오와주는 후보를 선출하기 위해 총 네 번의 코커스와 전당대회를 치러왔다. 그리고 30일의 휴회 뒤에 다음 단계로 넘어갈 수 있었다. 다시 말해, 구^{precinct} 단위의 코커스 이후 카운티 전당대회, 연방의회 하원 지역구 전당대회, 주 전당대회 총 네 번의 이벤트가 있어야 하고, 중간중간 30일의 기간까지 집어넣어야 하는 것이다. 1972년에 치러진 전국 전당대회는 7월 9일로 예정되어 있었으니, 여기에 아이오와의 최종적인 대의원을 보내려면 매우 일찍 코커스를 시작해야 했다. 그렇게 어찌저찌 하다 보니 아이오와 코커스는 경선 일정의 맨 앞에 자리하게 된다. 여기에 어떤 정치적인 이유는 없었다. 적어도 1972년까지는.

이런 비정치적인 아이오와 코커스의 운명은 1976년 바뀌었다. 조지아주 땅콩농장 농장주 출신 주지사였던 지미 카터가 대통령에 당선되면서였다. 당시 1976년 민주당 경선에서는 1975년 말까지 무려 11명의 경선 후보가 출사표를 낸 상황이었다(17명이었다고 보는 이들

선거는 어떻게 대중을 유혹하는가

도 있다. 중요한건 그렇게 북적거렸다는 사실!). 워터게이트 사건으로 공화당의 닉슨 대통령이 하야했고, 뒤를 이었던 제럴드 포드Gerald Ford 대통령은 인기가 없었다. 인지도 있는 민주당 정치인이라면 한 번쯤 배팅해볼 만한 상황이었다.

카터 당시 후보는 여론조사 결과상 10위 정도에서 맴돌던, 존재감 없는 후보에 불과했다. 조지 월리스 앨라배마주 주지사 같은 문제적 인물이나 민주당 내에서도 리버럴을 대표하는 워싱턴주 연방 상원의원인 헨리 잭슨Henry M. Jackson, 캘리포니아주 주지사였던 제리 브라운Jerry Brown, 애리조나주 연방 하원의원인 모리스 유달Morris King Udall 같은 인물이 두각을 보이고 있었다. 다들 전국적인 인지도도 있을 뿐더러 쟁쟁한 정치인이었다. 심지어 그렇게 출마 안 한다고 직접 몇 번이나 이야기했던 험프리 휴버트Humphrey Hubert 전 부통령도 여전히 가능성 있는 후보라 믿고 많은 이들이 지지했다.

카터 캠프의 전략은 아이오와를 베이스캠프로 삼는 것이었다. 미디어의 주목을 받지 못했던 카터는 아이오와에서 깜짝 승리를 하는 것만이 후보로서 급부상할 수 있는 길이라고 생각했다. 아이오와에 걸려 있던 대의원 숫자는 미미하지만, 첫 번째이기 때문에 모두가 주목할 것이라 보았고, 이를 위해 당시 유명한 선거 기획 전문가인 팀 크래프트Tim Kraft를 고용했다. 크래프트의 주요 전략은 발로 뛰는 자원봉사자들을 통해 카터를 알리고 코커스를 공략하는 것이었다. 다른 후보들이 아이오와를 건너뛰고 뉴햄프셔에 투자할 때, 카터와 그의 캠프는 아이오와에서 많은 시간을 보내면서 면대면face-to-face 캠페인을 벌였다. 우리와 달리 미국에서는 직접 집을 찾아가서 선거 홍보를 하는 캔버싱canvassing이 허용된다. 카터 캠프는 집에 찾아갔을 때 주인이 부재중이면 현관에 카터를 어필하는 홍보지를 놓았고, 카터가 만난 사람들에게는 일일이 손으로 쓴 감사 편지를 보내는 등 정성을 다했다. 특히 지역 언론사와 하는 수많은 인터뷰를 기획하는 데 힘을 쏟았다. 유권자들은 닉슨 대통령의 하야와 워터게이트 스캔들로 인해 중앙 정치에 신물을 느끼던 중이었고, 이웃처럼 친근한 '땅콩농장주' 출신의 소박하고 때묻지 않은 정치인에게 호감을 갖게 되었다. 지역의 입소문은 중앙까지 퍼지고,《뉴욕타임스The New York Times》가 카터를 다루기 시작하면서 조금씩 존재감을 드러내더니 결국 아이오와에서 승리했다. 그리고 그 바람을 이어가 민주당 후보로 낙점되어 그해 11월 백악관에 입성하는 데까지 성공한다. 이후로 그 누구도 아이오와를 무시할 수 없게 되었다. 그리고 비슷한 사례는 32년 뒤 오바마 당시 후보가 대세라 여겨지던 클린턴을 아이오와에서 누르면서 재현되었다.

코커스는 지속될까?

이번 2020년 대통령 후보 경선에서 코커스 제도를 택한 주는 4개 주에 지나지 않았다. 코커스의 비민주적 요소와 불편함이 계속 지적을 받아왔고, 더 많은 유권자를 포함시켜야 한다는 주장에 힘입어, 많은 주가 프라이머리로 제도를 바꿨기 때문이다. 300만 명 조금 넘는 인구를 가진 아이오와주가 전체 경선에 미치는 영향력이 너무 크다는 것에도 불만과 반발이 있었고, 하필이면 이번 2020년 아이오와 코커스는 개표 시 혼선으로 인해 더욱 비판을 받기도 했다. 그래서인지 아이오와의 첫 번째 프리미엄은 점점 영향력을 잃어가는 듯하다.

실제 이번 아이오와 경선에서 1위를 했던 피트 부티지지Pete Buttigieg 인디애나 사우스벤드South Bend 시장은 일찌감치 선거운동을 접고 집으로 돌아갔으며, 4위로 치욕적인 마감을 했던 조 바이든 전 부통령은 결국 민주당의 대선 후보가 되었다.* 바이든이 민주당 후보가 되는 데는 사우스캐롤라이나에서의 승리가 주효했다. 누가 뭐래도 민주당 지지층의 큰 축은 흑인 유권자였고, 오바마 행정부의 일원이

---

* 민주당 아이오와 경선 결과는 1위 피트 부티지지(26.2%), 2위 버니 샌더스(26.1%), 3위 엘리자베스 워런(18.0%), 4위 조 바이든(15.8%), 5위 에이미 클로버샤Amy Klobuchar(12.3%)였다.

2020년 아이오와 코커스에 참여한 피트 부티지지 지지자들과 에이미 클로버샤 지지자들의 모습

2020년 아이오와 코커스에서 명단을 등록하는 참여자들

선거는 어떻게 대중을 유혹하는가

었던 바이든의 경력은 사우스캐롤라이나 유권자의 상당수를 차지하는 흑인들의 마음을 움직였기 때문이다. 여기에 샌더스나 워런 같은 급진적 좌파 후보가 전통 민주당을 대표하게 해서는 안 된다는 '부머Boomer'*들의 지지도 한몫했다고 볼 수 있다.

이런저런 이유로 코커스에 대한 비판은 계속되고 있다. 일찍 경선을 치르면서 주목도 받고 경제적 효과도 누리고 싶은 주에서는 여전히 코커스를 선호할 수 있지만, 코커스가 사양길에 들어선 느낌은 지울 수 없다. 어쨌든 미국 선거에서나 볼 수 있었던 옛 전통 한 자락이 사라진다면 꽤 서운할 것 같다.

---

* '부머'는 '베이비부머baby boomer' 세대인 50~60대를 일컫는 말로 비하적 함의를 담고 있다. 2019년 'Okay, Boomer'라는 밈이 크게 유행한 바 있는데, 한국어로 표현하자면 '알겠고, 다음 꼰대'의 의미 정도로 보면 된다.

★ ★ ★ ★ ★

오하이오는
여전히 유효한가

★ ★ ★ ★ ★

〈메이저리그^{Major League}〉라는 영화가 있다. 오합지졸에 어딘가 하나씩 부족하고 근성도 의지도 없는 2류 구단이 괴짜 감독을 만나 변해가는 스토리다. 이 2류 구단은 클리블랜드 인디언스^{Cleveland Indians}다. 우리나라 야구팬들에게도 익숙한 이름인 것이, 추신수 선수가 잠시 몸담았던 구단이다. 그렇게 클리블랜드는 중부 어디쯤 있는 오하이오주의 도시 정도로 여겨진다. 하지만 클리블랜드는 미국 역사에서 생각보다 무게감 있는 곳이다. 오하이오에는 미시시피강의 지류인 오하이오강이 흐르고 있고, 오대호 중 하나인 이리호에 근접해 있다. 이런 천혜의 지리적 이점을 이용해 해상운송이 통과하는 물류 중심지로 활약하기도 했다. 클리블랜드는 유명한 존 D. 록펠러^{John D. Rockefeller}의 석유회사인 스탠더드 오일^{Standard Oil}이 설립된 곳이기도 하다. 지금은 철강과 석유산업 쇠퇴로 인해 이전의 영광을 찾기 어렵지만, 아직도 클리블랜드 오케스트라나 클리블랜드 미술관은 미국의 손꼽히는 오케스트라와 미술관에 들어간다. 그걸 보면, 도시는 쇠퇴해도 문화자본의 힘은 오래가는 게 아닌가 싶기도 하다.

이제 외국인에겐 별로 끌리지 않는 관광지가 되어버린 오하이오이지만, 미국 대통령 선거 때가 되면 항상 주목을 받는다. 전 미국이 오하이오의 표심이 어디로 향할지 관심을 두기 때문이다. 오하이오는 미국 대선의 풍향계라고 불리기도 한다. 그도 그럴 것이 1944년부터 2016년까지 오하이오가 선택한 후보는, 딱 한 번을 제외하고 모두 대통령에 당선되었다. 적중률 95퍼센트에 가깝다. 삐끗한 한 번의 경우는 1960년 선거에서 케네디가 닉슨을 아슬아슬하게 꺾고 이겼을 때다. 당시 오하이오는 닉슨을 선택했다. 그 외의 모든 선거에서 오하이오 유권자들은 신들린 것처럼 백악관에 입성하는 사람을 찍었다. 그래서인지 오하이오의 낙점을 받지 못하면 대통령이 되지 못한다는 말까지 나왔다.

그렇다면 오하이오는 어쩌다가 월드컵 승자를 귀신같이 맞추는 '점쟁이 문어 파울Paul'이 되었을까? 많은 학자들은 오하이오가 미국의 축소판이기 때문이라고 이야기해왔다. 크게 다섯 지역으로 나눌 수 있는 오하이오는 미국의 동북부를 빼닮은 동북부 지역이 있고, 미국 중부와 비슷한 성향의 서부, 미국 남부를 연상시키는 동남부 지역이 있다. 그리고 태평양 연안의 서부와 비슷한 유권자들이 오하이오 중부에 기주한다. 그야말로 다양함과 난소모움이 공손하는 미국을 그대로 축소한 모습이다.

이런 오하이오가 최근 들어서는 상당히 붉게 물들어가고 있다. 이전과 달리 공화당 색채를 더 많이 띤다는 말이다. 학자들은 인구구성이 이전과 달라졌다는 점을 지적한다. 예를 들어, 전국적 수준에서 대학 교육을 받은 백인의 비율은 약 34퍼센트인 데 반해 오하이오의 경우는 28퍼센트에 지나지 않는다. 전국 평균보다 훨씬 낮다. 2016년 선거에서 트럼프 대통령 지지율의 근간이 교육 수준이 낮은 백인이었다는 점은 잘 알려져 있는 사실이다. 당시 백인의 54퍼센트, 그리고 대학을 마치지 못한 유권자의 50퍼센트가 트럼프에게 표를 주었다는 결과가 있다. 특히 대학을 마치지 못한 백인 유권자의 64퍼센트가 트럼프를 찍었다고 알려져 있다. 인종적으로 봐도 미국 전체의 백인 비율이 61퍼센트 정도인 데 비해, 오하이오의 백인 비율은 무려 80퍼센트 가까이 된다. 중위 연령 역시 2019년 기준

선거는 어떻게 대중을 유혹하는가

으로 전국 평균이 38.5세인데 오하이오는 39.6세였다. 그런 의미에서 오하이오는 확실히 트럼프에게 유리한 주였다.

넥스트 오하이오?

그래서인지 이제는 오하이오가 예전의 오하이오가 아니라는 이야기도 나온다. 오하이오가 더 이상 미국의 축소판이라 보기 어렵기 때문이다. 미국은 이민 국가이고, 그렇기 때문에 인구구성이 끊임없이 변한다. 그중 가장 많은 변화를 보이고 있는 부분이 인종 구성이다. 백인 비율은 점점 줄어들고 있고, 2060년쯤 되면 백인은 더 이상 과반을 차지하는 인종이 되지 못할 것이라는 분석이 나온다. 더 다양한 배경을 가진, 더 젊고 더 잘 교육받은 인구가 다수가 될 것이란 이야기다. 그런 의미에서 오하이오는 미국 평균보다 나이가 많고, 백인이 많고, 교육 수준이 낮은 주가 될 것이기 때문에, 이전의 '신들린' 명성을 잃을 가능성이 높다고 전망하고 있다.

새롭게 오하이오를 대체할 것으로 여겨지는 주로는 애리조나, 노스캐롤라이나, 조지아 등이 있다. 모두 남부에 위치한 주다. 특히 애리조나는 멕시코계 이민이 늘면서 히스패닉 인구가 급증하는 주다. 미국 내 인구 증가세가 가장 빠른 히스패닉계 미국인은 현재 미국

인구의 약 17퍼센트를 차지하고 있지만, 2060년에는 30퍼센트에 달하는 비중을 차지할 것으로 보인다. 애리조나의 경우, 2018년 기준으로 이미 30.2퍼센트가 히스패닉 인구다. 멕시코와 국경이 맞닿아 있는 이유도 있고, 이미 히스패닉 인구가 47.5퍼센트로 과반 가까이 되는 뉴멕시코에서 건너오는 유입자도 무시할 수 없는 수준이다. 그리고 중요한 것은, 애리조나의 인구구성 변화가 미국의 전반

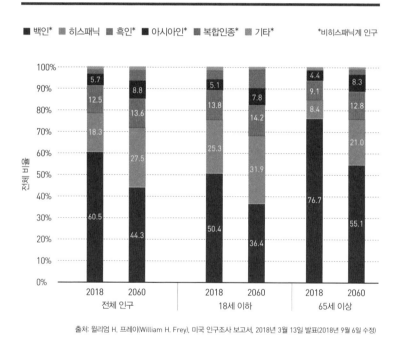

출처: 윌리엄 H. 프레이(William H. Frey), 미국 인구조사 보고서, 2018년 3월 13일 발표(2018년 9월 6일 수정)

미국 인구의 인종 비율 변화(2018, 2060)

적인 변화와도 비슷하게 진행될 것이라는 점이다. 오하이오가 '러스트 벨트'처럼 역사 속으로 저물어가는 이전의 미국을 대표한다면, 애리조나는 앞으로 다가올 그야말로 다인종의 새로운 미국을 보여준다고 할 수 있다. 실제로 전통적인 공화당 주로 평가되었던 애리조나주가 이번 2020년 선거에서는 경합주 내지는 바이든 후보가 앞서는 주로 분류되고 있다. 승패와 상관없이 이번 선거에서 애리조나를 주목해야 하는 이유다.

스윙, 스윙, 스윙

'스윙swing'은 말 그대로 진자처럼 흔들리는 것을 의미한다. 특정한 정치 성향 없이 공화당과 민주당을 오가며 그때그때 다른 선택을 하는 주를 일컬어 '스윙 스테이트Swing State'라고 한다. 우리 식으로 표현하자면 산토끼쯤 될 것이다. 앞서 설명한 대로 미국 대통령 선거는 선거인단에 의한 간접선거 방식으로 치러진다. 따라서 실제 득표수보다 확보할 수 있는 선거인단 숫자가 훨씬 더 중요하다. 그리고 승리를 위한 선거인단 숫자 계산은 확실한 대형주보다 변심하는 중간 사이즈의 주를 얼마나 많이 확보하는지에 따라 달라진다. 그렇기 때문에 미국 대선 캠페인에서 주목받는 주는 제한적이다.

예를 들어, 전 미국에서 가장 많은 인구가 거주하고 선거인단 숫자도 전국에서 가장 많은 55명을 확보하고 있는 캘리포니아는 대선 후보들에게 전혀 의미 없는 주가 되어버렸다. 캘리포니아의 55명은 어차피 민주당 후보가 가져갈 게 틀림없기 때문에 공화당 후보는 물론이거니와 민주당 후보도 굳이 찾아가서 열심히 유세나 선거운동을 할 필요가 없다. 물론 선거인단 숫자가 너무 적어도 큰 의미가 없다. 2016년 트럼프와 클린턴 모두 들르지 않고 지나간 주가 아이다호, 와이오밍, 하와이, 알래스카다. 하와이나 알래스카는 지리적 이유도 있겠지만, 아이다호와 와이오밍은 모두 확실한 공화당 텃밭이라고 할 수 있는 주인 데다가 걸려 있는 선거인단 숫자도 각각 4명과 3명으로 매우 적다. 굳이 갈 필요가 없는 것이다.

그렇다면 최근 가장 뜨고 있는(!) 격전지이자 '스윙 스테이트'는 어디일까.

2012년까지만 하더라도 오하이오를 꼽는 이들이 많았지만, 지금은 플로리다가 떠오르고 있다. 무려 29명의 선거인단을 확보하고 있는 플로리다는 규모 면에서도 만만치 않다. 플로리다에서 이긴다면 상당히 큰 점수를 확보하는 셈이다. 더군다나 플로리다는 정당 색채도 한쪽으로 기울어져 있다고 보기 어렵다. 물론, 남부 주라는 이유로 공화당 당세가 강한 것은 사실이다. 전후 18번의 역대 대통령 선거에서 공화당 후보에게 12번 표를 주었고 민주당 후보에게 6번을 주었다. 그런데 최근 20년간 치러진 5번의 선거에서는 공화당 3번 승리, 민주당 2번 승리로 예측불가의 스윙 중이다.

그래서일까. 2016년 대선 캠페인 중 클린턴과 트럼프가 가장 많이 방문하고 공을 들인 주는 플로리다였다. 미국의 ABC 뉴스 보도에 따르면, 선거 광고에 가장 많은 돈을 쓴 주도 플로리다였고, 선거 유세 기간을 통틀어 가장 많이 방문한 주도 플로리다였다(힐러리 R. 클린턴의 경우, 플로리다, 오하이오, 펜실베이니아가 동률이었다. 클린턴 후보는 이 세 주에서 모두 패했다). 선거 막판 10월에 가장 많이 들러서 유세를 한 주도 플로리다였다. 두 후보 모두.

상황이 이렇다 보니, 많은 미국인이 선거인단 제도가 제대로 된 민심을 읽어내지 못할 뿐 아니라 과정 또한 불공평하다는 목소리를 내고 있다. 똑같은 한 표인데도, 어떤 주에서는 과대대표되고 다른 주에서는 과소대표된다. 마찬가지로, 똑같이 중요한 유권자인데도, 누구는 후보들이 더 열심히 찾고 심혈을 기울이는데, 다른 누구는 나 몰라라 등한시한다. 이런 불균형에 대한 불만이 계속되면 정치에 대한 관심도가 떨어지고 투표율이 낮아지는 현상도 나타난다.

2020년을 결정짓는 주는?

그렇다면 이번 2020년 대통령 선거에서 중요한 스윙 스테이트 혹은 격전지는 어디가 될까?

선거인단 제도이다 보니 선거인단 수를 계산해보지 않을 수 없다. 확실히 2016년 트럼프가 승리했던 이유는 스윙 스테이트 혹은 격전지라 불리는 주를 신승이나마 모두 이겼기 때문이다. 그중에서도 많은 이들을 놀라게 한 러스트 벨트의 미시간, 위스콘신, 펜실베이니아에서의 승리가 큰 몫을 했다. 이 세 주에 걸린 선거인단 수는 각각 16명, 10명 그리고 20명이다. 합하면 46명으로 적지 않은 수다. 지난 2016년 대선에서 클린턴이 이 세 주만 꽉 쥐고 있었다면 총 선거인단 수 278명 획득으로 백악관에 입주해 있었을 것이다. 하지만 역사는 예상대로 흐르지 않았다.

이번 2020년 선거에서도 이 세 주는 중요한 역할을 할 것이다. 현시점의 여론조사는 바이든 후보가 미시간, 위스콘신, 펜실베이니아 세 주 모두에서 꽤 앞서는 것으로 알려져 있다. 이 중 바이든에게 가장 신경 쓰이는 주는 펜실베이니아일 것이다. 미시간과 위스콘신에서 일찌감치 여유롭게 앞서가고 있는 반면, 펜실베이니아에는 지금 와서야 격차를 넉넉히 벌리기 시작했고, 걸려 있는 선거인단 수

선거는 어떻게 대중을 유혹하는가

도 20명으로 가장 많기 때문이다(10월 초 현재). 게다가 바이든은 펜실베이니아주 스크랜턴Scranton에서 태어난 펜실베이니아 토종이다. 그런 곳에서 진다? 그야말로 할 말이 없는 결과다. 그리고 펜실베이니아를 놓치고 플로리다나 노스캐롤라이나에서 이기는 것을 상상하기도 힘들다. 난이도로 본다면 플로리다나 노스캐롤라이나가 펜실베이니아보다 고난도이기 때문이다. 그런 면에서 바이든이 놓칠 수 없는 마지노선은 펜실베이니아인 것으로 보인다.

하지만 걸려오는 전화를 받고 앉은자리에서 10분 안에 끝마칠 수 있는 여론조사와 투표는 매우 다르다. 투표는 적극성과 후보에 대한 강한 지지가 뒷받침되어야 하는 '행동'이기 때문이다. 특히나 미국처럼 투표율이 낮은 국가에서는 더욱 그러하다.* 조사상 드러나는 수치보다 투표장에 모습을 나타내는 실체 있는 한 표가 상대적으로 더 소중한 나라다. 그런 의미에서, 확장성이라고는 1도 없지만 열성 지지자를 확보하고 있는 트럼프 대통령이기에, 바이든 후보와의 대결은 여전히 결과를 가늠하기 쉽지 않다. 거의 모든 선거가 그러하듯이 지지자들이 얼마나 열심히 투표장으로 나와주는지가 11월의 승자를 결정할 것이다. 결국, 투표율 싸움이다.

---

* 2016년 미국 대통령 선거 투표율은 55.67퍼센트였다. 미국은 투표율이 낮은 것으로 유명한데, 1968년 이후 60퍼센트를 넘긴 적이 한 번도 없다.

PART 2 | 선거의 기술

: 무엇이 선거를 만드는가

투표는 멈추지 않는다

남북전쟁이 한창이던 1864년. 링컨 대통령은 11월 재선을 앞두고 있었다. 남부와 북부가 갈라져서 싸우고 있던 당시에도 여전히 선거는 치러져야 했고 링컨은 자신의 재선을 확신할 수 없었다. 투표 가능한 많은 젊은 인구가 전장에 나가 있었기 때문이다. 이들의 표를 어떻게든 모아야 했던 링컨 행정부는 우편 투표를 생각해냈다. 독립전쟁 당시 전쟁터에 있는 군인들이 자신을 대신해 다른 이가 투표하는 걸 허락한 적은 있지만, 부재자 투표 제도를 도입한 것은 남북전쟁 때였다. 펜실베이니아주의 경우는 선거 담당 관리를 전장으로 보내 투표소를 만들고 부재자 투표를 관장하게 했지만, 대체로 많은 주가 선택한 방법은 우편 투표였다. 민주당이 우세를 차지한 인디애나주는 부재자 투표를 허용하지 않았는데, 인디애나를 놓칠 수 없었던 링컨은 그 유명한 윌리엄 테쿰세 셔먼William Tecumseh Sherman 장군에게 편지를 보낸다. "명령은 절대 아니고, 인디애나 놓치면 망하니까 군인들 잠시 투표하고 오라고 하면 안 될까?" 그 덕분일까. 어쨌든 총 100만 명 정도의 연방군 가운데 약 15만 명이 부재자 투표를 할 수 있었다.

남북전쟁 당시 버지니아주 군인들을 위해 마련한 부재자 투표소

선거는 어떻게 대중을 유혹하는가

사실 미국 선거에서 우편 투표가 이슈가 된 적은 거의 없다. 남북전쟁 이후 외국에 있는 미국 국민이나 군인은 우편을 통해 부재자 투표를 해왔기 때문이다. 그런데 최근 들어 우편 투표를 놓고 갑론을박이다. 좀 더 정확히 말하자면 트럼프 대통령이 우편 투표로 인한 부정선거 가능성이 있다고 일방적으로 주장하고 있다.

코로나19 여파로 미국은 우편 투표의 문을 더 넓게 열어놨다. 물론, 주에서 선거를 관장하기에 주마다 그 기준이 조금씩 다르긴 하다. 10개 주는 유권자 등록을 한 모든 이에게 일괄적으로 투표용지를 보내고 어떻게 투표할지는 유권자 결정에 맡겼다. 다른 주들은 별다른 이유를 대지 않거나 혹은 코로나 때문에 우편 투표를 해야 할 것 같다고 하면 우편 투표를 허용하기로 했다. 그런데 7개 주는 코로나19만으로는 우편 투표를 할 수 없게 막았다. 뭔가 다른 적합한 이유가 있어야 한다는 것이다.

중요한 이슈는 과연 이전에 비해 훨씬 늘어날 것으로 보이는 우편 투표가 어느 후보에게 유리하게 작용할 것인가다. 트럼프 대통령이 우편 투표의 정확성에 시비를 거는 것은, 이게 바이든 후보에게 유리하게 작용할 거라고 보기 때문인 듯하다. 우편 투표를 하면 굳이 투표장까지 안 나와도 되니까 간편함 때문에 사람들이 투표를 더 많이 할 것이고, 투표율이 높아지면 대체로 투표 안 하던 사람까지 한 표를 던지겠다고 나설 테니 민주당한테 유리할 것 아닌가(원래 공화당 지지자들이 민주당 지지자들보다 투표를 열심히 하는 것으로 알려져 있다)? 그리고 공교롭게도 민주당 지지자들이 우편 투표를 하겠다는 의향이 더 높네? 현장 투표를 하겠다는 사람들의 65퍼센트는 트럼프 지지자이고, 우편 투표를 하겠다는 사람들의 76퍼센트는 바이든 지지자. 그러니까 우편 투표 아니 되오.

물론 그야말로 뚜껑을 열어보지 않으면 알 수 없는 일이지만, 지금까지 우편 투표를 연구해온 학자들에 따르면 우편 투표가 특정 후보에게 더 유리하다는 결정적 증거는 없다. 양쪽 모두에게 안 좋을 수 있어서다. 현장 등록을 할 수 없는 우편 투표의 특성상, 이미 등록된 주소지가 있어야 하는데, 민주당 지지 성향이 강한 젊은이들은 이동성이 높은 편이다. 또한 여러 규칙에 잘 맞춰서 투표용지를 기입하고 서명도 해야 하는데, 처음 투표해보는 젊은이나 투표에 익숙지 않은 이민자들은 실수를 할 수도 있고 꽤 부담되는 일이기도 하다(실제로 이런 이유로 무효 처리되는 투표용지가 적지 않다). 그렇다고 공화당 지지자들에게 마냥 유리하지도 않다. 시골에 많이 사는 공화당 지지자들한테 가장 불리하게 작용하는 것은 느려터진 지방 우편 시스템이다. 서두르지 않으면 기한에 맞추지 못해 무효 처리되는 일도 꽤 있다.

누구한테 유리한지 불리한지를 따지기 전에 이렇게 묻자. 우편 투표는 부정선거를 낳을 가능성이 높을까?《워싱턴포스트The Washington Post》에 따르면 지난 20년 동안 약 2억 5천만 건의 우편 투표가 있었는데, 이 중에서 부정선거로 형사처벌이 된 경우는 143건이었다. 확률로 따지면 0.0025퍼센트니까, 솔직히 매우 낮다.

그럼에도 불구하고 이번처럼 많은 이들이 우편 투표에 참여한다면 혼란이 생길 가능성은 있다. 우편 기한이 11월 3일이 아니라 이보다 늦은 경우가 꽤 있기 때문이다. 어쩌면 11월 3일 밤이나 4일 새

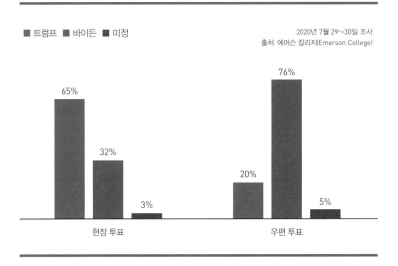

현장 투표와 우편 투표 의향, 후보 지지 성향

벽이 되도록 최종 결과를 못 볼 수도 있다.

집토끼냐 산토끼냐, 그것이 문제로다

어느 나라에서든 진지하게 선거를 치른다면 한 가지 고민되는 지점이 있다. '집토끼냐 산토끼냐, 그것이 문제로다.' 집토끼를 지키려면 정책 톤이 왼쪽이든 오른쪽이든 한 방향으로 쏠릴 수밖에 없다. 선명성을 강조하고 상대를 신랄하게 까야 하니까. 그런데 한쪽 방향으로의 쏠림은 중도 유권자들에게 거부감을 살 수도 있다. 그렇다면 살짝 중간으로 옮겨 가서 중도층을 잡아야 한다. 그런데 또 이렇게 되면 열렬한 전통 유권자들에게서 불만이 터져 나온다. 그깟 산토끼가 뭐라고 변함없이 지지해준 우리를 무시하느냐는 이야기다. 집토끼와 산토끼 사이에서, 어찌하오리까?

이 주제는 선거 학자들 사이에서도 꽤 오랫동안 논의되어왔다. 선거철이 되면 TV에 나와 스윙보터가 편을 들어줘야 선거에 이길 수 있다고 주장하는 사람들도 많다. 이 문제는 아직도 논쟁 중이기 때문에 어느 한쪽이 옳다고 말하기는 힘들다. 하지만 일단 집토끼가 기본적으로 함께 가야 한다는 점을 부인하는 사람은 없을 것이다. 사실 대부분의 사람은 정치적 성향이 정해진 편이고 쉽게 변하지 않는다. 전혀 성향이 없는 사람이라면, 아마 투표장에 갈 확률도 낮을 것이다. 그렇기에 선거 캠페인의 가장 기초적이고 중요한 단계는 '나를 찍어줄 것 같은 사람을 무슨 일이 있어도 투표장으로 끌어내기'다. 엄한 데 가서 표 달라고 할 필요 없이.

왜 투표율이 낮을까?

'투표장으로 끌어내기'는 투표율 높이기와 일맥상통하는 부분이 있다. 특히 미국처럼 투표율이 낮은 국가는 선거에서의 투표율이 매우 중요하다. 먼저, 미국의 투표율이 얼마나 낮은지 확인해보자. 다음 표는 소위 내로라하는 민주 선진 국가들의 투표율을 비교해놓은 것이다. 투표율은 투표 가능한 총인구를 분모로 하고, 이 중 실제 투표에 참여한 인구를 분자로 해서 백분율로 계산했다.

그림에는 두 가지 숫자가 그려져 있다. 막대그래프는 선거 연령 이상인 모든 유권자를 분모로 해서 투표율을 계산한 것이고, 선그래프는 등록된 유권자들만 대상으로 투표율을 계산한 것이다. 미국의 경우, 선거 연령 이상인 모든 인구를 대상으로 한 투표율은 무려 55.7퍼센트로 매우 낮았다. 2016년은 대통령 선거도 있는 해였기에 상대적으로 대통령 선거 없이 의회 선거만 치르는 중간선거가 있었

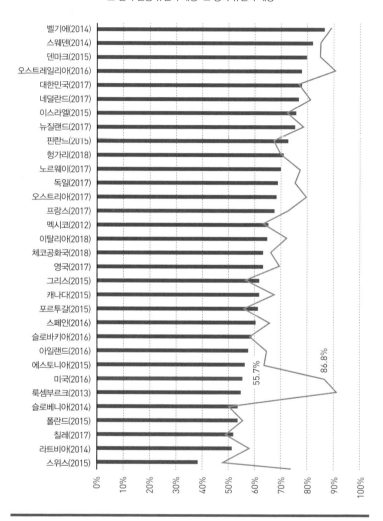

벨기에(2014)
스웨덴(2014)
덴마크(2015)
오스트레일리아(2016)
대한민국(2017)
네덜란드(2017)
이스라엘(2015)
뉴질랜드(2017)
핀란드(2015)
헝가리(2018)
노르웨이(2017)
독일(2017)
오스트리아(2017)
프랑스(2017)
멕시코(2012)
이탈리아(2018)
체코공화국(2018)
영국(2017)
그리스(2015)
캐나다(2015)
포르투갈(2015)
스페인(2016)
슬로바키아(2016)
아일랜드(2016)
에스토니아(2015)
미국(2016)
룩셈부르크(2013)
슬로베니아(2014)
폴란드(2015)
칠레(2017)
라트비아(2014)
스위스(2015)

55.7% 86.8%

0% 10% 20% 30% 40% 50% 60% 70% 80% 90% 100%

미국과 다른 국가의 투표율 비교

던 2014년이나 2018년보다 높았을 것이다. 대체로 중간선거가 있는 해는 관심도 차이 탓에 그러잖아도 낮은 투표율이 더 낮아진다.

그런데 선그래프로 나타낸 미국의 등록 유권자 대상 투표율은 상당히 높다. 86.8퍼센트로 다른 나라보다 월등히 높다고 할 수 있다. 그런데 여기서 잠깐. 등록 유권자와 선거 연령 유권자는 어떻게 다른 것일까?

우리나라의 경우 일정한 나이가 되면 자동적으로 유권자로 등록된다. 여러분이 어디에 살든, 혹여 이사를 가도, 선거관리위원회가 귀신같이 여러분이 살고 있는 곳을 찾아내 투표하라고 친절하게 후보와 투표소 안내 자료를 보내준다(사실은 이사할 때 주민센터에서 전입신고를 하기 때문이다). 선거 당일, 지정해준 장소로 가면 참관인들이 내 이름이 적힌 리스트를 가지고 신분증과 대조한 뒤 투표용지를 나눠준다. 아무것도 안 했는데 자동으로 유권자로 등록되는 우리나라는 참 친절한 나라다.

그런데 미국은 다르다. 일단 자동으로 국가가 알아서 유권자로 등록해주지 않는다. 연방제인 미국은 기본적으로 선거를 주정부가 관장하게 되어 있다. 그리고 우리 같은 주민등록제도가 없기에 자동 유권자 등록이 불가능하다. 자격이 되는 투표 의지가 있는 유권자들은 스스로 알아서 등록 절차를 마쳐야 한다. 이 절차가 귀찮으면? 유권자 등록이 안 되어 있으므로 투표를 못 한다. 그렇기에 유권자로 등록이 되어 있다는 사실 자체가 투표 의지가 상당히 강하다는 것을 의미한다. 총 선거 연령 유권자를 대상으로 했을 때보다, 등록 유권자 수를 분모로 놓고 투표율을 계산했을 때 유난히 미국의 투표율이 높은 이유다.

사실 총인구를 분모로 놓고 계산한 55.7퍼센트라는 투표율도 오류의 여지가 있다. 이 분모 부분을 투표 연령 유권자VAP; Voting Age Population라고 하는데, 2016년 미국 대선 당시 VAP는 약 2억 4,500만 명이 조금 넘는다. 그런데 미국에는 무려 1,100만 명이 넘는 불법 이민자가 있는 것으로 추정되고 있다. 이와 더불어, 교정시설에 있는 수감자들이나 정신적 문제로 인해 사실상 투표가 불가능한 인구도 이 VAP에 포함된다. 투표가 불가능한 이들까지 모두 분모에 포함했기 때문에 투표율이 더 낮아 보이는 것이다. 그래서 투표 가능한 미국 인구만 분모로 놓고 계산하기도 하는데, 이를 투표 가능 유권자VEP; Voting Eligible Population라고 한다. 2016년 이 수치는 약 2억 2,400만 명 정도 되었다. VEP를 분모로 놓고 봤을 때는 투표율이 약 60퍼센트 정도 나온다. 뭐, 그렇게 해도 별반 높은 수치는 아니니, 미국인들 입장에서는 많이 억울할 건 없다고 하겠다.

선거는 어떻게 대중을 유혹하는가

미국에서 유권자 되기

그럼 미국 유권자들은 어떻게 등록을 할까?

각 주는 선거일로부터 30일 이전에 유권자 등록을 마치게 하는데, 등록 마감일은 주마다 다르다. 15일 이전인 주가 있고, 29일 이전인 주도 있다. 유권자 등록 비율을 보면 그 주의 선거전이 얼마나 치열한지, 또 유권자들은 정치와 선거에 얼마나 관심이 있는지를 알 수 있다. 2016년 대통령 선거에서 가장 높은 유권자 등록률을 기록한 주는 메인(80%), 미시시피(79.5%), 그리고 워싱턴 특별자치구Washington DC(82.1%)다. 반대로, 가장 낮은 유권자 등록률을 기록한 지역은 하와이(54.4%), 웨스트버지니아(64.1%), 그리고 캘리포니아(64.7%)다.

일부 학자나 전문가들은 미국 유권자의 투표율을 높이기 위해서는 일단 유권자들이 등록을 하게끔 하는 것이 우선이라고 주장해왔다. '유권자 등록'이 투표하러 가는 데 첫 번째 큰 관문이자 장애이기 때문이다. 이 장애물의 높이를 낮추기 위해 여러 가지 방안을 고안해냈는데, 그중 하나는 투표하는 날 그 장소에서 등록과 함께 투표도 하게 해주는 것이다. '당일 등록, 당일 투표제Same-day Voter Registration, Election Day Registration'라고 할 수 있는데, 21개 주와 워싱턴 DC에서 이

미국 주별 유권자 등록 방식, 유권자 등록 비율, 투표율

	온라인 등록	당일 등록	자동 유권자 등록	등록 비율 (시민)	2016 투표율
앨라배마	O	X	X	69.2	57.4
알래스카	O	X	O	71.3	61.3
애리조나	O	X	X	68.6	60.4
아칸소	X	X	X	68.8	58.7
캘리포니아	O	O	O	64.7	57.9
콜로라도	O	O	O	74.3	69.5
코네티컷	O	O	O	71.0	63.9
델라웨어	O	X	X	72.8	62.3
워싱턴 DC	O	O	O	82.1	74.3
플로리다	O	X	X	66.6	59.5
조지아	O	X	O	69.4	60.2
하와이	O	O	X	54.4	47.3
아이다호	O	O	X	68.7	62.1
일리노이	O	O	O	74.3	63.8
인디애나	O	X	X	68.8	58.3
아이오와	O	O	X	72.3	63.4
캔자스	O	X	X	70.9	61.3
켄터키	O	X	X	69.4	57.0
루이지애나	O	X	X	73.0	61.6
메인	X	O	O	80.0	72.7
메릴랜드	O	O	O	74.9	65.8
매사추세츠	O	X	O	73.7	66.7
미시간	O	O	O	74.1	64.3
미네소타	O	O	X	76.7	68.7
미시시피	X	X	X	79.5	67.7

선거는 어떻게 대중을 유혹하는가

	온라인 등록	당일 등록	자동 유권자 등록	등록 비율 (시민)	2016 투표율
미주리	O	X	X	74.3	64.8
몬태나	X	O	X	73.5	65.9
네브래스카	O	X	X	75.5	66.8
네바다	O	O	O	69.4	60.5
뉴햄프셔	X	O	X	75.4	69.0
뉴저지	X	X	O	69.9	61.5
뉴멕시코	O	O	O	65.6	54.8
뉴욕	O	X	X	66.5	57.2
노스캐롤라이나	O	O	X	74.6	67.5
노스다코타	X	X	X	75.2	64.2
오하이오	O	X	X	72.1	63.6
오클라호마	채택 예정	X	X	67.8	56.6
오리건	O	X	X	73.3	66.3
펜실베이니아	O	X	X	72.0	62.6
로드아일랜드	O	X	O	70.3	60.6
사우스캐롤라이나	O	X	X	71.6	62.1
사우스다코타	X	X	X	71.4	59.1
테네시	O	X	X	66.7	54.0
텍사스	X	X	X	67.5	55.4
유타	O	O	X	71.0	62.7
버몬트	O	O	O	71.9	62.5
버지니아	O	X	O	75.5	68.2
워싱턴	O	O	O	76.5	66.3
웨스트버지니아	O	X	O	64.1	50.8
위스콘신	O	O	X	76.3	70.5
와이오밍	X	O	X	71.1	64.8

제도를 채택하고 있다. 또 다른 방법으로는 역시 시대에 발맞춘 온라인 유권자 등록제도^{Online Voter Registration}다. 말 그대로 인터넷을 이용해 간편하게 유권자 등록을 하는 방법으로, 현재 39개 주와 워싱턴 DC에서 활용하고 있다. 이외에도 정부기관에 민원을 제기하거나 관련된 일 처리가 있는 경우(예를 들어 운전면허증 발급과 같은 일), 알아서 자동으로 유권자 등록을 해주는 제도가 있는 주도 있다. 19개 주와 워싱턴 DC에서 이런 방식을 채택하고 있다.

그런데 이처럼 다각도로 유권자 등록 비율을 높이려는 노력이 반드시 투표율 상승으로 이어지지는 않는다. 표에서 보다시피, 세 가지 방식을 모두 채택하고 있는 캘리포니아주는 여전히 유권자 등록 비율도 64.7퍼센트로 낮고, 투표율도 57.9퍼센트로 낮다. 반면 새로운 방안을 하나도 채택하고 있지 않는 미시시피주는 79.5퍼센트의 유권자 등록 비율을 보여주고 있고, 투표율도 67.7퍼센트로 미국 전체 평균인 61.4퍼센트보다 월등히 높다. 물론, 세 가지 방식을 모두 택하고 있는 워싱턴 DC는 유권자 등록 비율도 무려 82.1퍼센트이고 투표율도 74.3퍼센트이니, 단정적으로 말하기는 어렵다.

어쨌든 이렇게 다양한 방식으로 '제발 좀 유권자 등록'을 하라며 투표를 권장하는 미국 정치인들은 정말로 유권자의 목소리를 중요하게 생각하는 것이 틀림없다.

선거는 어떻게 대중을 유혹하는가

……는 것은 착각이다. 여느 곳의 정치인들과 마찬가지로, 미국 정치인들도 '나를 찍어줄 유권자'에게만 투표를 권장한다. '나를 찍어줄 유권자'를 투표소로 이끄는 것이 캠페인의 궁극적 목표다. 그런데 '상대 후보를 찍어줄 유권자'를 투표소에 못 나오게 하는 방법은 없을까?

텍사스에서 생긴 일

2018년 봄, 《뉴욕타임스》에 대부분의 사람이 지나칠 법한 기사가 실렸다. 텍사스주의 유권자 신분증 관련 법에 대한 연방고등법원의 판결이었다. 이전에 연방지방법원에서 텍사스주의 투표소에서 신분 확인을 위해 사진이 있는 신분증을 제시해야만 하는 법을 위헌이라고 본 판결을 뒤집는 결정이 내려졌다. 기사는 이 결정에 대한 문제점을 지적하는 논조였다. 아니, 투표를 하러 가면 당연히 내가 그곳에 거주하는 합법적인 유권자임을 신분증을 통해 밝혀야지, 그게 뭐 어떻다는 거지?

물론 미국에서도 그 지역에 거주하고 있어 투표할 자격이 있는 유권자들만 투표가 가능하다. 그리고 주마다 설치되어 있는 신거관리위원회에서 이 부분을 확인한다. 확인하는 방법은 주마다 다른데,

사진이 떡하니 박혀 있는 신분증을 확인하는 아주 까다로운(!) 주도 있고, 사진은 없어도 되지만 어떤 형태로든 그 지역에 사는 유권자임을 밝히는 신분증을 요구하는 조금 덜 까다로운 주도 있다. 그리고 아예 신분증 확인이 필요 없는 주도 있다. 18개 주에서는 사진으로 확인할 수 있는 신분증을 요구하고 있고, 16개 주에서는 사진은 없어도 되지만 본인 확인용 신분증을 지참할 것을 요구한다. 그리고 16개 수에서는 신분증이 필요하지 않다. 그 대신 자신이 이 지역에 살고 있음을 증명할 수 있는 전기세 고지서, 은행 계좌 개설 증명서 등을 가지고 와서 제시하면 된다.

이쯤 되면 신분증 들고 질서정연하게 투표소 앞에서 투표하는 것을 당연하게 생각하는 우리로서는 미국이 참으로 당나라 군대처럼 느껴진다. 그리고 미국 투표 과정은 얼마든지 조작할 수 있을 것만 같다. 아니, 유권자 신분증 확인도 안 한다는 게 말이 되냐고?

상대적으로 투표장에서 본인 확인이 느슨한 이유는 무엇일까. 바로 미국에는 우리와 달리 유권자 등록 과정이 있기 때문이다. 그때 이미 투표할 사람들의 거주 여부가 확인되고 걸러지기 때문에, 실제 투표장에서 어떤 신분증을 가지고 얼마나 엄격하게 확인하는가는 주의 재량에 달려 있다.

선거는 어떻게 대중을 유혹하는가

그런데 앞서도 잠시 언급했지만, 미국은 연방정부에서 발급하는 소위 '주민등록증'이 없는 나라다. 앗, 그러면 어떤 신분증으로 대신할 수 있을까? 투표장에서 확인하는 신분증의 종류는 주마다 다르다. 어떤 주는 매우 엄격하게 운전면허증이나 여권처럼 정부에서 발급한 신분증만을 허용한다. 하지만 모든 미국인이 운전면허증을 가지고 있는 것은 아니다. 당연한 이야기지만, 차를 가지고 있어야 운전을 배울 생각을 할 것이고, 면허증을 딸 것 아닌가? 차를 가질 엄두

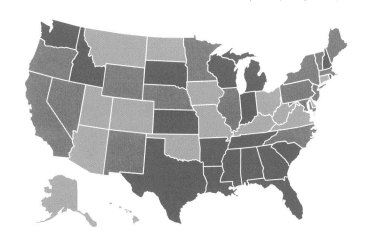

출처: Ballotpedia
(https://ballotpedia.org/Voter_registration)

미국 주별 신분증 요구 여부

를 내지 못하는 저소득층에게 운전면허증은 별무소용 자격증이기도 하다. 그런 사람들을 위해 주정부는 다른 신분증을 발급해주고, 이것을 투표장에서 제시하면 투표할 수 있다. 예를 들어 학생증, 주에서 발급하는 다른 종류의 신분증이나 선거를 위해 특별히 내주는 증명서 등으로 대체할 수 있다. 문제는, 투표 한 번 하기 위해 이 귀찮은 과정을 거쳐야 한다는 점이다.

실제로 미국 시민 가운데 정부에서 발급한 신분증이 없는 이들이 약 2,100만 명 정도 된다. 또 운전면허증 대신 다른 종류의 정부 발급 신분증을 얻으려면 그 나름대로 시간, 돈, 노력이 들 수밖에 없다. 그런데 이렇게 정부 발급 신분증이 없는 이들은 압도적으로 유색인종이다. 전체 투표율의 25퍼센트에 달하는 선거 연령의 흑인이 정부가 발급한 사진이 실린 신분증을 가지고 있지 않다. 이는 백인 인구의 8퍼센트만이 사진이 붙은 신분증이 없는 것과 대조적인 수치다. 이렇게 되면, 신분증을 까다롭게 요구하는 주에 사는 흑인이나 유색인종 유권자들은 투표를 하기가 어렵고, 유색인종으로부터 지지를 받는 민주당에는 불리하게 작용한다. 오바마 전 대통령이 중앙 정치에 진출하기 전에 했던 활동 중 하나가 저소득층 흑인 유권자들의 유권자 등록을 장려하고 투표소로 이끌어내는 시민운동이었다. 유권자 등록 과정에서의 난항으로 인해, 흑인과 유색인종이 미국 정치에서 과소대표되는 구조적 현상을 누구보다도 잘 알고 있었던 것이다.

신분증 제시와 관련된 법은 주의회에서 만든다. 선거를 관장하는 것이 연방정부가 아니라 주정부이기 때문이다. 우리에게는 낯설지만, 이 지점에서 미국 주정부와 주의회 정치의 중요성이 도드라진다. 흥미롭게도 남부 주들은 전반적으로 깐깐한 신분증 제시 관련법을 가지고 있다. 잘 알려져 있다시피, 이들 주는 공화당의 당세가 강한 곳이다. 주의회의 과반을 차지하고 있는 정당이나 주지사가 소속된 정당이 대체로 공화당이다. 주에서 만드는 선거법은 누군가에게 유리하고 다른 누군가에게 불리한 결과를 내놓는 데 중요한 역할을 한다. 밖에서 바라보기에는 대통령 선거 같은 큰 선거에 눈길이 가지만, 실제 미국 정치를 움직이는 힘은 주에서 시작된다고 할 수 있다.

한 표라도 줍줍

자, 그렇다면 이제는 나를 찍어줄 것 같은 유권자를 한 명이라도 더 투표장으로 나오게 하는 방법에 관해 이야기해보자. 사실 이것이 선거 캠페인의 알파요, 오메가다. 당연히 TV에서 광고도 때리고, 선거 유세도 한다. 인터넷 세상이다 보니 출마를 결심한 사람들은 누구나 홈페이지를 가지고 있다. 유튜브 등을 이용한 온라인 광고, SNS를 통한 광고 역시 핫하다. 트럼프 대통령이 허위 사실을 이야기한다고 트위터에서 트럼프의 트윗을 가려버리거나 페이스북이 게시물을 닫아버리는 걸 보면 요새는 정말 플랫폼 권력 시대가 온 것 같다. 미국 정치인, 특히 트럼프 같은 경우, 그가 트위터에 쓴 말한 마디 한 마디에 전 세계가 주목을 하니, 그 위력이 어마어마하지 않은가? 그렇다면 지금 이 시대 가장 효과적인 선거 캠페인은 어떤 방식일까?

놀랍게도 직접 만나는 것이다. 후보가 직접 유권자와 만나서 눈을 맞추고 이야기를 나누는 게 가장 영향력이 크다. 평소 그렇게나 싫어하고 욕하던 정치인도 일단 한 번 만나보면 마음이 바뀐다. '뭐, 사람은 좋은 것 같네.' 그렇다고 백 퍼센트 표심이 바뀐다는 이야기는 아니지만, 일단 비호감 레벨 지수는 낮아진다. 유명인이나 정치인의 실물 영접은 그 사건 자체만으로도 매우 인상적이기 때문이다.

미국의 유명 정치 드라마 〈하우스 오브 카드〉에는 영부인인 클레어 언더우드가 남편의 선거운동을 하면서 한 가정집을 방문하는 모습이 나온다. 우리나라에서는 허용되지 않는 이 선거운동 방식은 캔버싱이라고 불리는데, 가가호호 방문해서 특정 후보를 찍어달라고 부탁하는 것이다. 집의 여주인은 영부인을 보고 "나는 당신 남편 안

뽑을 거예요"라고 냉대한다. 평정을 잃지 않은 클레어는 잠시 집에 들어갈 수 있냐며 인간적인 접근을 하고, 그 여성의 기구한 인생 이야기를 다 듣고 나온다. 드라마에서 짚고 싶었던 부분은 여성과 대화를 나누는 과정에 일어난 클레어 언더우드의 심경 변화였는데, 나는 선거 공부하던 선거쟁이답게 다른 부분에 주목했다. 한참 하소연하던 여성이 클레어가 집을 나서자 한마디 건넨다. "마음이 바뀌었어요. 나, 당신 남편한테 투표할게요."

제아무리 뛰어난 데이터 테크닉과 수천만 달러를 쏟아부은 광고물, 힘을 팍팍 준 연설도, 직접 만나서 얼굴을 맞대고 손을 맞잡고 눈을 마주치면서 "요새 사는 거 어떠세요?"라고 묻는 기본적인 행위를 따라갈 수 없다. 결국 정치는 신뢰의 영역이기 때문이다.

하지만 후보자가 유권자를 일일이 만날 수는 없는 노릇이다. 자원봉사자들이 품을 들여서 하는 데도 한계가 있다. 이른바 '그라운드 게임ground game'이라고 하는 이 방식만 고수하면서 전통 네트워크에 등장하지 않으면, 이미 선거를 포기한 것 아니냐는 오해 아닌 오해를 사기도 쉽다. 어느 정도 존재감 있는 후보이고 대세라는 걸 인식시키기 위해서는, 돈 낭비라 하더라도 공중파에 선전도 빵빵 때려줘야 하는 것이다. 그 와중에 선거 캠프는 최소한의 자원으로 최대한의 효과를 이끌어내야 한다. 다시 첫 번째 질문으로 돌아간다. '집

토끼냐 산토끼냐, 그것이 문제로다.'

답은 의외로 간단하다. 우리 집 집토끼는 최대한 지키고, 남의 집 집토끼는 우리 문을 열어서 '우리 밖 집토끼'가 되게 하는 것이다. 굳이 필요하다면 토끼 잡으러 산까지 갈 게 아니라 우리 주변에 멍때리고 있는 토끼를 잡는 것이 가장 좋은 방법이다. 이 지점에서 오바마 내동령으로 인해 잘 알려신(그전에 이미 칼 로브Karl Rove에 의해 이용되었지만) 마이크로 타깃팅이 등장한다. 쉽게 말하자면, 오바마 대통령을 찍을 확률이 얼마간 있지만, 그 열정의 정도가 아주 뜨겁지는 않은 유권자를 투표소로 끌어내는 것이다. 그리고 이 방법은 2008년을 지나 2016년에 이르러서 조금 과장 섞어 말하자면 무서운 수준으로 발전한다.

선거는 어떻게 대중을 유혹하는가

```
★ ★ ★ ★ ★




         # 빅데이터는
         답을 알고 있다




★ ★ ★ ★ ★
```

나는 넷플릭스Netflix를 그다지 즐겨보지 않는다. 오해 마시라. 콘텐츠
가 재미있지 않아서가 아니라, 한번 빠지면 헤어 나오기 힘들어서
그렇다. 그렇게 금넷(금넷플릭스)을 한 지 꽤 되던 어느 날, 도저히
지나칠 수 없는 한 다큐멘터리 트레일러를 보고 말았다. 제목은 〈거
대한 해킹The Great Hack〉. 이 다큐멘터리는 2018년 영국의 케임브리지
애널리티카Cambridge Analytica라는 데이터 분석 회사가 어떤 식으로 페
이스북 데이터를 이용해 역사에 남은 정치적 결과를 만들어냈는지

를 그린 영화다. 다큐에서 밝히는 정치적 결과는 바로 영국의 브렉시트[Brexit]와 2016년 미국 대통령 선거에서의 트럼프 당선이다.

케임브리지 애널리티카 관련 스캔들은 2018년 불거져 나왔고, 다큐멘터리는 바로 이 시점을 중심으로 다룬다. 사실 영화는, 모든 것이 인터넷으로 연결되어 있는 지금, 정작 우리 자신은 제대로 인식하고 있지 못하는 우리의 개인 정보와 데이터의 가치를 강조하고 싶었던 듯하다. 하지만 2016년 당시 이들의 활약상에 대해 어렴풋이 알고 있었던 나로서는 다른 의미로 무척이나 흥미로운 스토리였다.

여러 선진국에서 치러진 선거를 통해 한 가지 확실해진 사실이 있다. 현대의 선거는 더 이상 감성과 문과의 영역이 아니다. 철저한 데이터 분석과 기업 마케팅 기법이 주도하는 영역이다.

테크놀로지의 시대

데이터를 바탕으로 '마이크로 타깃팅'이라는 유권자 분류를 활용하는 캠페인은 2000년대 초에 이미 등장했다. 하지만 본격적인 '데이터 활용' 기법이 많은 이들의 관심을 끌기 시작한 것은 2008년 오바마 캠프 때부터라고 할 수 있다. 당시 오바마 캠프의 주축이었던 젊은 IT 업계의 선수들은, 이메일과 인터넷, 휴대전화를 통해 오바마를 지지하는 집단을 형성하고 이들로 하여금 정치 자금 모집, 선거 자원봉사, 주변인 설득, 유권자 등록 권장 등의 다양한 운동을 펼치도록 독려했다.

2008년 오바마 캠프의 주요 가이드라인은, 먼저 특정 유권자가 투표할 확률이 얼마나 되고, 또 이들이 오바마에게 표를 줄 확률은 얼마나 되는지를 분석해내는 것이었다. 어마어마한 양의 다양한 서베이를 통해 예측 모델을 만들어냈고 각 유권자의 특성을 이 모델에 적용해 점수를 산출하는 방식을 썼다. 예를 들어, 경합주의 경우는 적게는 5,000개 많게는 1만 개의 짧은 인터뷰를 통해 유권자의 기호와 특성을 알아냈다. 이와 함께 약 1,000개 정도 되는 장문의 인터뷰를 통해 좀 더 깊이 있는 응답을 구해서 분석 기준을 더 풍부하게 만들었다. 이런 방법을 통해 유권자 예측 모델을 구하면, 모델에 들어갈 데이터가 필요해진다. 여기에는 이전의 선거운동을 통해 보유하고 있는 데이터나 유권자 등록 데이터 등을 이용했다. 오바마 캠프는 이렇게 해서 계산된 점수를 보고 그에 따른 매뉴얼대로 선거운동을 했다.

신거운동원이 유권자와 만나거나 진화로 통화를 할 때는 정교하게 고안한 '준비된 선거 멘트'로 시작한다. 이 준비된 멘트는 특정 개인에게 가장 효과적으로 작용할 거라 예상되는 것으로(너를 위해 준비했어), 복잡한 모델링을 통해 나온 점수를 기반으로 만들어졌다. 물론 그러다 보면 완전 취향 저격을 하는 경우도 있지만, 생각보다 뜨뜻미지근한 반응을 얻을 때도 있다. 별로인 반응은 피드백 과정을 통해 다시 모델에 반영해 수정한 다음, 또 다른 유권자를 만날 때를 대비하게 된다. 피드백 과정이 중요한 이유가 뭘까. 선거는 움직이는 것이기 때문이다. 시간이 지나면서 변해가는 유권자 태도와 정국 상황 등에 따라 모델도 업데이트되었다. 오바마 캠프의 경우, 평균 일주일마다 이를 업데이트 했다고 한다.

당시로서는 놀랍고 혁신적인 방식이던 2008년의 오바마 캠페인은 2012년이 되자 이미 구식이 되어버렸다. 2012년, 재선을 준비하는 오바마 측은 좀 더 정교하고 발전한 테크놀로지가 필요했다. 시간이 지나서도 그렇고, 이번에 경쟁해야 하는 밋 롬니Mitt Romney 후보가 컨설팅 회사 출신답게 데이터 분석에 능한 상대였기 때문이다. 실제로 롬니는 2002년 매사추세츠주 주지사 선거에 나섰을 때 타깃 포인트 컨설팅TargetPoint Consulting이라는 버지니아주의 정치 컨설팅 업체와 함께 일했다. 이 업체는 소비자 데이터 웨어하우스의 정보를 유권자 등록 데이터와 연동해 개인 유권자 투표 성향 모델을 만들어낸, 당시로서는 매우 창의적이고 선구적인 캠페인을 했던 업체다. 지금은 보편적으로 쓰이는 마이크로 타깃팅이란 말도 실은 이

회사의 CEO인 알렉산더 게이지^{Alexander Gage}가 만들어낸 신조어다.

그리고 여기에 더해 또 하나 중요한 기술적 변화가 있었다. 바로 스마트폰의 출현이다.

설득할 수 있겠어?

2008년의 오바마 캠페인은 인터넷을 대대적으로 활용하긴 했지만, 온라인을 통해 많은 유권자를 연결하고 동원하고 이끌어내려 한 정도에 그쳤다. 기본적으로 유동성, 즉 모빌리티가 지금에 비해 현격히 떨어졌기 때문에 그 이상이 힘들었다. 2012년 즈음 스마트폰이 보급되고 다양한 앱이 개발되면서, 캠프가 유권자와 소통하는 방식이 달라지고 더 전격적이 되었다. 오바마 캠프의 선대위원장을 맡았던 짐 메시나^{Jim Messina}는 2012년이 되고 나니 2008년의 선거 전략은 이미 선사시대의 것이 되어버리고 말았다는 이야기를 하기도 했다.

더 높은 수준의 기술을 요구한다는 것은 더 다양한 방법이 동원될 수 있음을 의미하기도 한다. 2008년 당시 트위터를 중심으로 짧은 메시지를 내보내고 지지자들을 동원했다면, 이제는 활용할 수 있는

SNS가 많아졌다. 여기에 더해, 일반 소비자들의 데이터 웨어하우스도 한층 풍부해졌는데(기업들 역시 마케팅 목적으로 소비자 데이터 구축에 앞장섰으니 당연하다), 이 데이터와 등록된 유권자 정보, 지난 선거를 통해 얻은 유권자 정보, 오바마 지지 확률 데이터를 합산해서 훨씬 정교한 유권자 정보를 뽑아낼 수 있었다. 어마어마한 수준의 데이터 분석으로 중무장한 오바마 캠프는 이전의 방식에서 한 걸음 더 나아갔다. 2008년에는 오바마를 찍을 것으로 보이지만 투표장에 안 나올 법한 사람들을 독려해서 유권자 등록을 하고 투표하게 하는 선거 전략을 펼쳤다. 주효한 전략 같지만, 실제 이들이 투표를 했는지는 확인할 수 없는 데다, 이번에는 새로운 지지집단을 '더' 확보할 필요가 있었다. 2012년, 오바마 캠프는 캠페인 전략에서 그야말로 대담하다 할 수 있는 목표를 잡는다.

'설득'.

원래 사람은 마음을 잘 바꾸지 않는다. 투표할 때도 그렇다. '미워도 다시 한 번'이 남녀 간의 일에만 적용되는 건 아니다. 4년 내내 혹은 5년 내내 나한테 별 도움도 안 됐고 이상한 짓도 많이 했던 정당이나 후보인데도, 막상 다른 쪽으로는 손이 잘 안 간다. 차라리 안 찍고 말지.

그런데 오바마 팀은 이 어려운 일을 해보겠다고 나섰다. 이들의 정밀한 조사와 분석은 놀라운 발견으로 이어졌는데, '중도'라고 알려진 유권자들보다 아주 약하게나마 공화당을 지지한다고 이야기하는 유권자들을 설득하면 '넘어오는' 확률이 더 높다는 사실이었다. 믿기 어려운 결과지만, 어쩌면 우리가 중도라고 부르는 사람들은 정작 그들에 대한 별 정보가 없기 때문에 막연히 중도라고 생각하는지도 모른다. 오바마 팀은 이 지점에서 우리가 종종 착각을 한다고 보았다. 그리고 오히려 특정 이슈에 대해 공화당의 입장에 불만을 가진 약한 공화당 지지자들을 잘 설득하면 표심을 바꿀 가능성이 높다고 판단했다. 예를 들어, 공화당의 보수적인 여성정책에 불만을 가진 여성 공화당 지지자에게는 다른 정책을 언급하지 않고 민주당의 진보적인 여성정책(예를 들어, 남녀 동일임금 추진정책 같은 것)을 강조해서 설명했다. 오바마가 재선되면 이를 추진할 것이라고 적극적으로 설득하다 보면 넘어올 가능성이 높다고 본 것이다. 또한, 건강보험에 관심이 많은 50대 유권자의 경우 오바마의 전 국민 건강보험에 큰 관심을 보였기에, 이에 반대하는 공화당보다 민주당 쪽으로 마음이 기울 수 있다고 생각했다. 그런 유권자에게는 건강보험 이야기만 주구장창 꺼내서 설득했다. 이른바 '하나만 판다' 전략이다. 이런 식으로 '설득 가능한 유권자'를 대상으로 집요하게 구애 활동을 펼쳤다.

광고 하나에도 이유가 있다

유권자를 만나고 전화를 거는 그라운드 게임 외에도 여전히 무시할 수 없는 매체가 있다. 바로 선거 광고다. 사실 선거 캠페인을 하는 이들에게는 돈만 잡아먹을 뿐 그 효과가 전혀 입증되지 않는 TV 광고란 계륵과 같은 존재다. 하자니 효과는 잘 모르겠지만 비용은 많이 들고, 안 하자니 선거 포기한 것 아니냐는 오해를 살 수 있고, 선거 자금이 모자라서 그렇다는 의심을 받을 수도 있다. 한마디로, 별 소용이 없어 보이지만 안 하면 또 안 하는 대로 문제가 되는, 울며 겨자 먹기로 남 하는 만큼은 해줘야 하는 의무 방어전이 TV 광고다. 어쨌든 많은 경우 대선 후보들은 중요한 주나 지역에 광고를 쏟아붓곤 했다.

그런데 당시 오바마 캠프는 TV 광고를 통해 얻어낼 수 있는 한 가지도 놓치지 않았다. 선거 자금이 많았으니 굳이 고민하면서 선거 광고에 돈을 안 쓸 필요가 없었지만, '왜 굳이 저기에……?'라는 의심이 드는 곳에까지 광고를 틀었다. 예를 들어, 앨라배마주 같은 곳이다. 앨라배마는 1960년대 민권운동 이후 절대로 민주당 대선 후보가 이길 수 없는 곳이라고 보면 된다. 아무리 돈이 많더라도 민주당 후보라면 그곳에 광고를 뿌릴 생각은 하지 않을 것이다. 하지만 오바마 캠프의 생각은 달랐다. 앨라배마의 선거인단을 얻을 수는

선거는 어떻게 대중을 유혹하는가

없더라도, 광고를 보고 선거 자금을 기부하는 사람들이 분명히 있다고 보았다. 사실 앨라배마는 흑인 인구가 많은 주인데, 무려 27퍼센트에 육박한다. 그런데도 오바마 대통령이 절대 이길 수 없는 아이러니한 주이기도 하다. 27퍼센트의 흑인 인구를 가뿐히 압도할 정도로 백인 유권자들이 공화당을 중심으로 똘똘 뭉쳐 있기 때문이다. 오바마의 앨라배마 광고는 선거인단을 노린 것이라기보다, 앨라배마에 거주하는 흑인들의 기부를 이끌어내는 광고였다고 보는 편이 타당하다. 한 표, 아니 한 푼이라도 놓칠 수 없었던 것이다.

이 밖에도 광고를 띄우는 시간대까지 고려했다. 예를 들어, 오바마 팀은 하루 24시간을 15분씩 96개의 슬롯으로 나눴다. 미국은 보통 방송 도중에 15분마다 중간광고가 나간다(그래서 무지 짜증 난다). 이들은 총 60개 채널의 96개 슬롯을 분석해서, 슬롯마다 위에서 말한 '설득 가능 유권자'들이 몇 명이나 될지 계산해냈다. 그래서 시청자가 가장 많은 슬롯에 광고하는 게 아니라, 1달러당 가장 많은 '설득 가능 유권자'를 가진 슬롯에 광고를 내보낸 것이다. 효율성까지 고려했다니. 어떻게 이 모든 계산이 가능했는지 경이롭기까지 하다.

내용도 각 주 혹은 지역마다 다르게 조율했다. 미국이라는 국가가 워낙에 땅덩어리가 크고 연방제를 채택하고 있는 국가이다 보니, 관심 있는 이슈가 지역마다 다를 수밖에 없다. 예를 들어, 일자리가

2012년 일리노이주 시카고에 있는 오바마 팀 선거 캠프 '동굴^{the Cave}'에서 포즈를 취하는 분석팀의 대니얼 와그너^{Daniel Wagner}

선거는 어떻게 대중을 유혹하는가

주된 관심사인 러스트 벨트가 있는가 하면, 환경 문제에 관심이 많은 태평양 연안 지역이 있다. 그렇기 때문에 같은 내용을 담은 광고를 전국에 뿌릴 수는 없었다. 오바마 팀은 무려 500여 개의 다양한 취향 저격 광고를 만들어냈고, 이를 각 주와 지역 특성에 맞게 방영했다. 각 주와 지역의 관심사가 철저한 시장(?)조사와 분석을 통해 나왔음은 두말할 나위 없다. 목적, 시간, 내용까지 총망라했던 광고전이라 할 수 있다.

총괄해서 평하자면, 오바마의 2012년 선거 캠페인은 과학의 승리라고 할 수 있다. 철저한 데이터 분석과 치밀함, 거기에 21세기 '갬성'까지 곁들인 캠페인이었다.

그리고 2016년

오바마의 2012년 팀이 마치 우주에 탐사선을 보내놓고 일사불란하게 움직이는 과학자들을 연상시킨다면, 2016년 트럼프의 팀은 그와 완전히 반대였다. 트럼프 선거팀은 논리, 데이터, 과학적 기술을 깡그리 무시한, 트럼프의, 트럼프를 위한, 트럼프에 의한 팀이었다. 선거 전략의 중심도 트럼프였다. 그 자체가 가장 훌륭한 연출자였기 때문이다.

물론, 트럼프 선거팀에도 빅데이터 분석팀이 있었고, 그에 따른 선거 전략을 짰다(이제 미국 선거판에서 빅데이터 분석은 '그냥' 기본적으로 갖춰야 하는 것으로 보인다). 트럼프의 빅데이터 분석 및 선거 전략팀은 이 선거 전략을 '프로젝트 알라모Project Alamo'라고 이름 지었다. 영화로도 잘 알려져 있는 알라모는 1836년 유명한 알라모 전투가 있었던 요새 이름이다. 당시 멕시코령이던 텍사스에 살고 있던 백인들이 독립을 선포했고, 이에 멕시코는 군대를 보냈다. 이들은 멕시코군의 공격에 앞서 미국 연방정부에 파병 요청을 했지만 응답이 없었고, 결국 그곳에서 저항하던 주민 180여 명이 6,000명의 멕시코군과 응전하다 모두 장렬하게 전사한다. 어떻게 보면 영화 〈300〉과 비슷한 미국판 전쟁 무용담이다. 결국 이 전투가 단초가 되어 미국은 멕시코로부터 텍사스를 빼앗아 합병하게 된다. 이름도 참 의미심장하고, 많은 보수 성향 미국인에게 애국심 뿜뿜 솟아 나오게 만드는 작명 솜씨인 것도 인정할 수밖에 없다.

텍사스주의 샌안토니오San Antonio에 있던 트럼프 빅데이터 분석팀의 '프로젝트 알라모'는 브래드 파스케일Brad Parscale이 이끌었다. 약 2억 2천만 명 이상의 거대한 미국 유권자 리스트와 5,000개가 넘는 개인 유권자의 구체적 정보를 손에 쥐고. 트럼프가 공화당의 공식 후보로 지명되자, 공화당 전국위원회Republican National Committee가 나서서 도와주기 시작했다. 당시 위원장이었던 라인스 프리버스Reince Preibus

선거는 어떻게 대중을 유혹하는가

2019년 미니애폴리스 타깃센터에서 도널드 트럼프 지지 연설을 하는 브래드 파스케일

는 전국 공화당 지지자 600만 명의 명단을 트럼프 팀에 양도했고, 트럼프가 당선된 후 초대 비서실장이 되었다.

그런데 트럼프 팀의 전략은 이전의 오바마 팀과는 매우 큰 차이가 있다. 오바마의 마이크로 타깃팅 선거 전략은 투표를 안 할 것 같은 이들을 투표장으로 끌어내는 '우리네 투표율 올리기' 전략이었다. 트럼프는 그 반대였다. 나한테 투표를 안 할 것 같은 사람들을 아예 투표장으로 나오지 않게 하는 '너네 투표율 낮추기' 전략!

트럼프 팀은 웬만하면 투표하러 나오지 않게 해야 하는 유권자 집단을 크게 셋으로 분류했다. 첫 번째는 젊은 여성 유권자, 두 번째는 흑인 유권자, 그리고 마지막으로 이상적인 백인 진보 유권자(샌더스 후보를 지지했던 현 민주당 내 강한 진보 성향 유권자를 의미한다). 그리고 이들을 대상으로 다른 선거 전략을 폈다.

먼저 젊은 여성 유권자들이 투표장에 안 나오도록, 힐러리 클린턴의 남편 빌 클린턴의 성추문을 끄집어냈다. 두 번째 대통령 후보 토론회 직전, 트럼프는 빌 클린턴과 성추문이 있었던 여성 3명과 캐시 셸턴Kathy Shelton이라는 또 다른 여성과 함께 등장해 클린턴 부부를 싸잡아 공격했다. 특히 셸턴은 12살의 어린 나이에 성폭행을 당했는데, 당시 자신을 성폭행한 가해자를 법정에서 변호했던 사람이 힐

선거는 어떻게 대중을 유혹하는가

러리 클린턴이었다는 인터뷰를 했다. 당시는 트럼프가 촬영장에 버스를 타고 가는 도중 나눴던 여성 비하 발언 녹음 파일이 알려지면서 궁지에 몰려 있을 때였다. 그 자리에 나온 여성들은 트럼프는 말만 그럴 뿐이지만, 빌 클린턴은 실제로 여성에게 성폭력을 행사한 사람이라 주장했다.

사실 힐러리 클린턴같이 똑똑하고 잘난 여자가 빌 클린턴의 성추문이 (한 번도 아니고) 여러 번 터졌는데도 참고 사는 이유를 모르겠다며 불만을 가졌던 여성들이 꽤 많았다. 대체로 이들은 힐러리의 권력욕이 그런 굴욕적인 상황을 견디고 살게 만든 것이라고 비판했고, 그런 이유로 힐러리의 이미지는 '권력욕에 불타는 무서운 (재수 없는) 여자'로 찍혀 있기도 했다. 여성의 인권을 강조하면서 독립성과 자주성을 말하는 젊은 여성들에게 이런 힐러리 클린턴은 썩 닮고 싶은 롤 모델은 아니었다. 더군다나 당시 힐러리 클린턴 캠프와 관련된 인물들의 성추문 사건이 끊이지 않았다. 남편인 빌 클린턴은 물론이고, 가족끼리 친분을 맺었던 빌 코스비Bill Cosby 도 성추문에 휩싸였으며, 힐러리의 오랜 개인 수행 비서인 후마 애버딘Huma Abedin 의 남편 앤서니 위너Anthony Weiner 는 설상가상으로 미성년자와 성매매를 시도하다 걸리는 등 총체적 성추문 불감증이라 해도 과언이 아니었다(다시 봐도 라인업이 침 기가 막히기는 하다). 트럼프는 이들을 '힐러리와 친구들Hillary and her friends!'이라며 싸잡아 비판했다. 가뜩이나 나이도 많고 영부인에 상원의원, 국무장관까지 거치며 기성 정치인이 되어버린 힐러리가 젊은 여성들에게 매력적일 리 없는데, 주변 인물은 하나같이 성추문에 엮인 지저분한 상황이었다. 트럼프 팀의 전략은 젊은 여성들의 투표 의지를 꺾는 주효한 방법이었다.

흑인 유권자들의 투표 의지를 낮추는 건 어쩌면 더 쉬운 일이었을지 모른다. 일단 2016년의 민주당 대선 후보는 흑인이 아니었고, 심지어 2008년 대선 후보 경선에서 '흑인'인 오바마와 치열하게 싸웠던 클린턴이었다. 그리고 또 다른 복병이 있었다. 1996년 영부인이었던 힐러리는 뉴햄프셔주에서 이전 해에 통과된 빌 클린턴 대통령의 '강력범죄 통제와 법질서 강화법Violent Crime Control & Law Enforcement Act'의 필요성과 효과를 강조하는 연설을 한다. 여기서 그녀는 '슈퍼 프레데터super predator(최상위 포식자)'라고 불리는 청소년 갱스터 이야기를 꺼냈다. 사실 슈퍼 프레데터는 인종적인 뉘앙스가 들어가 있는 단어인데, 암묵적으로 흑인을 의미한다. 물론 힐러리는 이 연설에서 슈퍼 프레데터에 흑인 청소년 갱스터를 직접적으로 연결 짓지 않았지만, 그렇게 들릴 오해의 소지는 충분했다. 2016년 대선에 나선 힐러리는 여러 차례 신문 인터뷰나 경선 토론회에서 당시의 발언은 명백한 단어 선택 실수였고 그 발언에 대해 후회한다는 입장을 밝힌 바 있지만, 트럼프 캠프가 이를 놓칠 리 없었다. 트럼프 팀은 힐러리 클린턴이 '슈퍼 프레데터'라고 말하는 목소리를 입힌 만

트럼프의 '슈퍼 프레데터' 관련 트윗

화영화 〈사우스 파크South Park〉의 패러디물을 만들었다. 그렇게 만든 네거티브 클립을 퍼뜨려서 흑인 유권자들로 하여금 클린턴에 대해 반감을 갖게 했고, 이들의 투표율을 낮추는 데 주력했다. 실제로 2016년 흑인 유권자 투표율은 2012년의 66퍼센트에서 59퍼센트로 크게 감소했다.

마지막 타깃은 민주당 내의 진보적 이상주의자들이었다. 이 중 상당수가 첫 번째 타깃인 젊은 여성들과 중첩되기도 했다. 버니 샌더스를 지지했던 민주당 내에서도 왼쪽에 있는, 어쩌면 전통적인 민주당 꼰대에 질려 있는 젊은 진보층으로 하여금 클린턴에 대한 반감을 북돋우는 것은 어려운 일이 아니었을 것이다. 특히 클린턴의 세계화와 관련된 정책, 자유무역 정책, 기업이나 월가와의 유착설을 끊임없이 퍼뜨리면서 이들의 투표 참여 의지를 낮추는 데 심혈을 기울였다.

각각의 목표물에 맞춘 네거티브 광고는 인터넷의 여러 매체를 통해 확산했는데, 파스케일이 주로 이용했던 것은 페이스북이었다. 특히 페이스북에 있는 다크 포스트[dark post] 기능을 활용했다고 알려져 있는데, 비공개 페이지 게시물[unpublished post]이라고도 하는 이 기능은 특정한 사람에게만 게시물이 보이게 설정할 수 있다. 트럼프 캠프는 지저분한 특정 네거티브 광고를 그들이 정한 특정 집단 유권자만 볼 수 있도록 했다. 광고를 보고 클린턴한테 밥맛 떨어져서 투표를 아예 안 할 가능성이 많은 집단. 그렇게 투표율을 조직적으로 낮추는 전략을 쓴 것이다.

그런데 여기서 질문이 하나 있다. 트럼프 캠프는 페이스북에 떠도는 방대한 유권자 데이터와 이들의 성향을 어떻게 알았을까?

케임브리지 애널리티카와의 거래

이때 등장하는 것이 케임브리지 애널리티카다. 지난 2018년 영국의 채널 4 뉴스 탐사팀은 잠입 취재를 통해 케임브리지 애널리티카의 불법적인 데이터 거래 혐의를 밝혀냈고, 이런 거래가 정치권과 연결되어 있음을 보도했다. 아마도 그들의 가장 큰 목표는 브렉시트와 관련된 것이었겠지만, 어찌하다 보니 2016년 미국 대통령 선거에서도 트럼프 캠프와 거래를 한 정황까지 드러났다. 쉽고 간단하게 설명하자면 이렇다. 페이스북에 여러 가지 심리 테스트 앱을 포스트하면, 사람들이 그 앱을 다운받아서 재미 삼아 테스트하고 사용해본다. 그러면 앱 개발자는 다운로드한 사용자들의 심리와 함께 중요한 개인 정보를 수집할 수 있게 된다. 그 사람이 사는 지역, 연령, 성별, 정치사회적 성향, 경제 수준, 그리고 친한 친구까지 말이다. 그렇게 모인 데이터는 굉장한 가치를 가지게 되는데, 케임브리지 애널리티카가 앱 개발자로부터 이 데이터를 샀다. 케임브리지 애널리티카는 이 방대한 개인 데이터를 분석해서 집단별로 더 정교하게 분류해냈고, 이것을 트럼프 캠프가 또다시 돈을 주고 사서, 앞서 말한 네거티브를 포함한 페이스북 기반의 다양한 선거 전략에 활용했다.

심리 테스트 앱을 만든 사람은 케임브리지대학교의 알렉산드르 코간Alexandr Kogan 교수였다. 코간 교수는 제3자에게 당사자의 허락 없이 학술적 목적이 아닌 상업적 목적으로 데이터를 제공했다. 게다가 여기에는 불법적 성격이 있었다. 페이스북은 코간 교수와 케임브리지 애널리티카의 사업 행위에 직접적으로 관여하지 않았다지만, 이 모든 일이 벌어질 수 있었던 플랫폼을 제공하면서 관리 소홀 책임에서 벗어나지 못했다. 이 덕분에 페이스북의 CEO인 마크 저커버그Mark Zuckerberg는 2018년 의회 청문회에 출석해야 했다. 그런데 문제는 의원들이 이 시스템이 돌아가는 방식에 대해 너무 무지해서 제대로 된 질문을 할 수 없었고, 결국 저커버그에게 면죄부만 주는 꼴이 되었다는 것이다.

이제는 데이터 전쟁이다

2020년 선거가 시작되기 훨씬 전인 2019년 가을, 트위터의 CEO인 잭 도시Jack Dorsey는 다가오는 2020년 선거를 앞두고 정치 광고를 싣지 않겠다는 발표를 했다. 2020년에는 더욱 정교해지고 발달한 기술로 인해 가짜 뉴스나 흑색선전이 기승을 부릴 것이라는 우려가 벌써부터 나오고 있다. 주요 플랫폼은 여전히 압도적으로 페이스북이 될 것이라 보고 있고, 인스타그램, 왓츠앱 등도 중요한 플랫폼으로 등장할 것이라고 한다. 사실 트위터는 쌍방향 소통의 미비함이라든지, 글자 수 제한 등 자체의 구조적인 이유로 정치 광고가 많이 붙는 SNS는 아니다. 어쩌면 트럼프 대통령이 가장 큰 고객일 수도 있다. 트위터가 광고로 벌어들이는 이익 중 정치 광고 수익은 0.1퍼센트 정도가 좀 넘는 수준이고, 그래서 정치 광고쯤 금지한다 해도 총매출이나 수익에 별 타격이 없다.

그런데 페이스북은 기꺼이 정치 논쟁의 장이 되겠다는 입장을 고수했다. '표현의 자유'에 꽤 관대한 페이스북은 같은 이유로 많은 공격을 받기도 했다. 악의적인 가짜 뉴스는 스크리닝하겠지만, 여전히 페이스북은 많은 정치 담론이 펼쳐지고 중요한 선거운동의 장이 되는 것을 마다하지 않고 있다.

미국의 선거전은 우리의 상상을 초월하는 수준으로 디지털화되어 있다. 국회의원 선거나 대통령 선거 때, 우리 주변에서 보는 유세차나 같은 색 점퍼를 입고 띠를 두른 선거운동원, 문자 메시지를 통한 홍보, 심지어 매크로를 이용한 댓글 작업도 비교가 안 될 정도로. 2020년 선거에서는 또 어떤 기상천외한 기술적 발전을 이룰지, 그리고 그 기술이 인류에게 과연 도움이 될지, 기대 반 걱정 반이다.

오묘하고 흥미로운
네거티브의 세계

★ ★ ★ ★ ★

BC 64년, 마르쿠스 툴리우스 키케로^{Marcus Tullius Cicero}는 로마 공화정의 집정관 선거에 출마한다. 아르피눔 지방의 부유한 상인의 아들로 태어난 그는 루치우스 세르주스 카틸리나^{Lucius Sergius Catilina}와 가이우스 안토니우스 히브리다^{Gaius Antonius Hybrida}와 경쟁하고 있었다. 그의 아버지는 어릴 적부터 명민했던 그와 그의 동생인 퀸투스 툴리우스 키케로^{Quintus Tullius Cicero}를 그리스 유학까지 보내 최고의 교육을 받게 했다. 젊은 키케로는 정계에 뛰어드는데, 당시 로마 공화정은 여전

선거는 어떻게 대중을 유혹하는가

히 귀족적 성격을 띠고 있어서 지방 출신인 마르쿠스가 정계의 중심에 서기에는 역부족이었다. 하지만 마르쿠스는 그 장벽을 뚫겠다는 야망을 품고 집정관 선거에 출마한다.

타고난 연설가에 뛰어난 인품과 학식을 갖춘 마르쿠스에게는 누구보다도 영리한 군인으로 성장한 네 살 아래의 동생 퀸투스가 있었다. 퀸투스는 동물적인 정치 감각을 타고난 인물이었다. 그는 집정관 선거에 나선 형 마르쿠스를 위해 선거에서 이기기 위한 필살기 전략을 담은 편지를 보내는데, 이것이 2,000년이 넘는 세월을 뛰어넘어 전해지는 『선거에서 이기는 법』이다. 지금 읽어봐도 선거 전략으로서 손색이 없는 이 고전에 이런 구절이 있다.

> "형님의 경쟁자들이 얼마나 불한당 같은 인간들인지 알려주는 것은 전혀 잘못된 일이 아닙니다. 그러니 그들이 행했던 범죄 행위, 성추문, 부정부패 등을 기회가 있을 때마다 강조해서 이야기하고 무기로 활용해야 합니다."

2,000년 전에 있었던 이른바 네거티브 선거 전략이다. 네거티브가 주효했던지, 마르쿠스는 집정관에 선출된다.

미국 대통령 선거에서 네거티브는 초대 대통령인 조지 워싱턴이 대통령직에서 내려가면서 본격적으로 시작되었다. 사실상 미국의 선거가 시작되면서부터 태어났다고 보면 된다. 기록상으로 보면 1800년 존 애덤스와 토머스 제퍼슨의 선거 당시, 상대 후보에 대한 네거티브는 그야말로 원색적인 비방으로 가득 차 있다. 많은 미국 정치학자들은 이때 네거티브가 가장 절정이었다고 평가하기도 한다. 제퍼슨에게는 제임스 칼렌더James Callender라는 애덤스 전문 저격수가 있었다. 당시 대통령이었던 애덤스를 두고 "확고한 의지를 갖춘 남성성을 가진 것도 아니고, 그렇다고 섬세하고 배려심 많은 여성성도 없는 괴물 같은 자웅동체"라는 매우 모욕적인 말로 공격했다(솔직히 지금 들으면 별로 와닿지 않는 4차원적 공격이지만, 당시에는 그랬나 보다). 애덤스 측에서는 제퍼슨이 무정부주의자에 무신론자이고 대통령이 아니라 폭군이 될 거라고 공격했다. 특히 제퍼슨이 자신의 흑인 노예인 샐리 헤밍스Sally Hemings와 그렇고 그런 관계이고 아이까지 여럿 낳았다며 비난했다. 결과는 전문 저격수를 고용했던 제퍼슨의 승리로 끝났다. 여담으로, 당시 애덤스에 대한 네거티브 공격 때문에 제임스 칼렌더는 징역살이까지 해야 했는데, 감옥에서 나온 뒤 제퍼슨에게 버지니아주 우정총국장 자리를 달라고 했다 거절당하자, 샐리 헤밍스 스캔들은 사실이라고 폭로하기도 했다(이 내용은 1998년 샐리 헤밍스 후손의 유전자 검사를 통해 다시 한 번 사실로 드러났다).

선거는 어떻게 대중을 유혹하는가

네거티브는 선거가 있는 곳이라면 어디든 따라다니는 전략이다. 2016년 미국 대선 역시 네거티브가 치열했다. 특히 이 분야에서 자타 공인 전문가라고 할 만한 트럼프 대통령은 힐러리 클린턴에 대해 무자비한 네거티브 선전을 했다. 개인에 대한 비방뿐 아니라, (누가 퍼뜨렸는지는 잘 모르지만) 악성 가짜 뉴스 또한 페이스북과 트위터 등을 통해 퍼져나갔다. 워싱턴 DC에 있는 한 피자가게의 지하실에서 아동 성착취를 했다는 '피자게이트Pizzagate'가 그중 하나다.

선거 때마다 등장하는 네거티브를 유권자들은 어떻게 바라볼까. 우리야 훌륭한 리더십을 가진 지도자를 뽑고 싶은데, 나오는 네거티브 이야기들을 들어보면 하나같이 제대로 된 사람이 없는 것만 같다. 유권자들에게 네거티브에 대해 어떻게 생각하느냐고 물으면, 거의 모두 "이번 선거에서만큼은 네거티브 말고 정책 대결을 보았으면 한다"라고 답변한다.

그런데 정말?

네거티브의 치명적 유혹

선거에 나가서 뛰는 당사자들은 네거티브를 하고 싶어 못 견디는 게 당연하다. 상대 후보의 약점이 이렇게나 많은데, 이걸 알려줘야 사람들이 잘못된 선택을 하지 않을 텐데, 어떻게 표현할 방법이 없네! 무려 공명심마저 느낀다. 그런데 여기서 말하는 치명적 유혹은 후보자들에게만 다가오는 게 아니다. 후보자들만큼이나 유권자들에게도 네거티브는 유혹적이다.

심리학자들의 연구에 따르면, 인간은 긍정적인 정보보다 부정적인 정보에 훨씬 더 많은 관심을 기울이고 오래 기억한다고 한다. 안타깝게도, '긍정'의 힘보다 '부정'의 힘이 더 큰 것이다. 리처드 닉슨은 1950년 상원의원 선거에 나갔을 때 '교활한 딕Tricky Dick('Dick'은 'Richard'의 애칭)'이라는 별명을 얻었다. 이 별명은 20여 년 뒤 그가 워터게이트로 물러날 때까지 붙어 다녔다. 2016년 트럼프 캠프는 힐러리 클린턴을 '부패한 힐러리Crooked Hillary'라고 부르며 공격했다. 'Crooked'에 있는 두 개의 알파벳 'o'에 수갑 모양을 넣어서 포스터처럼 만들고 페이스북 등 SNS에 올렸는데, 이는 트럼프의 유세에서 지지자들이 "Lock her up(감옥에 잡아넣어)!"이라고 외쳤던 것과 일맥상통하는 의미였다. 이 표현은 선거 내내 힐러리를 괴롭혔다.

캘리포니아대학교의 앨리슨 레저우드Alison Ledgerwood 교수와 연구진은 이와 비슷하지만 한 발짝 더 나아간 주장을 한다. '긍정'적인 선입견이 '부정'적으로 변하는 것은 상대적으로 쉬운 반면, '부정'적

선거는 어떻게 대중을 유혹하는가

인 선입견이 '긍정'적으로 변하기는 훨씬 어렵다는 것이다. 특히나 이런 부정적 인식이 정당 정체성과 함께 사람들의 마음에 자리 잡게 되면, 아무리 이와 반대되는 정보가 주어져도 마음을 돌리기는 매우 힘들다. 요약하자면, 사람은 부정적인 선전에 훨씬 귀를 기울이고 흥미로워하며, 그러면서 생긴 선입견은 잘 바뀌지 않는다는 것이다. 설혹 진실을 들이밀어도.

누가 네거티브를 하는가

선거에서 네거티브의 경계선은 모호할 수 있다. 후보자에 대한 정확한 정보를 얻어야 하는 유권자의 정당한 권리를 충족하는 행위인지, 아니면 선거에 영향을 미치기 위해 상대 후보를 깎아내리는 행위인지. 학자들은 어떤 언행이 '모욕insult'적인 요소를 가지고 있는지 여부를 두고 '네거티브 공격'인가 아니면 '정당한 비판'인가를 구분 짓기도 하지만, 사실 크게 영양가 있는 구분은 아니다. 다만 네거티브의 목표만큼은 확실하다. 위험을 회피하고 싶은 소극적 성향의 유권자들을 설득해서 투표를 '안' 하도록 하는 것이다. 표를 얻기 위한 전략이 아니라, 상대의 표를 떨어뜨리기 위한 전략인 셈이다.

앞에서 언급한 것처럼 네거티브는 머릿속에 더 강렬하게 각인되기 때문에, 잘 알려지지 않은 후보나 정치인 입장에서는 네거티브를 통해서 알려지는 것도 일단은 나쁘지 않다. 가끔 우리가 무플보다 악플이 낫다고 이야기하는 것도 같은 맥락이다. 어쨌든 알려지는 것만으로도 의미가 있다면, 악플이 사람들한테 훨씬 더 강한 인상을 남기기 때문에 굳이 마다할 필요가 없는 것이다. 하지만 이것이 긍정적 효과, 예를 들어 선거에서의 지지로 이어지게 하는 데는 명확한 한계가 있다.

그래서인지 현역 의원 내지는 현역 대통령과 도전자 중, 도전자 측이 네거티브를 하는 경우가 더 많다. 어쨌든 존재감을 보여줘야 하고, 그러기 위해선 현역에 대한 네거티브만큼 효과적인 것은 없다. 이는 뒤지고 있는 후보 입장에서도 마찬가지다. 앞서 이야기했듯이 상대의 표를 떨어뜨리기 위한 전략이라면, 앞서가고 있는 후보의 표를 조금이라도 떨어뜨리기 위해 네거티브를 해야 한다(그렇다고 그 표가 나한테 오지는 않겠지만). 현역 의원이나 대통령의 경우는 네거티브로 가기 전에 자신이 해온 업적을 먼저 자랑하는 것이 수순이다. 도전자에 비해 그래도 현직에 있으면서 행했던 정책이라든지, 보여줄 것이 꽤 있기 때문이다. 처음부터 현역이 네거티브를 한다는 건 뭔가 상당히 '쫄리다'는 것을 의미한다. 또 캠페인 막바지로 갈수록 현역이나 도전자 할 것 없이 네거티브에 극성이 되기 마런이다. 막판이니 이것저것 가리지 않는다는 의미도 있지만, 마지막에 네거티브로 타격을 입으면 반박이나 반론을 통해 수정할 수 있는 시간이 별로 없기 때문이다. 저쪽이 무언가를 터뜨린다면, 거기에 반론하느라 어버버 하는 것보다 차라리 함께 터뜨리면서 다른 이슈로 덮는 편이 효율적이다.

네거티브가 극성일 때 어떻게 극복하는 것이 좋을까? 우리나라에도 잘 알려진 언어학자 조지 레이코프George Lakoff 교수의 책『코끼리는 생각하지 마』에서도 말하듯이, 언어를 통해 한 번 만들어진 프레임은 상당히 강하게 작동한다. 일례로 "코끼리는 생각하지 마"라고 말하는 순간, 오히려 사람들은 머릿속에서 더욱 코끼리를 연상하게 된다. 부정적인 인식이나 비난이 있을 때, 이에 대해 적극적으로 반박하면 오히려 이슈를 키우게 되는데, 그건 상대가 만들어놓은 프레임에서 싸우는 격이기 때문이다. 물론 이 경우 두 가지 선택을 놓고 고민할 수밖에 없다. 아무 대응을 안 하자니 상대는 사실로 박아놓고 논란을 더 키울 테고, 대응하자니 그것도 논란에 더욱 불을 붙이는 꼴이 될 수 있으니 말이다.

그런데 오바마 전 대통령은 무척이나 흥미로운 방식으로 대응했다. 출생 문제부터 이름까지, 참으로 많은 네거티브에 시달렸던 오바마는, 수많은 네거티브에 완전히 다른 수준의 추상적인 슬로건을 내놓왔다. 마치 '네거티브가 뭐지?'라는 태도와 함께 '희망과 변화hope and change'라는 참 좋은 (하지만 따지고 보면 별 알맹이는 없는) 말을 했다. 중요한 것은 '반복'적으로 했다는 점이다. 운이 좋았다고 해야 할지 모르겠지만, 오바마는 타고난 연설가다. 아마 100년에 한 번 나올 법한 연설가라 해도 좋을 정도로, 그가 연설할 때의 흡입력은 어마어마하다.

> -(그깟 네거티브 따위) 나는 당신에게 '희망'을 주고 미국을 '변화'시키겠어요.
> -우와, 어떻게요?
> -나는 당신에게 '희망'을 주고 미국을 '변화'시키겠어요.

원래 믿고 싶은 이들에게는 자세한 설명이 필요하지 않다. 설명은 의심하는 이에게 필요한 것이다. 네거티브를 당하는 오바마 입장에서는 나를 믿고 싶어 하는 사람들의 믿음이 흔들리지 않게 단속만 하면 된다. 눈물 쏙 빼놓을 만큼 감동적인 연설과 함께.

네거티브는 트럼프의 전공 분야

트럼프 대통령의 네거티브는 말하기가 입 아플 정도로 유명하다.

힐러리 클린턴에게 했던 공격은 둘째 치고, 공화당 경선 때도 같은 공화당의 상대 후보들에게 모욕적인 별명을 붙였다. '거짓말쟁이 테드Lyin' Ted'라며 테드 크루즈Ted Cruz 텍사스주 상원의원을 비난했고, '기운 빠진 젭low-energy Jeb'이라며 젭 부시Jeb Bush 플로리다주 주지사를 공격하기도 했다. 이미 떠나간 대통령이건만 오바마 전 대통령에게는 아직까지도 시시콜콜 책임을 묻고 자기가 그보다 훨씬 뛰어난 대통령이라고 주장한다. 이번 대선에서도 마찬가지다. '부패한 힐러리'에 이어 '졸린 조Sleepy Joe'라는 말을 만들어냈는데, 별로 큰 효과를 보고 있지 않다고 생각했는지 '늪 같은 조Swampy Joe'로 바꾸려 한다는 이야기를 들은 적 있다(여전히 확 와닿지는 않는다. 네이밍 신공이 다한 걸까).

이렇게 간단하게 상대 후보의 이미지를 깎아내릴 수 있는 별명도 중요하지만, 추문이나 부정부패와 관련한 네거티브도 당연히 행해진다. 트럼프의 탄핵 시도까지 불러일으켰던 우크라이나 스캔들은 반대로 바이든을 향한 칼날도 되기 쉽다. 또한, 여러 차례 불거졌던 성추행 논란 역시 들추어내서 흠집 내기에 여념이 없을 것이다. 클린턴 때 했던 것과 비슷한 전략일 수 있다. 젊은 여성 표 줄이기, 진보 성향 표 줄이기 등 말이다.

윌리 호턴과 도그 휘슬 정치

1800년 치러진 미국 대통령 선거를 두고 미국 역사상 최악의 네거티브라고 소개했지만, 사실 현대에 들어서 이에 못지않게 경악스러운 네거티브전이 있었다. 1988년 미국 대통령 선거다. 공화당에서는 8년 동안 현직 레이건 대통령의 부통령을 지냈던 조지 H. W. 부시 후보가 나섰고, 민주당에서는 매사추세츠주 주지사 출신의 마이클 듀카키스Michaell Dukakis가 출사표를 던졌다. 젊고 진보적이고 매력적이었던 듀카키스는 초반부터 기득권의 노련한 혹은 노쇠한 정치인 이미지를 가진 부시를 멀찍이 앞서 나갔다.

이때 부시 캠프에 등장한 전략가가 리 애트워터Lee Atwater였다. 사실 전략가라고 말하기에는 너무 악명이 높다. 최악의 네거티브 및 인종차별적 정치 메시지 고안자로 역사에 남은 인물이기 때문이다. 아직까지도 이름이 오르내리고 있는 '윌리 호턴 광고Willie Horton ad'가 그의 머리에서 나왔다고 할 수 있다(애트워터의 스토리는 2008년 〈부기맨Boogie Man〉이라는 다큐멘터리로 만들어지기도 했다). 이 광고의 주인공인 윌리 호턴Willie Horton은 살인죄로 무기징역을 받고 매사추세츠주 교도소에 있었다. 매사추세츠주에서는 수감 중인 죄수들을 대상으로 '주말 외출 프로그램'을 시행 중이었다. 그런데 1986년 이 프로그램을 통해 밖으로 나간 호턴이 돌아오지 않았다. 호턴은 1987년에야

메릴랜드에서 붙잡혔는데, 이미 한 커플을 대상으로 강도와 성폭행이라는 끔찍한 범죄를 저지른 후였다.

> "매사추세츠에 있는 그놈의 '주말 외출 프로그램'이 흉악범을 세상으로 내놓았고, 처참한 결과를 낳았습니다. 매사추세츠주 주지사인 듀카키스는 사형제도에도 반대하고, 이 프로그램을 열렬히 찬성하는 인물입니다. 어찌 보면, 매사추세츠주 주지사였던 듀카키스 때문에 선량한 두 남녀가 참혹한 범죄에 희생된 것이나 마찬가지인데, 이런 사람을 대통령으로 선출하려고 하십니까?"

사실 이 광고를 만든 것은 부시 캠프도, 애트워터 자신도 아니었다. 플로이드 브라운Floyd Brown이라는 젊은 정치 컨설턴트가 만든 '작품'이었다. 브라운은 할리우드 영화 〈밤쉘Bombshell〉에 등장하는 폭스 뉴스Fox News CEO인 로저 에일스Roger Ailes의 부하 직원이기도 했다. 그런데 당시 로저 에일스가 부시 캠프의 미디어 담당관이었다는 점을 고려하면, 부시 캠프가 이 광고와 관련이 없다고 보는 것은 무리가 있다. 사실 많은 종류의 자극적이고 부정적인 정치 광고는 캠프에서 직접 내놓기보다, 캠프를 측면 지원하는 단체나 활동가들 이름으로 나온다. 그리고 부시 캠프에서 로저 에일스가 내놓은 '회전문Revolving Door'이라는 정치 광고는 주말 휴가를 맞이해 회전문을 통과하는 중범죄자들의 모습을 담았는데, 이는 윌리 호턴 광고의 연장 선상에 있는 것으로 호턴 효과를 톡톡히 보려는 의도였다.

광고의 표면에 담긴 메시지는 사형제도에 찬성하는 강경한 공화당과 부시 후보에 비해, 민주당과 듀카키스는 중범죄자들에게도 면죄부를 주는 나약한 정당과 후보라는 것이었다. 한창 높은 범죄율로 몸살을 앓던 시기였으니 먹힐 수 있는 메시지였다. 하지만 이보다 더 중요한 메시지는 바로 '인종 카드'를 이용한 '도그 휘슬 정치dog whistle politics'다. 도그 휘슬 정치는 이안 헤이니 로페즈Ian Haney López 교수가 소개하고 이용한 네거티브 개념이다. 드러내놓고 직접적인 메시지를 전하는 것은 아니지만, 트리거가 될 수 있는 요소를 프레임이 잘 짜인 광고나 선전 문구 등에 집어넣어서 유권자로 하여금 그 메시지를 캐치할 수 있게 하는 방식이다. 마치 개가 주인의 호루라기 소리에 반응하듯 말이다. 오바마 대통령을 '버락 오바마'라고 하지 않고 그의 풀네임을 의도적으로 사용해서 '버락 후세인Hussein 오바마'라고 부르는 것도 한 예다. 9·11 이후 미국에서 극도로 인식이 악화한 무슬림의 느낌을 강조하는 방식이다. 로페즈 교수는 다른 이슈에서 이 방식이 쓰일 수도 있겠지만, 가장 빈번하고 대표적으로 쓰이는 이슈는 인종이라고 보고 있다.

흑백 사진 속의 윌리 호턴이 광고에 등장한다. 수염도 깎지 않은

'윌리 호턴 광고' 속의 호턴

채, 아프로^{Afro}라고도 부르는 흑인 특유의 곱슬머리를 하고, 약에 전 듯 불량하게 눈을 아래로 깔고 있는 얼굴. 흑인인 윌리 호턴의 어두운 얼굴을 강조하면서 사실상 인종 카드를 쓴 것이다. 윌리엄 호턴 William Horton이던 그의 이름을 윌리 호턴이라고 줄여서 부른 것도, 흑인 정체성을 더 도드라지게 만들기 위해서였다. 메시지는 자극적이면서도 소름끼치게, 그리고 명확하게 전달되었다.

윌리 호턴 사건에서 또 한 가지 중요하게 작용한 요소가 있었다. 희생당한 이들이 젊은 '백인 커플'이라는 것이다. 그중 여성은 무참히 성폭행을 당했다. 남북전쟁 이후 백인들이 흑인들을 린치하고 테러를 일삼을 당시 그들이 가장 많이 문제 삼던 불경죄 중 하나가 '흑인 남성'의 '백인 여성'에 대한 성적인 범죄였다. 성희롱을 하고 불순한 눈길로 쳐다보았다거나, 심지어 성추행을 했다는 죄목이 흑인에 대한 즉결처분의 전형적인 사유였다. 당시에는 억울한 누명도 많았지만, 윌리 호턴은 실제로 그런 범죄를 저지른 흉악범이었고, 이는 숨겨져 있던 '남부식 정치^{Southern politics}'의 DNA를 다시 깨워냈다. 윌리 호턴 광고는 미국 역사상 가장 중요한 정치 광고로 꼽힌다. 실제로 《타임^{Time}》지가 역사상 중요한 정치 광고 10개를 꼽았을 때, 윌리 호턴 광고 역시 그중 하나였다.

듀카키스는 결국 1988년 선거에서 패배했다. 그로서는 할 말이 많았을 것이다. 주말 휴가 프로그램은 당시 모든 주에서 시행하고 있었고, 중범죄를 저지른 죄수들에게 이 프로그램을 적용하던 주가 매사추세츠만 있는 것도 아니었다. 더군다나 그는 이 프로그램을 지지하긴 했지만, 앞장서서 만들어낸 사람도 아니었다. 매사추세츠주에 이 프로그램을 받아들인 사람은 이전의 공화당 주지사였다. 그렇게 따지면, 캘리포니아주 주지사를 지냈던 로널드 레이건도 이 주말 휴가 프로그램을 받아들인 인물이었다. 하지만 이런 '진실'을 내뱉기도 전에, 듀카키스는 꼼짝없이 '(흑인인) 윌리 호턴 같은 위험한 인물을 밖으로 내보내서 선량한 (백인) 커플이 끔찍한 일을 당하게 방기한 정치인'으로 찍혀버렸고, 이런 부정적인 낙인을 선거가 끝날 때까지 떨쳐버리지 못했다.

트럼프와 도그 휘슬

당연하게도 트럼프는 이런 식의 '도그 휘슬 정치'를 능란하게 활용한다. 예를 들어, (코로나19로 인해 반중 감정이 가득한 이 시기에) 바이든이 친중 행보를 보일 것이라고 주장하면서, 바이든과 시진핑이 악수를 나누며 환한 표정을 짓는 장면이라든지, 바이든이 오성홍기 앞에 서 있는 장면 등을 퍼뜨린다(부통령을 8년 했던 사람이 오성홍기 앞에서 찍은 사진 하나쯤 있는 건 당연하지 않은가). 더욱 심각한 것은, 그가 인종 카드를 쓰면서 도그 휘슬을 분다는 점이다. 특히 올해엔 조지 플로이드George Floyd 사망 사건과 시민 대 경찰 갈등 등으로, 트럼프가 가장 좋아할 만한 환경이 조성된 셈이기도 하다. 경찰의 무자비한 진압도 진압이지만, 계속되는 시위와 폭력에 지친 백인 유권자들도 상당히 많기 때문이다.

또한 트럼프는 마치 윌리 호턴을 떠올리게 하는 듯한 논란이 될 만한 트윗을 자신의 트위터에 올린 바도 있다. 미네소타에서 살인죄로 기소된 다니카 플로이드Darnika Floyd라는 여성이 보석금을 내고 풀려난 일과 관련해서였다. 이 여성은 조지 플로이드 사건 이후 미네소타 프리덤 펀드Minnesota Freedom Fund라는 보석금 모금 단체에 쏟아진 기부금 덕분에 보석으로 나올 수 있었다.

문제는 바이든의 캠프에 있는 직원들이 이 단체에 기부를 했다는 사실이었다. 잔인하게 칼로 사람을 찔러 죽여서 살인죄로 기소된 다니카 플로이드가 '바이든' 캠프 사람들이 기부한 돈 덕분에 보석으로 석방되었다는 문구를 담은 이 트윗에는, 32년 전 윌리 호턴이 그러했듯이 플로이드의 얼굴이 담겨 있었다. 물론 플로이드도 흑인이다. 이번 선거에서 트럼프 대통령은 승리하기 위해 모든 카드를

트럼프 캠프에서 포스팅한 다니카 플로이드 관련 트윗

다 쓸 것이다. 앞서 말했듯이 인종 카드는 그중 매우 강력하고 매력적인 카드다.

문제는 그다음이다. 윌리 호턴 광고는 부시에게 대통령직을 건네주었지만, 미국 대선 역사상 최악의 정치 광고라는 오명을 얻었다. 이뿐만 아니라 여전히 미국 사회에서 인종 카드가 제대로 먹히는 선전물이라는 점을 증명했다.

선거에서 이기고 싶은가? '인종' 이슈를 건드려라. 흑인들을 불한당이나 범죄자로 묘사하고 백인 유권자로 하여금 위기감을 느끼도록 자극하라. 이 전략은 거의 '언제나' 성공한다.

리 애트워터는 선거가 끝난 3년 뒤인 1991년 뇌종양으로 인해 사망했다. 죽기 전 그는 《라이프Life》지에 쓴 글에서 사과의 말을 남겼다. 진심으로 죄책감을 느껴서였는지, 아니면 최악의 선거 광고를 만들어낸 인물이라는 오명을 벗고 싶어서였는지는 모를 일이다. 다만 중요한 것은, 그가 비록 후회하고 사과했을지 몰라도 미국 사회는 이미 돌이킬 수 없는 상처를 입은 뒤였다는 점이다.

2020년 선거 이후, 미국 사회는 어떤 모습을 하고 있을까.

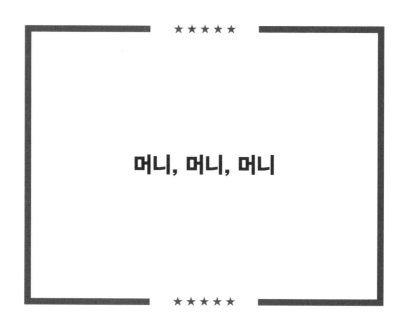

머니, 머니, 머니

"무슨 돈을 모아서 선거를 치른다고. 자, 위스키나 한잔 같이 하지."

초대 대통령에 오른 조지 워싱턴이 선거 전에 했을 법한 말이다. 실제로 워싱턴을 비롯한 대부분의 초기 대통령들은 지금처럼 선거 자금을 모아서 선거를 치르지 않았다. 펀드 레이징Fund Raising이라 불리는 정치 자금 혹은 선거 자금(그러니까 '돈')을 모으는 행동이 별로 고급져 보이지 않았고, 초기 대통령 선거에 나갈 만큼 정치적 커리어가 있는 이들은 대체로 다이아몬드 수저였기 때문이다. 신분제도가 없는 미국에서 사실상의 귀족이나 마찬가지였다. 선거운동하겠다고 지금처럼 (코로나 바이러스를 무릅쓰고) 밖에 나가서 지지자들을 만나고 유세할 필요도 없었다. 고귀하신 분들의 품위를 지키기 위해 다른 사람들이 뛰어다니지 본인이 직접 나설 필요까지는 없었던 것이다. 워싱턴의 경우, 그저 고급 위스키 한 병씩 선물하거나 함께 마시면서 자신에게 표를 줄 것을 점잖게 부탁하는 정도였다(그런데 지금 시각으로 보면 명백한 향응 선거다).

이처럼 후보는 점잖게 뒤로 빠져 있는 방식이 바뀌기 시작한 것은 앤드루 잭슨이 대통령 선거를 치르면서였다. 이전까지의 대통령 선거 후보들이 죄다 버지니아나 매사추세츠 같은 주 출신에 귀족적 면모를 가진 정치인들이었던 데 반해, 잭슨은 전쟁 영웅이었지만 별 볼 일 없는 가정에서 태어난 자수성가형 인물이었다. 그의 별명인 '올드 히커리Old Hickory'는 애팔래치아산맥에 많이 자라는 히커리나무에서 따온 것이다. 버지니아나 매사추세츠, 펜실베이니아에 정착할 수 있었던 영국계 정착민들에 비해, 험준한 산맥을 따라 정착해야 했던 별 볼 일 없는 출신의 아일랜드-스코틀랜드계 정착민을 가리키는 별명이다. 당연히 정치 세력이 되어줄 만한 스폰서도 없었고, 연줄도, 돈도 없었다. 정계에서 스폰서, 연줄, 돈이 없을 때 정치인들이 하는 방법은 하나. 자기를 사랑해주는 대중에게 직접 다가가는 일이다. 앤드루 잭슨이 이 방법을 쓴 최초의 대통령이다. 선거 본부를 만들고 막대한 선거 자금을 끌고 들어와서 지금의 조직적 선거 캠페인이라는 개념을 만들었다. 물론, 당시의 관습대로 후보 자신이 직접 유세를 하고 다니지는 않았지만, '대중을 끌어들이는 선거란 이런 것이다'라고 보여주었다(그래서 흔히 트럼프를 잭슨에 비유하곤 한다).

그 돈 다 어떻게 모으지?

미국 대통령 선거에는 어마어마한 액수의 돈이 든다. 2016년 힐러리 클린턴이 선거를 위해 모은 돈은 총 1조 5천억 원에 달한다. 그리고 그 많은 돈을 거의 다 썼다. 그녀의 캠프로 모인 돈만 해도 7천억 원 가까이 되었다. 그 외 그녀를 지지하는 정치행동위원회Political Action Committee, PAC나 민주당으로 들어온 것까지 합하면 1조 원이 훌쩍 넘는 돈이 모인 것이다. 트럼프 대통령은 이보다 훨씬 적은 돈을 모으고 또 썼지만, 그 역시 만만치 않았다. 항간에는 트럼프가 막말이나 논란으로 미디어의 관심을 받아서 선거운동을 싸게 혹은 거의 돈 안 쓰고 했던 것처럼 이야기하기도 하는데, 천만의 말씀 만만의 콩떡이다. 트럼프의 총 모금액이 1조 원 정도였고, 약 3,500억

선거는 어떻게 대중을 유혹하는가

원 정도를 캠프에서 모금했다. 클린턴과 힐러리 두 캠프의 모금액을 다 합치면 2조 5천억 원. 두 후보 모두 이 많은 돈의 98~99퍼센트를 썼다고 하니, 대통령 선거 한 번 치르는 데 들어가는 돈이 어마어마하다. 게다가 경선에 들어간 돈까지 합하면 천문학적 수치의 돈을 선거에 쓰는 셈이다.

미국 선거에 너무 많은 돈이 쓰인다는 비판은 늘 있어왔다. 여러 가지 이유가 있지만, 일단 잘사는 나라이고 국토가 넓어서 커버할 곳이 많다는 것이 큰 원인이다. 쉽게 말해서, 인건비가 비싸고 때려넣어야 하는 물량도 많은 것이다. 주마다 다니면서 선거운동을 한다 해도 비행기 타는 횟수만 얼마이며, 혼자 타는 것도 아니고 스태프 데리고 타려니 당연히 돈이 무지하게 든다. 우리처럼 1일 생활권도 아니니 숙박비는 덤.

또 다른 이유는 미국 대통령 선거는 기간부터가 길다는 것이다. 물론 한국 선거에서도 누가 잠룡이고 누가 후보가 될 거라는 등의 물밑 작업이 실제 대선 날짜보다 훨씬 오래전부터 시작된다. 하지만 미국에 비할 바가 아니다. 미국 대선 후보를 가리는 경선은 선거가 있는 해의 10개월 정도 전인 연초부터 시작된다. 후보 경선을 위한 토론회는 이보다 더 일찍, 이전 해부터 열린다. 토론회 이전부터도 누가 후보로 나서느니 마느니 하는 이야기가 나돌기 때문에, 실제로 1년이 훌쩍 넘는 시간이 대선을 위한 여정에 쓰인다 해도 과언이 아니다. 그렇기 때문에 후보들은 대선에 쓸 실탄뿐 아니라 경선을 위해서도 선거 자금을 모으고 비축할 필요가 있다.

선거 자금을 모금하는 방법은 크게 세 가지로 나눌 수 있다. 캠프에서 직접 모금하는 법, 정당에서 모금하는 법, 그리고 선거 캠프와 상관없이 다른 독립단체에서 특정 후보를 위해 모금하는 법.

만일 특정 후보의 캠프에 직접 돈을 '쏴'주고 싶다면, 개인이 보낼 수 있는 액수는 최대 2,800달러다. 선거 하나당 2,800달러이니, 예비 경선까지 합하면 총 5,600달러를 한 선거 사이클 동안 기부할 수 있다. 그리고 정당에 주고 싶으면 주나 지방에 있는 정당위원회에 줄 수도 있고, 전국 정당위원회에 주는 방법도 있다. 개인이 전국 정당위원회에 줄 수 있는 돈은 1년에 3만 5,500달러로 제한되어 있고 주나 지역의 정당위원회에는 다 합해서 1년에 1만 달러를 기부할 수 있다. 이른바 정치행동위원회도 마찬가지로 제한이 있다. 한 명 내지는 여러 명의 정치인을 지지한다든지, 정당을 지지한다든지, 혹은 특정 이슈와 관련해 선전하고 자금을 대기 위해 만들어진 정치행동위원회를 PAC이라고 부르는데, 개인이 PAC에 최고로 많이 줄 수 있는 액수는 1년에 5,000달러다.

선거는 어떻게 대중을 유혹하는가

무엇보다도 후보의 선거 캠프가 받을 수 있는 돈은 어디서 들어오든 제한이 걸려 있다. 앞서 말한 것처럼 개인으로부터 최대 5,600달러, 정치행동위원회로부터 5,600달러, 정당위원회로부터도 5,000달러 정도. 어랏, 생각보다 검소한데?

그런데 항상 돈을 받고 싶거나 쓰고 싶은 사람들은 편법을 생각해내기 마련이다. 후보 개인의 선거 캠프가 받을 수 있는 돈은 제한되어 있지만, 별개의 수단으로 도와줄 수 있는 방법은 얼마든지 있다. 그래서 생겨난 괴물이 슈퍼 팩Super PAC이다. 많은 이들이 이걸 PAC의 일종으로 생각하지만, 사실 슈퍼 팩과 그냥 팩은 다르다. 슈퍼 팩은 연방선거관리위원회Federal Election Commission가 밝히듯이 '독립적인 지출만 하는 (정치) 단체Independent Expenditure-Only'다. 기부 액수 한도도 없고, 지출 한도도 없다. 심지어 철저히 금지해왔던 기업과 노동조합도 이 슈퍼 팩을 만들어 지출할 수 있다. 다만, 슈퍼 팩은 후보 캠프에 직접 돈을 줄 수 없고 선거운동 관련해서 캠프와 조율을 하거나 함께 무언가를 같이 할 수 없다(그래도 얼기설기 연결되어 있지 않을까?).

또 하나 흥미로운 편법으로 등장한 것은 후보 캠프와 전국 혹은 주의 정당위원회가 함께 선거 자금을 모금하는 것이다. 정당위원회가 개인 기부자로부터 받을 수 있는 액수는 후보 캠프보다 조금 많은 수준이다. 하지만 주 정당위원회는 (지역구나 지역 정당위원회 다 합산해서이지만) 전국에 50개 이상 있다. 정말 돈이 많고 선거 자금을 주고 싶은 열망이 가득한 유권자라면, 후보에게도 직접 주고, 50개의 주 정당위원회에도 돌아가며 주면 된다. 실제로 트럼프 대통령은 공화당 전국 정당위원회와 함께 공동 선거 자금 모금 단체인 '트럼프 빅토리Trump Victory'나 '트럼프가 미국을 다시 위대하게 위원회Trump Make America Great Again Committee'를 통해 어마어마한 돈을 거둬들였다. 트럼프가 2016년 공화당 후보가 되었을 때, 전국 공화당위원회 위원장은 라인스 프리버스였다. 워낙 공화당 입장에서도 골 때리는 결과가 나왔기 때문에, 이 후보를 성심성의껏 도와줘야 하나 말아야 하나 고민하던 차, 위원장이었던 프리버스는 전격적으로 트럼프 편에서 자금 조달을 해줬다. 그리고 트럼프 정부의 첫 비서실장이 되었다.

마지막 방법은 셀프 기부다. 이건 무제한이다. 어차피 네 돈이니 쓰고 싶은 대로 다 쓰렴. 부동산 재벌인 트럼프 대통령은 2016년 선거에서 개인 돈을 쓰기도 했고, 2020년 선거에서도 필요하다면 쓰겠다는 입장이다. 민주당 경선에서 하차했지만, 트럼프 대통령과 비교가 안 되는 부자인 마이클 블룸버그Michael Bloomberg 전 뉴욕시장 역시 경선에 엄청난 자금을 쏟아부었는데, 1조 원에 가까운 돈을 통크게 자신의 계좌에서 꺼낸 것으로 알려졌다. 클래스가 다르다는 말을 이럴 때 하는 것일까.

선거 자금 제한 표

		받는 측				
		후보선거 위원회	PAC	정당위원회 (주/지역구/지방)	전국정당 위원회	전국위원회 (부가비용 별도)
주는 측	개인	선거당 2,800달러	1년 기준 5,000달러	1년 기준 10,000달러	1년 기준 35,500달러	1년 기준, 한 계좌당 106,500달러
	후보 선거 위원회	선거당 2,000달러	1년 기준 5,000달러	무제한	무제한	–
	PAC: 다후보	선거당 5,000달러	1년 기준 5,000달러	1년 기준 5,000달러 (세 위원회 합산)	1년 기준 15,000달러	1년 기준, 한 계좌당 45,000달러
	PAC: 단일 후보	선거당 2,800달러	1년 기준 5,000달러	1년 기준 10,000달러 (세 위원회 합산)	1년 기준 35,500달러	1년 기준, 한 계좌당 106,500달러
	정당 위원회 (주/지역 구/지방)	선거당 5,000달러 (세 위원회 합산)	1년 기준 5,000달러 (세 위원회 합산)	무제한	무제한	–
	전국 정당 위원회	선거당 5,000달러	1년 기준 5,000달러	무제한	무제한	–

출처: 연방선거관리위원회

선거 자금이 보내는 시그널

그럼에도 불구하고 모든 캠프는 소액 기부자들을 격려하고 기부금을 내달라고 부탁한다. 액수가 문제가 아니기 때문이다. 사람 마음이 요상해서, 일단 기부금을 10달러라도 내고 나면 은근 신경이 쓰인다. 그리고 꽤 큰 몫을 담당하고 있는 것처럼 느끼면서 그 후보의 행동거지나 말 한마디에 관심을 갖는다. 일종의 일체화 과정을 겪는 것이다. 선거 자금 기부를 독려하는 것은 '티끌 모아 태산' 같은 의미에서가 아니다. 두근두근하며 기부했던 10달러는 나와 그 후보 사이의 연결고리 내지는, '말할 수 없는 비밀'처럼 끈끈한 유대 관계를 만들어낸다. 그리고 이 유대 관계는 확장 효과가 있다. 감기와 사랑의 열병은 숨길 수 없다고 했던가. 아마 자기도 모르는 사이 주변 사람들에게 그 후보의 좋은 점을 이야기하며 선전하고 있을 것이다.

고액 기부자들의 입장은 좀 다르다. 고액 기부자들은 확실한 기부 목적이 있다. '네가 당선되면…… 알지? 기대하고 있겠어'라는 메시지를 후보에게 던진다. 외부 시각에서 바라보자면, 누가 어떤 유명 부호나 사업체의 돈을 받는가를 보고 어떤 정책을 시행할지, 또 주목받는 이슈에서 누구 편을 들지 가늠할 수 있다. 트럼프 대통령은 2016년 선거 당시 거부들로부터 기부금을 받지는 못했다. 늘 공

선거는 어떻게 대중을 유혹하는가

화당 대선 후보에게 투자하다시피 기부금을 내오던 석유 재벌 코크 형제Koch Brothers는 트럼프 캠프에 돈을 주지 않았다(다만, 의회 선거에서 공화당을 돕기 위해 엄청난 돈을 쏟아부었다). 이때, 트럼프를 지지하며 거액을 내놓은 부호가 있었으니, 그가 바로 셸던 애덜슨Sheldon Adelson이다. 라스베이거스에 거대 카지노 리조트를 운영하는 대부호이자 유대인인 애덜슨은 코크 형제처럼 오랫동안 공화당에 기부해왔다. 애덜슨과 직접적인 연결이 작용했는지, 아니면 사위인 재러드 쿠슈너Jared Kushner가 계획했는지 모르겠지만, 트럼프는 대통령이 되고 나서 역대 미국 대통령이 금기시해온 예루살렘의 이스라엘 수도 인정 선언과 함께 대사관 이전을 실행에 옮겼다.

후보들은 소액 기부자들이 얼마나 많이 기부해주었는지를 더 강조한다. "소액 기부자들이 이렇게나 많아"라고 자랑하면, 많은 사람한테 사랑받고 있다는 느낌이 들기 때문이다. 그리고 왠지 모르게 민주주의 시스템에서 더 정당성을 갖는다는 인상도 준다. 하지만 소액 기부자들의 돈이 정치 자금에서 차지하는 비중은 생각보다 낮다. 2016년에는 유난히 소액 기부자들이 차지하는 기부 비중이 많이 늘어났지만, 그래도 선거에서는 여전히 큰손이 대접받는다. 아마도 후보들은 일반 유권자 앞에서는 "당신의 적은 돈이 이 나라의 정치를 바꿉니다!"라고 외칠 것이다. 그렇지만 내심 그들을 당선시키는 데 일조할 큰손들의 호기로운 선거 자금을 원할지도 모른다.

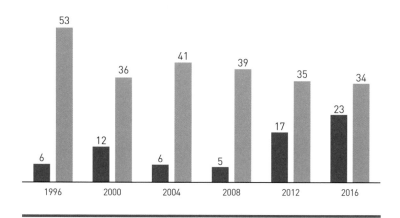

미국 대통령 선거에서 소액 기부자와 큰손들이 차지하는 비율

선거 자금이 얼마나 모였는가는 현 선거 상황을 가늠할 수 있는 중요한 지표가 되기도 한다. 돈이란 것이 얼마나 똑똑한지, 승산 없는 곳에는 잘 가지 않는 법이기 때문이다. 물론, 클린턴처럼 트럼프보다 많은 자금을 모으고도 지는 경우가 있지만, 2016년은…… 음, 예외로 하자.

2020년 선거는 현직 대통령인 트럼프 대통령이 후보로 뛰고 있다. 대체로 이런 경우는 현직 대통령이 훨씬 든든한 자금을 가지고 출발하기 마련인데, 재선에 도전할 것이 확실하므로 일찌감치 선거 자금을 마련할 여건이 되기 때문이다. 반면 상대 정당의 도전자는 빨라도 3월 말이나 되어야 결정되기 때문에 그제야 본격적인 대선 후보로서의 선거 자금 모금 활동이 시작된다. 출발선 자체가 다른 셈이다. 당연히 현직 대통령보다 총알이 부족할 수밖에 없다. 그런데 이번 선거에서 흥미로운 점은 바이든이 자금 경쟁에서 무서운 속도로 트럼프 대통령을 따라잡고 있다는 사실이다. 2020년 8월 한 달 동안, 트럼프 대통령은 약 2,100억 달러 정도를 모금했다. 그런데 바이든 후보는 이를 훌쩍 뛰어넘는 3,500억 달러를 모았다(바이든 캠프에서는 이 중 95퍼센트가 소액 기부자들로부터 온 것이라는 깨알 자랑도 잊지 않는다). 자금 레이스에서 앞서가고 있다며 바이든이 기선 제압에 나서는 상황. 총 자금이야 트럼프 대통령이 더 많기 때문에 끝까지 두고 봐야겠지만, 옛말 틀린 것 없다.

돈이 모이는 곳에 사람도, 권력도 모인다.

★ ★ ★ ★ ★

선거 토론회는
얼마나 중요할까

★ ★ ★ ★ ★

1960년 9월 26일, 시카고 CBS 스튜디오에서는 역사적인 한 장면이 연출되고 있었다. 미국 역사상 처음으로 대통령 선거 출마 후보자들 사이에 정책 토론회가 열렸고, 이 모습은 텔레비전을 통해 미국 전역으로 송출되었다.

선거는 어떻게 대중을 유혹하는가

정치 아이돌의 탄생

토론회에 나선 민주당 후보는 젊고 잘생긴 존 F. 케네디였다. 아일랜드 이민계 후손으로 하버드대학교를 나온 매사추세츠주의 상원의원인데, 요새 말로 하면 '엄친아'의 끝판왕이라 할 수 있었다. 공화당 후보는 아이젠하워 대통령의 부통령인 리처드 닉슨이었다. 아이젠하워 대통령조차 별로 좋아하지 않았다는 음흉한 인상에 어딘가 아파 보이는 닉슨은 밝고 귀공자 같은 케네디와 대비를 이루었다. 실제로 아이젠하워 대통령은 지나친 반공주의에다 선동적인 닉슨의 스타일을 좋아하지 않았다고 한다. 1960년 8월, 한 기자가 아이젠하워 대통령에게 닉슨의 장점을 이야기해달라고 했더니, 아이젠하워는 짜증이라도 난 듯 "일주일 정도 주면 생각해낼 수 있을 것 같소. 별로 생각이 안 나는데"라고 답해 논란이 일었을 정도였다. 아이젠하워가 당시 긴 기자회견으로 지쳐 있었기 때문에 나온 말이라고는 하지만, 이 탓에 닉슨은 보스에게도 신임받지 못하는 부통령이라는 놀림을 받았다.

닉슨은 당시 무릎 수술을 받은 데다가 식중독으로 고생하고 있어서 컨디션이 최악일 수밖에 없었다. TV 화면에 비치는 모습이 거울로 보는 것과 상당히 다르다는 점을 잘 알면 좋았으련만, 그들은 그러지 못했던 것 같다. 메이크업을 받겠느냐는 질문에 케네디는 거절했다(뭐, 케네디는 그래도 되지). 그런데 닉슨은 상대방도 받지 않는 메이크업을 (쪽팔리게 남자가) 받을 수는 없다는 마음에 마찬가지로 거절했다. 결과적으로 케네디의 귀공자 같은 외모는 브라운관에서 더욱 빛났고, 음울한 닉슨의 얼굴은 더 칙칙해 보였다. 메이크업을 받았어도 별 차이 없었을 것이라 비아냥거리는 사람들도 있지만, 이기기 위해 뭐라도 해야 하는 입장에서는 그렇지 않다.

어쨌든 사상 최초로 이루어진 TV 토론회는 케네디의 승리로 끝났다. 이후 세 차례의 토론회가 더 열렸다. 닉슨은 이후부터는 메이크업을 받았지만, 큰 반향을 일으키지는 못했다. 11월의 선거는 0.2퍼센트라는 아주 근소한 차이로 케네디의 손을 들어주었고, 이때의 TV 토론은 이후 미국 정치를 바꿔놓았다는 평가를 받는다. 정책이나 정강을 중심으로 한 정치가 아니라 이미지 정치로 변질되어, 후보자의 식견이나 정치철학은 중요하지 않게 되었다는 비판이 제기된다. 많은 사람이 선거 토론회를 기다리고 즐겨 보지만, 누가 더 논리적이고 합리적인 정책을 제시하는지가 아니라 어느 후보가 밖에 내놨을 때 더 대통령다운지 확인하려는 마음이 크다는 이야기다.

첫 번째 TV 토론회는 대대적인 흥행 성공이었다. 당시 60퍼센트에 육박하는 시청률을 기록했는데, 시청률로만 보면 1960년에 치러진 TV 토론회가 모두 역대 톱 5 안에 든다. 비슷하게 높은 시청률을 기

선거는 어떻게 대중을 유혹하는가

록한 것은 1980년에 열린 카터와 레이건의 토론회였다. 가장 많은 시청자 수를 기록한 대통령 후보 토론회로, 무려 8,090만 명이 시청했다는 기록이 있다(이런 현상을 보면 결국 정치도 기-승-전-얼굴인 듯하다). 그런데 이 기록을 깬 토론회가 최근에 열렸다. 바로 2016년 방송된 트럼프와 클린턴의 첫 대선 토론회였다. 무려 8,400만 명의 유권자가 이 둘의 토론회를 지켜봤다. 물론, 시청률로 따진다면 그동안 불어난 인구도 있는 만큼 1960년의 토론회가 월등히 높았지만, 요즘 같은 시대에 저 많은 사람이 TV 토론을 봤다니 진심 대단한 기록이다.

1976년에는 무슨 일이 있었나?

많은 유권자가 선거 토론회를 보고 누구에게 투표할지 결정하겠다고 이야기한다. 어느 후보가 가장 훌륭한 정책을 가지고 있는지, 누가 대통령이 될 만한 인품과 총명함을 가지고 있는지, 어떤 사람이 앞으로 몇 년 동안의 국정을 맡을 만한 준비가 되어 있는지 등을 판단하는 자리가 토론회라고 답한다. 언론은 토론회가 있을 때마다 누가 더 잘했는지 못했는지를 평가하고 승자와 패자를 논한다. 그런 이야기를 들을 때마다 속으로 생각한다.

'그~짓말.'

선거 토론회에 대한 전문가들의 전반적인 판단은 어떨까. 바로 토론회가 선거 결과에 미치는 영향은 '미미하다'이다. 2~3퍼센트포인트 정도 높이거나 낮출 수 있으니 영향이 전혀 없다고 볼 수는 없지만, 그게 승패를 좌지우지할 만큼 큰 수치인지는 논란의 여지가 있다. 또 하나 중요한 것은, 그게 오로지 토론회 때문인지, 아니면 다른 여러 요인이 함께 작용했는지 그 누구도 명확하게 구분해내기 힘들다는 점이다.

정당 내 경선 과정에서 하는 토론회는 좀 다르다. 민주당이든 공화당이든, 경선 과정에서 여러 명이 나와서 참가하는 토론회의 경우, 토론회에서 얼마나 눈부신 활약을 했는지에 따라 이후 얼마간 지지율 상승을 맛볼 수 있다. 하지만 대선 토론회는 영향력이 제한적일 수밖에 없는데, 대통령 선거는 무엇보다 정당 정체성이 강하게 작용하는 선거이기 때문이다. 어차피 같은 편인 후보들인데, 그중 가장 괜찮은 후보를 골라내는 것이야 부담도 없고, 토론회 활약상을 보고 나름 합리적으로 판단할 수 있지만, 양 정당 후보들이 맞서는 본선 토론회는 '정당 부심'을 배제할 수 없다. 그런 이유로 토론회는 원래 가지고 있던 생각을 더 명확하게 확인시켜주는 역할을 하거나, 죽어도 마음을 바꾸지 않을 지지 후보를 응원하기 위한 무대

선거는 어떻게 대중을 유혹하는가

라고 보는 편이 맞다.

물론 가끔씩 토론회에서 보여준 활약상이 전후 지지율에 영향을 미치는 경우도 있다. 다음 그림은 로버트 에릭슨[Robert S. Erikson] 교수와 크리스토퍼 리지엔[Christopher Wlezien] 교수가 1976년부터 2012년까지의

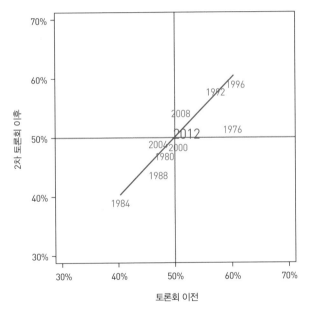

출처: Robert S. Erikson and Christopher Wlezient,
The 2012 Campaign and the Timeline of Presidential Elections, 2014

2012년 대선 토론회 이전과 이후의 민주당 후보에 대한 지지율 변화

대통령 선거에서, 후보 토론회 전후 민주당 후보의 지지율을 비교한 것이다. 중간에 그어져 있는 대각선에 점이 근접해 있을수록 큰 변화가 없었다고 볼 수 있는데, 1976년을 제외하고는 거의 모든 선거가 대각선상에서 멀리 떨어져 있지 않음을 알 수 있다. 즉, 후보 토론회 전이나 후나 비슷한 수치였다는 뜻이다.

그렇다면 1976년에는 무슨 일이 있었나?

당시 민주당 후보는 땅콩농장 농장주 출신인 지미 카터 조지아주 주지사였다. 상대인 공화당 후보는 제럴드 R. 포드 현직 대통령이었다. 현직이라고는 하지만, 닉슨 전 대통령이 워터게이트 사건으로 퇴진하고 나서 대통령직을 물려받아 대통령이 된 인물이다. 더군다나 포드는 '원조' 부통령도 아니었다. 닉슨의 원조 부통령은 스피로 T. 애그뉴^{Spiro T. Agnew}였는데, 뇌물 수수 사건으로 검찰 수사를 받고 중도에 그만둬야 했다.

한창 워터게이트 사건이 진행되던 시기에 닉슨은 새로운 부통령을 지명했는데, 그가 바로 제럴드 포드였다. 기가 막힌 운발 덕분인지, 닉슨은 결국 워터게이트로 인해 하야했고, 포드는 미국 역사상 처음이자 마지막으로 '선출되지 않은' 대통령이 되었다. (이쯤 되면 미국 정치 드라마인 〈하우스 오브 카드〉의 주인공 프랜시스 언더우드가 대통령에 오르는 장면이 오버랩되는 독자도 있을 것이다. 솔직히 나는 이 에피소드를 보면서, 제럴드 포드를 떠올렸다. 아, 제럴드 포드는 극 중 언더우드처럼 교활한 악당이 아니라 굉장한 신사였다는 점에서 매우 다르다.)

대통령에 오른 과정에 정통성이 부족하다 보니, 포드는 인기가 있지도 없지도 않은 그냥 그런 대통령이었다. 사실 정치 활동이나 평소의 행동, 발언 등을 보면 평범한 시민에 가까우며, 매우 상식적이고 중도 성향을 지닌 꽤 괜찮은 인물이었다. 그런데도 워터게이트 직후다 보니, 공화당으로서는 매우 힘든 선거였음에 틀림이 없다.

어쨌든 1976년 대통령 선거에서는 1960년 이후 중지되었던 TV 토론회가 부활했는데, 이때 포드 대통령은 지금까지도 회자되는 큰 말실수를 한다. 냉전이 한창이던 당시, "동유럽이 소련의 영향 아래 있지 않다"는 말도 안 되는 이야기를 한 것이다. 이 실수는 미국 대통령 후보 토론회에서 나온 치명적 실언이나 실수를 구글에 치면 꼭 등장하는 사례 중 하나다. 그런데 포드가 이런 어처구니없는 말실수를 했는데도 지미 카터 후보는 그 덕을 보지 못했다. 앞의 표에서 보다시피 카터의 경우는 토론 전에는 60퍼센트에 가까운 지지율이었는데 토론 후 50퍼센트 초반으로 떨어진 것으로 나타났다. 실수는 포드가 했는데, 지지율은 카터가 떨어진 것이다. 결과적으로 대선에서 카터가 이기기는 했지만, 2퍼센트포인트 차이의 신승을 거두는 데 그쳤다.

혹자는 많은 유권자들이 토론회 자체보다 토론회 이후 각 방송사
에 시사평론가들이 나와서 하는 코멘트에 의해 영향을 받는다고도
한다. 오가는 설전과 난타전 속에서 정책 이야기를 듣다 보면 무슨
이야기인지 헷갈리기도 하고, 저게 나한테 좋은 건지 안 좋은 건지,
말이 되는 건지 안 되는 건지 아리송할 때가 있다(이번 토론회에서는
난무하는 말싸움 탓에 그마저도 안 들렸다). 내가 응원하는 후보가 잘한
건지 아닌 건지, 잘했으면 어디서 어떻게 잘했고, 또 못했으면 그게
아니라 어쩌고저쩌고 어떻게 변명해줘야 하는 건지 잘 모를 수 있
다. 이때 대중은 시사평론가들이 방송에 나와서 하는 이야기를 듣
고 힌트를 얻기도 한다. 물론, 이슈에 민감하고 돌아가는 정치 상황
에 빠삭한 유권자도 있겠지만, 대부분의 국민은 그렇게 한가하지(?)
않다.

어쨌든 여러 시각으로 바라보더라도 선거 토론회의 역할은 기존 지
지층의 기반 확인, 구체적인 정책 평가보다는 후보가 얼마나 대통
령다워 보이는지와 같은 피상적인 평가의 장을 마련하는 데 그친다
고 할 수 있다.

그럼 대체 토론회를 왜 하는 걸까?

선거는 어떻게 대중을 유혹하는가

엔터테인먼트로서의 토론회

재미있기 때문이다. 정치 이야기야 진지하게 하자면 많은 대중에게 재미있을 리 없지만, 대선 후보 두 명이 나와서 속된 말로 '싸우는' 모습을 보는 건 꽤 흥미롭다. 그러다가 내가 응원하는 후보가 멋진 코멘트를 한 방 날리면 신이 나고, 상대방이 실수라도 하면 그렇게 재미있을 수가 없다. 아, 저렇게 바보 같은 실수를 하는 후보라면 모두 실망하고 싫어하게 될 거야!

물론 세상은 그렇게 돌아가지는 않는다. 상대 후보를 응원하는 사람들도 똑같은 마음이기 때문이다.

어쨌든 토론회는 의외의 재미가 있다. 또 최근에는 이른바 '짤'이란 것이 만들어지기 때문에, 굳이 긴 토론회를 다 볼 필요 없이 속시원하거나 우스운 장면만 골라서 볼 수도 있다. 그리고 그런 '짤'은 SNS나 인터넷을 타고 정치에 별 관심 없는 많은 사람에게까지 닿는다. 지금까지도 몇몇 유명한 장면이 화석처럼 박제되어 회자되고 있지 않은가.

제럴드 포드의 말실수처럼, 많은 정치인은 토론회에서 병실타를 치기도 하고 홈런을 날리기도 한다. 로널드 레이건은 배우 출신답게

TV 토론회에서 홈런을 친 케이스다. 나이를 먹었어도 기품 있게 잘 생긴 얼굴로 카메라를 향해 환하게 웃으면서, 그냥 보기만 해도 마음이 풀리는 얼굴로 부드럽게 물어본다. "지난 4년 동안, 여러분의 삶은 나아지셨나요?" 좋았는지, 나빴는지, 어땠는지 잘 기억은 안 나지만, 일단 저 사람이 대통령이 되면 앞으로 4년 동안의 내 삶은 좋아질 것만 같다.

1984년 재선을 위한 TV 토론회에서, 레이건은 토론회의 제왕답게 또 한 번 홈런을 날린다. 이미 70세를 훌쩍 넘긴 레이건은 첫 번째 토론회에서 잦은 실수를 했다. 50대로, 정치인으로는 한창의 나이 인 월터 먼데일Walter Mondale 민주당 후보는 고령인 레이건이 대통령 직을 제대로 수행해내지 못할 것이라는 공격을 해왔다. 그런데 레이건이 이어진 토론회에서 나이 문제를 먼저 꺼내면서 다음과 같은 말을 한다. "저는 이번 토론회에서 나이로 트집 잡지 않을 생각입니다. 제 상대편이 너무 젊고 경험도 없다는 걸 절대 공격하지 않겠습니다." 좌중은 웃음이 터졌고, 그 순간의 주인공은 오롯이 레이건이었다.

대통령 토론회가 세 차례 열릴 때, 부통령 토론회도 한 차례 열린다. 아무래도 부통령 토론회는 관심이 떨어지기 마련이다(부통령 자체가 관심을 안 갖게 되는 존재다). 그런 부통령 토론회에서 인상적인

한 방을 남긴 인물이 있다. 1988년 듀카키스 민주당 후보의 러닝메이트였던 로이드 벤슨Lloyd Bentsen이 주인공이다. 당시 공화당 후보인 조지 H. W. 부시의 러닝메이트는 댄 퀘일Dan Quayle 상원의원이었다. 이제 41세밖에 되지 않은 잘생긴 이 정치인은, 뭐랄까, 새털같이 가벼운 느낌을 주는 인물이었다. 퀘일 후보는 29세라는 젊은 나이에 연방 하원의원에 당선되더니, 33세에는 상원의원이 되었다. 그런 빛나는 정치 경력에도 불구하고 퀘일은 (까놓고 말하자면) 멍청한 부잣집 막내아들 느낌을 풍겼다. 나이도 있고 경험이 많은 부시 후보를 보완해줄 인물이라 여기고 부통령 러닝메이트로 삼았겠지만, 실상은 놀림감이 되기 일쑤였다.

(정말 참을 수 없어서 유명한 사건을 덧붙이자면) 1992년 한 초등학교를 방문한 퀘일 당시 부통령은 '스펠링 비Spelling Bee'라는 단어 철자 바르게 쓰기 퀴즈를 학생들과 함께 했다. 한 학생이 '감자potato'를 쓰라는 문제를 받았고 정확하게 'P-O-T-A-T-O'라고 썼다. 그런데! 옆에서 참관하고 있던 부통령이 친절하게도 "얘야, 끝에 'e'가 빠졌어"라고 가르쳐주면서 학생이 빠진 'e'를 쓰게 도와주었다. 그러면서 퀘일은 매력적인 환한 미소를 띠고 카메라를 바라보았다. 미국의 부통령이 감자의 스펠링도 제대로 몰랐던 웃지 못할 개그의 한 장면이 연출됐고, 당연히 이 장면은 전 미국의 뉴스로 올랐다.

그런 퀘일 후보가 누군가 자신의 경험 부족을 지적하면 내세우던 인물이 케네디 전 대통령이다. 케네디 대통령 역시 젊은 나이에 대통령에 도전했고 결국 백악관에 들어가지 않았느냐는 것이다. 사실 이게 그다지 좋지 않은 전략이었던 건, 아직도 케네디 대통령은 많은 미국인에게 눈앞에서 비극적으로 떠나버린, 함부로 건드려서는 안 되는 아름다운 이름이기 때문이다.

그날 토론회에서도 댄 퀘일 후보는 케네디 이야기를 꺼냈다. 벤슨 후보가 그 말을 듣고 싸늘하게 답했다. "상원의원님, 저는 케네디 대통령을 잘 압니다. 그는 제 친구였습니다. 당신은 (절대로) 잭 케네디(케네디 대통령의 애칭)가 아닙니다." 관심도가 확 떨어지는 부통령 토론회 중 가장 인상적인 순간이었고, 지금까지도 역대 선거 토론회 중 가장 기억에 남는 장면 가운데 하나로 꼽히고 있다(그래도 결국 그해의 승자는 조지 H. W. 부시였다).

실수나 잘못된 행동으로 인해 비판을 받은 경우도 많다. 조지 H. W. 부시 후보는 토론회 도중 손목시계를 두어 번 보는 장면이 포착되면서 빈축을 샀다(그렇게 지루해하고 설렁설렁할 거면 왜 나왔어!). 앨 고어 후보는 조지 W. 부시 후보와의 토론 도중, 부시 후보가 자신의 주장을 설파하고 있는데 한숨을 푹푹 쉬고 눈동자를 굴리면서 무시하는 태도를 보였다. 보통 눈동자를 굴린다는 건 '저게 대체 말이야

선거는 어떻게 대중을 유혹하는가

1992년 대선 토론회 도중 시계를 보는 조지 H . W . 부시

막걸리야'라는 반응이다. 물론, 부통령을 두 번이나 했고 태어나면 서부터 대통령감으로 칭송받던 정치 엘리트 집안의 앨 고어와, 같은 정치 엘리트 집안 출신이지만 그 누구도 대통령직에 출사표를 낼 거라 생각 못 했던 부시는, 지적 수준에서 차이가 좀 많이 났던 게 사실이다. 하지만 부시는 일요일에 바비큐를 먹으면서 맥주 한 잔 하기 좋은 옆집 아저씨 이미지였던 반면, 고어는 잘난 척하는 엘리트 이미지였다. 눈동자를 굴렸던 고어의 행동은, 너무 잘나서 재수 없는 저 사람은 다시 봐도 역시 재수 없다는 사실을 확인해준 꼴이 되고 말았다.

2008년 부통령 후보로 지명되었던 세라 페일린Sarah Palin 알래스카주 주지사는 맞상대였던 바이든 후보에 비해 중앙 정치 경험도 없었을 뿐 아니라, 외교정책에 대해서는 무지에 가까운 수준이었다. 사회자의 질문이나 바이든의 반격에 제대로 된 답변도 못 하고 벼락치기로 공부해온 내용을 읊는 데 바빴다. 미인대회 출신답게 활짝 웃으면서 카메라를 향해 윙크도 하고. 정치 풍자 코미디로 유명한 〈SNL〉에서 무한 패러디되었음은 두말할 나위 없다. 지금도 〈SNL〉의 티나 페이Tina Fey가 연기한 세라 페일린은 정말 최고로 꼽힌다. (몇 년 전 한 언론사에서 주최하는 세계 석학 초청 토론회에 페일린이 온다고 대대적으로 선전하던 걸 본 적 있다. 광고판에는 페일린의 얼굴 바로 아래 그 유명한 『정의란 무엇인가』의 저자인 하버드대학교 마이클 샌델 교수의 얼굴이

박혀 있었다. 샌델 교수님, 지못미.)

올해도 토론회가 예정되어 있다. 토론회 일정은 철저하게 민간에서 정하는데, 1987년에 설립된 대통령토론회위원회Commission on Presidential Debates가 결정한다. 지금까지의 일정상으로는 9월 29일 오하이오주의 클리블랜드에서 첫 토론회를 개최한 뒤, 두 번째와 세 번째 토론회는 10월 15일과 10월 22일에 각각 플로리다주의 마이애미Miami, 테네시주의 내슈빌Nashville에서 열리게 되어 있다. 부통령 토론회는 10월 7일, 유타주의 솔트레이크시티Salt Lake City에서 개최된다. 토론회가 가까워지면 사회는 누가 맡을지, 어떤 질문을 하게 될지가 또 관심사가 된다. 대선 토론회 사회는 주로 대형 방송사의 프라임 타임 뉴스를 진행하는 유명 앵커들이 맡는다. 일단 대선 토론회 사회를 했다고 하면 커리어의 한 획을 긋는다고 볼 수 있다. 2020년 첫 대선 후보 토론회의 사회는 폭스 뉴스의 베테랑 앵커 크리스 월리스Chris Wallace가 맡았다. 크리스 월리스는 2016년에도 세 번째 후보 토론회를 진행한 바 있다. 두 번째 토론회의 사회는 의회 전문 채널인 C-Span의 스티븐 스컬리Steven L. Scully가, 세 번째 토론회는 NBC의 크리스틴 웰커Kristen Welker가 맡는다.

대체로 토론회의 주제는 정치, 경제, 사회 관련 국내 이슈와 외교정책으로 나뉘어 진행된다. 올해는 코로나19 대책, 감염병 대책 방안,

그리고 이와 관련한 건강보험이 큰 이슈로 등장할 것으로 예상된다. 물론 개인적인 공격도 난무할 것이다. 특히 막판에 등장한 트럼프 대통령의 세금 미납 문제는 바이든 후보의 공격 포인트가 될 것이다.

하지만 어느 후보를 응원하든 긴장하지 말고 즐기면서 편안히 보시라. 어차피 표심은 대세를 크게 벗어나지 않으니까.

판을 움직이는
진짜 전략가들

트럼프 대통령이 자신의 친구이자 선거 전략가로 알려진 로저 스톤 Roger Stone을 감형했다는 뉴스가 2020년 7월 초 들려왔다. 로저 스톤은 러시아 스캔들과 관련해 사건 관계자 매수 시도, 업무 방해, 위증 등의 혐의로 40개월 형을 선고받은 바 있는 인물이다. 《뉴욕타임스》와 CNN을 비롯한 모든 미국 언론에서는 이를 대서특필했고, 민주당과 심지어 공화당 일부에서 이에 대해 비판하는 목소리가 나왔다. 물론 미국 대통령에게는 '사면, 감형, 그리고 추방'할 수 있는 권한이 주어진다.* 그리고 대통령의 사면권 행사는 언제나 논란거리였다. 그런데도 이번 감형이 유독 주목을 받은 이유는 무엇일까?

로저 스톤은 20살이 채 되기도 전에 정치판에 뛰어든 선거 기술자다. 기술자라고 표현한 것은, 그가 그다지 깨끗한 방식으로 선거를 치르지 않기 때문이다. 스톤은 1972년 닉슨 캠프에서 온갖 지저분한 정치 공작에 몸담고, 1980년 로널드 레이건 대통령 당선을 위해 뛰기도 했다. 이후 워싱턴 DC에 거대한 로비 회사를 세우고 뒤에서 힘을 행사했다. 이때 함께 회사를 설립했던 인물 중 한 명이 트럼프 캠프에서 2016년 선대위원장을 맡기도 했던 폴 매너포트Paul Manafort 다. 매너포트는 불법 로비, 돈세탁, 증인 협박 등의 혐의로 47개월 형을 받고 복역 중이었는데, 마찬가지로 71세의 고령인 점과 기저 질환으로 인한 코로나19 감염을 우려해 자택 구금으로 전환되어 석방되었다. 매너포트와 스톤은 대학 때부터 절친이었다.

트럼프는 스톤과 매너포트가 만든 로비 회사의 초기 클라이언트 중 한 명이었다. 그가 본격적으로 트럼프 대선 캠프에 몸담았던 것은 2015년이었지만, 이미 이전부터 트럼프의 대선 도전 준비에는 스톤

---

* 미국 헌법 제2조 제2항에는 대통령 권한으로 "대통령은 탄핵의 경우를 제외하고 미합중국에 대한 범죄에 대하여 형 집행의 '연기'나 '사면'을 명할 수 있다"라고 명시되어 있다. 연방대법원은 이를 단순 사면뿐 아니라 부분 사면, 감형 등으로 폭넓게 해석한 바 있다.

선거는 어떻게 대중을 유혹하는가

이 있었다. 2016년 선거운동에서 불거진 힐러리 클린턴에 대한 추문이나 민주당의 해킹된 이메일과 관련한 괴소문은 거의 모두 스톤에게서 나왔다 해도 과언이 아니다. 트럼프가 스톤을 감형한 이유는 여기에 있다. 2016년처럼 재선 프로젝트를 수행해줄 강력한 선거 기술자가 필요했던 것이다.

스핀 닥터스

영어 공부에 한창일 때, 많은 젊은이가 했던 것 중 하나가 영문 시사잡지를 읽는 것이었다. 나 역시 그랬다. 당시에는 《타임》이나 《뉴스위크Newsweek》가 인기였다. 1994년 즈음, 《뉴스위크》에 한 남녀의 사진이 실렸다. 헤드라인은 'Party Animals: Spin doctors in love'였다. 통상 'party animals'라고 하면 파티만 쫓아다니면서 이른바 쎄게 노는 젊은이들을 일컫는 말이다. 하지만 여기서 쓰인 'party'는 정당을, 'party animal'은 정치에 과몰입하는 정당인을 뜻한다. 표지에는 'animal'을 강조하려는 듯 공화당의 상징인 코끼리와 민주당의 상징인 당나귀를 배경으로 깔았다.

표지에 나온 두 남녀는 사실 부부로, 남성은 1992년 민주당 빌 클린턴 후보의 선거 전략팀을 맡았던 제임스 카빌James Carville, 여성은 공

화당 조지 H. W. 부시 대통령의 선거 전략팀을 맡았던 메리 마탈린
Mary J. Matalin이었다. 원수 같아야 하는 양대 선거 전략팀의 브레인 두 사람이 사랑에 빠져 부부가 된 것이다. 로미오와 줄리엣은 부모님 탓에 원수가 되기라도 했지, 이 둘은 자발적 원수가 되었다가 자발적으로 사랑에 빠져 결혼까지 했다. 그리고 지금까지 아주 잘 살고 있다.

당시 내 눈을 끌었던 단어는 'spin doctors'였다. 'spin'은 '돈다'는 뜻이고, 'doctor'는 '의사'라는 뜻이니 '도는 의사들'인가? 당연히 그런 뜻이 아니다. 어쨌든 당시 내가 들어본 '스핀 닥터스'는 〈리틀 미스 캔트 비 롱Little Miss Can't Be Wrong〉이나 〈투 프린스Two Princes〉 같은 신나는 록음악을 부른 밴드 이름이 전부였다.

'스핀 닥터'는 선거전에서 불거진 이야기를 왜곡하고 비틀어서spin 자신의 후보에게 유리하게 해석해 퍼뜨리고, 이를 통해 여론을 형성하는 일을 하는 홍보 전략가를 의미한다. 있는 그대로의 진실이 아니라 유리하게 비틀어 해석한다는 점 때문에 부정적인 뜻을 내포하고 있다. 하지만 전쟁이라고 불리는 선거판에서 이들의 역할은 지대하다. 빌 클린턴 대통령의 "It's the economy, stupid(문제는 경제야, 이 바보야)"도 제임스 카빌의 작품이었고, 2008년 오바마 캠프의 강렬한 캐치프레이즈인 "Yes, we can(네, 우리는 할 수 있습니다)"

선거는 어떻게 대중을 유혹하는가

은 데이비드 액설로드David Axelrod의 작품이었다. 사실을 비틀어서라도 후보에게 유리한 여론을 형성하고, 계속 회자되면서 뇌리에 남을 선거 문구를 만드는 것이 모두 이 선거 전략가들의 몫이다.

클린턴의 남자들, 스테퍼노펄러스와 카빌

일전에 미국 드라마 〈하우스 오브 카드〉를 보면서 놀랐던 적이 있다. 주인공 프랜시스 언더우드의 오른팔 역할을 하는 더그 스탬퍼를 보면서 제임스 카빌이 떠올랐기 때문이다. 물론 제임스 카빌은 드라마에 나오는 인물처럼 악독한 행위를 하는 사람은 아니다. 그저 생김새가 비슷하고, 드라마 속 스탬퍼가 자신의 보스를 위해 온갖 전략(혹은 음모)을 짜내는 브레인이라 아마도 카빌이 떠올랐던 것 같다.

제임스 카빌은 당대 최고의 선거 전략가라 불린다. 힐러리 클린턴의 2016년 대선 캠페인에는 직접적으로 참여하지 않았지만, 클린턴 가문과의 깊은 인연 덕분에 조언은 한 것으로 알려져 있다. 그러나 역시 카빌을 비롯한 클린턴 군단의 활약은 빌 클린턴을 대통령으로 당선시킬 때의 것이 발군이다. 역동적이고 젊은 카빌과 조지 스테퍼노펄러스George Stephanopoulos, 폴 베갈라Paul Begala 등 클린턴 캠프에 몸담은 젊은 전략가들의 활약을 담은 〈워 룸^{The War Room}〉이라는 다큐멘터리가 나오기도 했다(꽤 재미있다).

이들은 재선을 노리는 조지 H. W. 부시 대통령과 느닷없이 등장한 로스 페로^{Ross Perot}를 상대해 혜성처럼 전국 정계에 등장한 아칸소 주 주지사 빌 클린턴을 어필해야 했다. 이들이 선택한 방식은 딱딱한 정치인 이미지에서 벗어나는 것이었다. 시사 토론 프로 대신 늦은 밤에 하는 토크쇼에 출연하고, 그 자리에서 색소폰을 불면서 남성적인 매력을 어필했다. 일단 젊고 잘생겼으니까. 클린턴을 홍보하는 이미지는 '가족적인 남자^{family man}'였다. 사실 그가 살아온 생을 생각하면 얼토당토않은 이야기이지만. 빵빵 터지는 폴라 존스^{Paula Jones}나 제니퍼 플라워스^{Gennifer Flowers} 등과의 섹스 스캔들에 맞서는 전략은 이를 깡그리 무시하고 정반대 이미지를 더 돋보이게 하는 것이었다. 어차피 대중은 믿고 싶은 것만 믿고 보고 싶은 것만 보니까 말이다. 심지어 힐러리 클린턴을 표지 모델로 쓰고 싶다는《피플^{People}》지의 제안도 거절했다. 가족이 함께 나가지 않으면 안 된다는 이유에서였다.

무엇보다 강조했던 것은 클린턴이 지나온 삶의 궤적이었다. 클린턴은 홀어머니 아래서 자랐다. 양아버지는 알코올중독자에 난폭한 성격으로, 클린턴은 거의 학대에 가까운 대우를 견디며 어려운 어린

선거는 어떻게 대중을 유혹하는가

1992년 대통령 선거 당시 제임스 카빌과 빌 클린턴

시절을 보냈다. 머리가 워낙 뛰어났기에 고학으로 예일대학교 법과대학원까지 나오고, 아칸소주 주지사 자리에 오른 입지전적인 인물. 그야말로 아메리칸 드림의 결정체 아닌가. 이런 스토리는 왠지 모르겠지만 클린턴이란 사람이 대통령이 된다면 뭐든 잘 해결해낼 것 같은 생각이 들게 했다.

클린턴의 선거 캠프는 매우 조직적으로 움직였는데, 그 정점에는 제임스 카빌이 있었다. 눈에 띄는 또 한 명의 멤버는 조지 스테퍼노펄러스였다. 지금도 방송에서 활발하게 활동하고 있는 그는 당시 잘생긴 외모 덕분에 '현존하는 가장 매력적인 남성'으로 여러 차례 꼽히기도 했다. 당연하지만, 여론조사와 언론매체를 상대하는 역할을 담당했고, 캠프의 간판이었다.

당시 클린턴 캠프의 가장 큰 특징은 뭐니 뭐니 해도 '젊음'이었다. 오랜 시간 엘리트 정치인의 삶을 살았던 부시와 대비되는 젊고 에너지 넘치는 후보의 이미지만큼이나 캠프도 젊었다. 노회한 워싱턴의 기득권 세력과는 대조적인 유쾌한 반란자들. 후보도 캠프도 적극적으로 이 이미지를 소비했고 결국 승리했다. 그리고 이런 전략은 2008년 오바마 캠프에 그대로 차용되었다.

오바마와 액설로드 그리고 메시나

오바마 대통령이 데이비드 액설로드와 처음 만난 것은 1992년이 었다. 두 사람을 모두 알고 있던 미국시민자유연맹American Civil Liberties Union의 베티루 잘츠만Bettylu Saltzman은 시카고의 유명한 정치 컨설턴 트였던 액설로드에게 꼭 만나야 할 사람이 있다면서 버락 오바마 를 소개했다. 하버드대학교 법과대학원에서 나오는 《하버드 로 리 뷰Harvard Law Review》의 첫 흑인 편집장이던 오바마는 거대 유명 로펌의 구애를 모두 뿌리치고 시카고의 작은 법률회사에서 시민들의 민권 을 보호하는 인권 변호사로 일하고 있었다. 첫 만남은 강렬했고, 액 설로드는 2002년부터 오바마에게 풀 배팅을 시작했다. 그리고 6년 뒤, 액설로드는 강력한 구호 "Yes, We Can"을 만들어내면서 오바 마를 백악관으로 안내했다(이 기가 막힌 선거 문구를 정작 오바마는 '촌스 럽다'는 이유로 별로 좋아하지 않았다고 한다. 다행히 미셸 오바마Michelle Obama 가 이 문구로 가야 한다고 강하게 주장해서 살아남았다는 뒷이야기가 있다).

당시 액설로드가 이끄는 오바마 팀은 민주당 내에서 힐러리 클린턴 이라는 강력한 대세 정치인에 맞서 싸워야 했다. 전국적 인지도를 가지고 있는 힐러리 클린턴을 상대하기 위해 최대한 클린턴과 대조 적인 이미지 메이킹을 했다. 경험 많고 노련한 여성 정치인 클린턴 과 대척점에 서는 것은 '변화change'를 가져올 수 있는 젊은 신인 정

2008년 노스캐롤라이나대학교에서 연설을 하고 무대 뒤에서 상황을 지켜보는
데이비드 액설로드와 오바마

선거는 어떻게 대중을 유혹하는가

치인의 이미지였다. 당시 미국 국민은 이라크 전쟁과 그로 인한 경제 불황에 지쳐 있었다. 오바마 팀은 비록 다른 정당 소속이었지만, 인기 없는 현직 대통령의 무의미한 전쟁에 동의했던 기성 정치인이자, 워싱턴 DC 인싸 클럽의 오랜 멤버로 힐러리 클린턴을 각인시켰다. 반면 정치 경험이 짧고 외교정책 경험도 거의 전무하다 싶은 신인 오바마의 약점은, 그렇기 때문에 개혁과 변화를 불러올 수 있는 신선한 바람으로 포장했다. 결과는 역사가 말해주고 있다. 미국 최초의 흑인 대통령을 탄생시킨 것이다.

2012년 오바마의 재선 캠페인은 액설로드의 총지휘 아래 짐 메시나가 이끌었다. 2008년에도 오바마의 대선 캠프에 몸담았던 메시나는 공격적인 SNS 전략과 빅데이터 분석 및 활용으로 선거를 승리로 이끌었던 것으로 유명하다. 2008년 당시 오바마 캠프가 유권자들에게 보내는 메시지에 방점을 많이 두었던 데 반해, 오바마의 재선 캠페인은 기술적인 부분에서 새로운 기법을 도입했다. 특히 메시나는 캘리포니아의 실리콘 밸리를 방문해 애플, 구글, 징가^{zynga} 등 내로라하는 IT업계 CEO들과 미팅을 하고 캠페인 전략을 짰다. 타계한 스티브 잡스^{Steve Jobs}는 웹사이트나 이메일에 국한됐던 2008년의 선거방식은 통하지 않는다고 지적하면서, 유튜브, 구글, 트위터 등 SNS를 적극적으로 활용하라는 조언을 했다고 전해진다. 2008년 당시에는 아이폰이 많이 보급되지 않았고, 지금은 찾아보기 힘든 블랙베리를 사용하면 트렌디하다고 여겨지곤 했다. 그런데 스마트폰이 등장하면서 유튜브나 구글, 트위터 같은 SNS의 위세는 완전히 다른 레벨이 되어버렸다. 아이폰의 아버지는 시대가 달라졌으니 다른 소통 방식을 찾으라는 (거의 야단치는 것에 가까운) 조언을 한 것이다. 어쨌든 메시나는 초반 위기를 겪는 듯 보였던 오바마가 재선에 성공하는 데 큰 역할을 했다.

흥미로운 점은, 액설로드와 메시나가 2015년 영국 총선 당시 각각 다른 정당의 선거 전략가로 스카우트되었다는 사실이다. 액설로드는 노동당의 에드 밀리밴드^{Ed Miliband}를 도왔고, 메시나는 보수당의 데이비드 캐머런^{David Cameron}에게 스카우트되었다. 두 전직 오바마 선대본부장들이 맞수가 되어 대결을 펼친다는 점에서 당시 선거는 큰 관심을 끌었다.

캐머런은 총선에서 보수당이 승리하고 자신이 총리가 되면 브렉시트에 대한 의견을 묻는 국민투표를 실시하겠다는 공약을 내걸었다. 잘 알려져 있다시피 캐머런 자신은 브렉시트를 원하지 않았지만, 2015년 총선을 이기기 위해 내건 필살기였다. 이런 위험천만한 공약을 내건 이유는 뭘까. 어차피 대다수 영국인이 브렉시트를 찬성하지 않을 거라 믿었고, 다만 이 공약으로 극우 보수 정당에 빼앗길 표를 끌어안기 위해서였다. 그런데 총선 때 캐머런에게 이 공약을 밀어붙이라고 조언했던 사람이 바로 짐 메시나였다. 메시나는 자신의 빅데이터 분석에 따르면 영국인들이 국민투표에서 결코 브렉시트를 택하지 않을 것이라고 강변했다. 총선은 메시나가 도운 캐머런의 보수당 대승으로 끝났다. 그리고 메시나의 주장과는 달리, 공약을 지키기 위해 시행되었던 브렉시트 국민투표에서 영국 국민은 탈유럽연합을 선택했다. 메시나가 쏘아 올린 작은 공은 브렉시트를 불러왔다.

칼 로브와 조지 W. 부시

카빌과 스테퍼노펄러스, 액설로드와 메시나 이전에 칼 로브가 있었다. 로브는 민주당 인사들뿐 아니라 그가 도왔던 후보와 맞서야 했던 공화당 정치인들에게도 악명이 높다. 부시 가문과 인연이 있었던 그는 조지 H. W. 부시의 아들인 조지 W. 부시를 젊은 시절 만나면서 일찌감치 그를 차후 대통령감으로 점찍었다. 정치 감각이나 대통령의 소명 의식, 지식수준 같은 것과 상관없이, 인간적인 매력으로 승부할 만하다고 본 것이다. 그리고 그걸 해냈다.

조지 W. 부시는 2000년 공화당의 대선 후보로 출사표를 냈다. 두 차례의 민주당 대통령인 클린턴의 임기 후, 민주당에서는 부통령이던 앨 고어가 후보로 확실시되고 있었던 반면, 공화당은 오리무중이었다. 사실 텍사스주 주지사였던 부시도 유력했지만, 소신 있는 전쟁 영웅인 애리조나주의 존 매케인^{John McCain} 상원의원의 선전 역시 두드러졌다. 특히 선거의 풍향계라고 하는 뉴햄프셔주에서 매케인 후보가 대승을 거두는 바람에 부시 캠프에는 비상이 걸렸다.

이럴 때 칼 로브의 진가(?)가 드러난다. 칼 로브는 네거티브 선거전의 최고 전문가다. 당시 로브는 곧 다가올 사우스캐롤라이나 경선이 후보 경선 레이스에서 가장 중요한 곳이 될 거라 생각했다. 사우스캐롤라이나에서 반드시 매케인을 때려눕혀야만 했다. 거짓과 가짜 뉴스가 난무하는 네거티브가 거침없이 행해졌다. 매케인의 정신 상태가 오락가락한다는 루머, 부인인 신디 매케인^{Cindy McCain}이 약물 중독이라는 루머가 퍼졌다. 그중 매케인이 가장 격분했던 것은 입양한 딸에 관한 루머였다. 매케인은 방글라데시에 있는 테레사 수녀의 고아원에서 구순열을 앓고 있던 아이를 입양한 바 있다. 그리고 아이를 미국으로 데리고 와 수술까지 시키며 애지중지 키웠다. 그런데 그 딸이 바로 매케인이 흑인 여성과의 불륜 관계에서 낳은 사생아라는, 비열하기 짝이 없는 가짜 뉴스를 퍼뜨린 것이다. 여전히 인종차별이 심각한 사우스캐롤라이나에 매우 적합한(?) 루머였다. 결국 부시는 이곳에서 승기를 잡고 백악관까지 입성한다.

로브의 흑마술 같은 네거티브전은 2004년에 더욱 빛을 발한다. 이라크 전쟁으로 인해 혼란스러웠던 당시, 존 케리John Kerry 민주당 후보는 은장무공훈장을 비롯해 훈장만 5개가 되는 베트남전 전쟁 영웅이었다. 케리는 베트남전 이후 반전운동에 앞장섰는데, 사실 전쟁의 참상을 직접 몸으로 겪은 전쟁 영웅의 반전운동만큼 매력적인 것은 없었다. 케리의 대 부시 공격 포인트는 '전쟁 영웅 진보 후보가 쫄려서 전쟁도 안 간 겁쟁이 보수 후보에게 도전한다'였다. 베트남전 당시 조지 W. 부시는 텍사스주 주방위군에 속한 공군 조종사로 복무했다. 주방위군이기 때문에 베트남이 아닌 텍사스에서 군 복무를 한 셈이다. 물론 주방위군도 유사시에는 차출되어 전장으로 보내질 수 있었지만, 베트남전에서 도망치기 위해 주방위군으로 복무한 것이라는 의심을 피할 수 없었다. 확실히 전장에서 뛰었던 존 케리와는 확연한 대척점에 서는 부분이었다. 더군다나 이라크 전쟁으로 미국 여론이 시끄러울 시점이었으니, 민주당으로서는 상당히 잘 짠 프레임이었다.

이에 맞선 로브의 전략은 케리가 이랬다저랬다 말을 바꾸는flip-flopping 줏대 없는 정치인이라고 공격하는 것이었다. 지금은 이라크 전쟁을 맹렬히 비판하고 관련 예산도 깎아야 한다고 주장하지만, 징작 이라크 진쟁 개전 당시 가장 먼저 찬성표를 던진 사람이 케리였다는 것이다. 그러면서 나라 곳곳에 숨어 있을지 모르는 테러분자를 색출하고 미국을 안전하게 지켜내야 하는데, 이렇게 믿을 수 없는 사람을 대통령으로 뽑아서는 안 된다고 선전했다.

여기에 결정타를 가한 것은 '스위프트 보트swift boat' 이슈였다. '진실을 위한 고속정 전쟁 용사들'이라는 단체에서 반케리anti-Kerry 선전에 나섰다. 앞서 언급한 대로 케리는 베트남전 전쟁 영웅이다. 그런데 정작 그의 전쟁 경력은 부풀려진 거짓투성이며, 진실은 함께 그 고속정에 타고 있던 우리가 직접 봐서 다 알고 있다는 것이 이들의 주장이었다. 케리는 무의미한 살상을 명령한 잔인하고 냉혹한 군인이었고, 그가 이야기하는 무용담은 모두 날조되었으며, 심지어 아예 고속정에 타지 않았다고 하는 이들도 있었다. 이 논란은 케리가 가장 자부심을 가졌던 전쟁 영웅의 이미지에 치명상을 입혔다. 이는 부시 캠프에서 직접적으로 나선 공격은 아니었다. 하지만 부시 선거 캠프에 속해 있던 케네스 코르디에Kenneth Cordier가 고속정 광고에 등장한 사실이 알려지면서 이 공격이 부시 캠프와 밀접한 연관이 있다고 볼 수밖에 없었다(이 같은 사실이 드러나면서, 부시 선거 캠프는 코르디에를 캠프에서 내보냈다. 선거법상 캠프 관계자가 정치행동단체와 선거 전략을 공유하거나 서로 협력할 수 없기 때문이다).

칼 로브의 전략은 항상 그러했다. 대체로 사람들은 상대의 약점을 찾아 공격하는데, 그는 상대의 가장 강한 지점을 비틀고 공격했다.

상대 후보의 환상을 깨뜨리고 무너지게 하는 데 그것만큼 즉효가 있는 방법이 없기 때문이라는 것이 그의 설명이다.

그렇다고 칼 로브를 네거티브만 일삼았던 악마로만 보아서는 곤란하다. 사실 로브는 2004년 대통령 선거 때 마이크로 타깃팅 선거 전략을 처음으로 도입한 인물이기도 하다. 마이크로 타깃팅은 오바마 선거팀의 전략으로 잘 알려져 있지만, 초기 형태라 해도 먼저 시작한 것은 로브다. 로브의 전략은 모든 주를 다 찾아갈 필요가 없다는 거였다. 꼭 이겨야 하는 경합주만 집중적으로 공략하고, 부시를 찍을 확률이 조금 더 높은 중간지대에 있는 유권자를 찾아내 투표장으로 끌어내야 한다고 믿었다. 이를 위해 종교적 신실함 여부로 유권자를 구분하고, 다양한 쇼핑 흔적을 찾아내 공화당 지지 성향 유권자와 민주당 지지 성향 유권자로 분류했다. 예를 들면, 어떤 잡지를 구독해 읽는지, 어떤 차를 구매하는지, 어떤 TV 프로그램을 즐겨 보는지 등을 분석해 잠재적인 공화당 지지자를 찾아낸 것이다. 그렇게 골라낸 유권자들에게 맞춤형 내지는 취향 저격형 우편물을 보내 부시를 지지해달라고 호소하는, 매우 현대적인 테크닉이었다. 이런 방식은 2008년 오바마 캠프에 고스란히 차용되었다.

칼 로브가 논란이 되는 인물임에는 틀림이 없다. 선거에 이기기 위해 비열한 네거티브를 썼다고 하기에는 지나칠 정도로 인격 말살에

2007년 백악관에서 정치고문 사임 관련 기자회견을 하는 칼 로브와 그를 바라보는 조지 W. 부시

선거는 어떻게 대중을 유혹하는가

가까운 행위를 했기 때문이다. 어쨌든 그 덕분에 조지 W. 부시는 두 번이나 대통령을 할 수 있었고, 미국은 이라크 전쟁이라는 깊은 수렁에 빠지고 급기야 2008년 금융위기를 겪게 되었다.

2020 대선 캠페인

2020년 대통령 선거 캠페인팀은 어떻게 돌아가고 있을까? 먼저 도전하는 조 바이든 측을 살펴보면, 캠페인의 총책임은 제니퍼 오맬리 딜런Jennifer O'Malley Dillon이라는 여성이 맡고 있다. 오바마 캠페인을 함께했고, 특히 최근 선거전에서 가장 중요하다고 할 수 있는 데이터 분석과 디지털 캠페인의 대표 선수 격이다. 원래 텍사스주 상원의원 선거에 민주당 후보로 출마했다가 석패한 비토 오루크Beto O'Rourke의 대선 캠프에서 일한 바 있다. 2015년에는 캐나다 총선에 전략가로 참여해, 현 총리인 쥐스탱 트뤼도Justin Trudeau와 그가 이끄는 자유당Liberal Party의 승리를 이끌어내기도 했다. (앞서 액설로드나 메시나, 딜런처럼 미국의 선거 전략가들은 다른 나라 선거에 참여하는 경우가 흔하다. 언젠가는 우리나라 선거에도 참여할지 모르겠다.) 오루크는 일찌감치 대선 경쟁을 포기했기 때문에 자유로운 몸이 되었는데, 경선 초반 고전을 면치 못하던 바이든 측에서 그녀에게 손을 내밀었다. 대선 판에서 잔뼈가 굵은 딜런이 합류하면서, 바이든 캠프는 훨씬 조직적인 체계를 갖추었다는 평을 듣고 있다.

재선에 도전하는 트럼프 선거 캠프의 총책임자는 빌 스테피언^{Bill}
Stepien이다. 2016년 트럼프 캠프에 합류하기 전에는 뉴저지주 주지
사인 크리스 크리스티^{Chris Christie}를 도왔던 경력이 있고, 트럼프의 사
위인 재러드 쿠슈너가 영입했다는 소문이 있다. 사실 스테피언 이
전에는 브래드 파스케일이 총책임을 맡고 있었는데, 트럼프 대통령
의 여론조사 수치가 계속 안 좋게 나오자 스테피언으로 전격적인
교체가 이뤄졌다. 이전 선대위원장이었던 파스케일은 디지털 및 온
라인 전문가로, 2016년 SNS, 특히 페이스북을 이용한 선거전에서
대단한 활약을 보여줬다. 뒤를 이은 스테피언은 주로 선거 자금 쪽
을 담당해왔는데, 미국 선거에서 '돈'만큼 중요한 것도 없기 때문에
어떤 양상이 펼쳐질지 사뭇 흥미롭다.

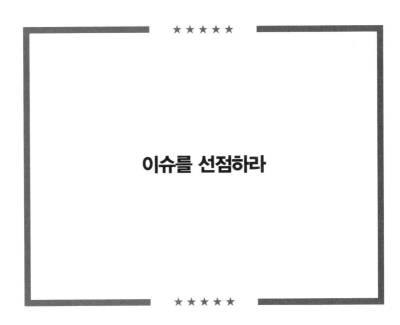

이슈를 선점하라

"It's the economy, stupid(문제는 경제야, 이 바보야)!"

미국 대통령 선거에 대해 조금이라도 관심이 있는 사람이라면 어디선가 한 번쯤 들어본 적 있을 것이다. 바로 1992년 미국 대통령 선거 당시, 민주당의 빌 클린턴 후보가 내세웠던 선거 구호다. 간결하고 깔끔한 이 문구는, 당시 현직 대통령이었던 조지 H. W. 부시의 재선에 제동을 건, 가장 강력할 뿐 아니라 역사상 가장 성공한 선거

PART 2 선거의 기술: 무엇이 선거를 만드는가

구호로 알려져 있다.

당시 미국 경제는 확실히 좋은 편은 아니었다. 실업률이 무려 7.5퍼센트였는데, 경제위기가 1990년 7월부터 시작되어 약 1년 가까이 지속했다. 하지만 선거가 치러진 1992년에는 그래도 최악의 상황을 벗어나고 있었다. 그런데도 사람들의 뇌리에는 가장 안 좋았던 기억만이 남아 있었고, 클린턴 측에서는 상황이 나아지고 있음을 강조하고 싶었던 부시 대통령을 선제공격함으로써 그가 무슨 말을 해도 변명처럼 들리게 만들었다. 결국 아버지 부시 대통령은 아칸소 주 주지사였던 젊은 빌 클린턴에게 백악관을 내줘야 했다.

물론 당시 부시 대통령의 패배를 단지 경제 탓으로만 돌리기는 어렵다. 제3의 후보였던 텍사스 출신의 억만장자 로스 페로는 군소 후보로는 드물게 많은 표를 받았다. 클린턴과 부시가 각각 43퍼센트와 37퍼센트의 전국 득표를 했고, 페로는 19퍼센트의 득표를 했다. 물론 선거인단은 한 명도 확보하지 못했지만, 거의 2천만 표에 가깝게 얻었으니 만만치 않았던 셈이다. 로스 페로의 출마와 선전은 1992년 선거 결과에 대한 줄기찬 논쟁거리를 제공했다. 페로가 텍사스 출신의 기업가이자 억만장자였던 만큼 그의 지지자들이 공화당 성향을 더 강하게 지녔다고 분석하는 이들도 있고, 어차피 페로의 표는 클린턴과 부시로 비슷하게 나뉘었을 거라고 보는 이들도

선거는 어떻게 대중을 유혹하는가

있다. 어쨌든 역사는 클린턴을 승자로 기록했다.

북핵 문제가 주요 이슈?

미국 선거가 다가오면 한국 언론에서 주문처럼 모습을 드러내는 문구가 있다.

　"북한 비핵화, 미국 대선 주요 이슈로 떠올라."

이번 해에는 유독 3차 북미 정상회담이 대선 전에 성사될지 기대를 거는 분석이 많다(판문점에서의 만남은 회동으로 간주했다). 트럼프 대통령의 현재 상황이 좋지 않은 만큼 외교정책에서의 성과를 보여주기 위해 북미 정상회담을 추진할 것이라는 이야기다.

그러나 많은 선거 전문가가 이 이야기를 듣고 고개를 갸우뚱했다. 이유는 간단하다. 북한 이슈는 미국 유권자에게 전혀(!) 중요한 이슈가 아니기 때문이다. 미국 유권자들은 자신들의 표를 결정할 때 자국의 외교정책을 중요한 변수로 보지 않는다. 어차피 미국이 세계의 중심이기 때문에 외국에 별 관심이 없어서일 수도 있고, 외교정책 같은 건 워싱턴 DC에 있는 잘난 척하는 사람들이 알아서 하는 것이라고 생각해서일 수도 있다. 전쟁을 치르고 있지 않은 다음에야 외교정책은 '관심무' 사항이다.

그렇게 해서 외교정책은 늘 뒷전으로 밀린다. 그 밀리는 외교정책 중에서도 북핵 이슈는 매우 뒷전이다. 대체로 미국 정치에서 중량감 있는 외교정책은 중동과 중국, 그리고 러시아 정도다. 내 생각이지만, 북한이 어디에 있는지도 모르는 미국인이 90퍼센트는 넘지 않을까 싶고, 북한이 핵무기를 가지고 있다는 사실조차 모르는 사람도 꽤 많을 것이다. 그러잖아도 코로나19, 경제적 난관, 인종 갈등 등으로 정신없는 미국 유권자에게 북미 정상회담이 얼마나 영향력 있을까 싶은 것이다. 한창 선거 유세에 영혼까지 갈아 넣어야 하는 시기에 김정은 위원장과 회담을 한다? 재선을 위해 불철주야 달려야 하는 트럼프 대통령이라면 북미 정상회담에 베팅하지 않을 것 같다. 한마디로 가성비가 떨어지므로(만일 그럼에도 불구하고 추진한다면 정말 김정은 위원장을 좋아해서 만나고 싶었다고 보는 수밖에).

2020년, 무엇에 주목하는가

그렇다면 미국 유권자들이 주목하는 2020년 선거 이슈는 어떤 것들일까? 몇 군데의 여론조사 분석 기관 혹은 학교 기관에서 시행한 조사를 비교해보았다.* 일단 전체 유권자를 대상으로 조사하면 늘 그렇듯이 경제economy가 1순위로 등장한다. 경제는 사실 꼽기 쉬운 이슈이기도 하다. 실업률이 얼마나 되는지, 올해 경제성장률이 얼마나 되는지 다 몰라도, '경제'라는 한마디로 합리적인 유권자 코스프레가 깔끔하게 완성되기 때문이다.

그리고 당연한 이야기지만, 민주당 지지자와 공화당 지지자, 그리고 무당파는 각각 중요하게 생각하는 이슈가 다르다. 각 정당의 지지자들이 관심 있어 하는 이슈가 무엇인지 아는 건 매우 중요하다. 선거 캠페인 구호라든지, 정강정책, 그리고 후보가 강조하는 이슈와 주장을 결정하는 데 큰 역할을 하기 때문이다. 특히 다른 후보한테 빼앗기기 전에 지지자들의 마음을 읽을 수 있는 어젠다를 먼저 던지는 것은 매우 중요하다.

민주당 지지자들에게 가장 중요한 이슈는 압도적으로 건강보험 healthcare이었다. 오바마 전 대통령 재임 시절 밀어붙여서 오바마케어 Obamacare라 불리는 미국의 국민건강보험은 오바마 행정부의 상징적 정책이었다. 많은 민주당원에게는 '보험'이 보장되지 않는 데서 오

---

* 하버드내학교가 해리스 폴Harris Poll과 함께 한 여론조사를 비롯해, 갤럽Gallup, 정치 전문지《더 힐》이 해리스 폴과 함께 한 결과, 그리고 여론조사 분석으로 유명한 퓨 리서치Pew Research의 조사를 참조했다.

는 불안함도 불안함이지만, 트럼프 행정부 들어와서 너덜너덜해진 오바마 레거시legacy의 명예 회복을 시도한다는 의미도 있을 것이다.

그 외에 또 눈에 띄는 것은 기후변화climate change였다. 이 역시 오바마 행정부에서 야심 차게 밀어붙였지만 트럼프 행정부 들어와서 백지화되다시피 했다. 《뉴욕타임스》는 트럼프 행정부 들어서 폐기되거

미국 유권자가 관심을 갖는 이슈들

		민주당	무당파	공화당
하버드– 해리스 폴	1순위	건강보험	건강보험	이민
	2순위	기후변화	이민	테러/안보
	3순위	총기 규제	경제	건강보험
갤럽	1순위	건강보험	건강보험	테러/안보
	2순위	총기 규제	테러/안보	경제
	3순위	기후변화	교육	이민
더 힐– 해리스 폴	1순위	건강보험	건강보험	테러/안보
	2순위	기후변화	테러/안보	이민
	3순위	총기 규제	경제	건강보험
퓨 리서치	1순위	건강보험	–	마약
	2순위	기후변화	–	이민
	3순위	경제 불평등	–	재정적자

나 축소된 환경정책이 100가지나 된다는 분석 기사를 내놓은 바 있다. 또한 트럼프가 환경 이슈를 다루는 기관에 임명한 사람들만 봐도 그의 반환경정책적 시각을 짐작할 수 있다. 예를 들어 미국 환경보호청을 이끌어가는 청장에 전직 로비스트였던 앤드루 윌러Andrew R. Wheeler를 임명했는데, 그가 대표로 로비했던 기업들은 전력 회사, 우라늄 생산 기업, 석탄 기업들이었다. 아니나 다를까, 윌러 청장 아래서 많은 환경 규제가 상당히 느슨해졌다. 파리기후변화협약Paris Agreement의 전격적인 탈퇴는 잘 알려진 사실 가운데 일부에 불과하다. 그 외 총기 문제와 불평등, 인종주의와 차별 문제가 민주당 지지자들의 핵심 이슈였다.

공화당 지지자들에게 중요한 이슈 가운데서는 이민immigration이 큰 비중을 차지했다. 이 밖에 일관적으로 등장하는 중요한 이슈는 테러리즘과 국가 안보terrorism and national security, 그리고 경제였다. 다만, 민주당 지지자들의 경제 이슈는 불평등 해소와 부의 재분배 쪽에 초점이 맞춰져 있는 반면, 공화당 지지자들의 경제 이슈는 균형예산balanced budget이나 재정 건전성 같은 부분에 주목하고 있다. 무당파의 경우는 두 정당의 이슈가 혼재되어 나타난다.

흔히 트럼프 대통령의 선거 전략을 두고 혐오를 조장한다는 비판의 목소리가 높다. 2016년 선거 유세 당시 이민자(특히 멕시코 이민자

및 불법 체류자)에 대한 그의 혐오 발언은 도를 넘어섰다. 당시 트럼프는 멕시코가 선량한 시민이 아니라 문제투성이를 보낸다고 했고, 심지어 '마약'을 가지고 오고 '범죄'를 불러일으키는 '성폭행범'이라고 표현했다.* 아무리 불법 체류자들이 문제를 일으키고, 멕시코의 마약 카르텔이 심각한 문제이고, 인신매매 때문에 죽어가는 사람들이 있다고 해도, 미국의 대통령 후보가 이웃 국가의 이름을 공공연히 언급하면서 성폭행 범죄자들을 자국에 보낸다고 말하는 것은 대단히 부적절한 처사임에 틀림없다.

그런데 이게 먹혔다. 물론 복합적인 이유가 얽혀 있기도 하지만, 멕시코 이민자를 성폭행범에 마약 운반책으로 몰아세워도 개의치 않을 만한 상황이었다는 것은 자못 놀라웠다. 미국 유권자들은 있는 대로 '화'가 나 있었고, 트럼프는 그 '화'를 풀 대상으로 이민자를 제공했다. 게다가 이민 이슈는 트럼프가 어필하려는 공화당 지지자들에게 나름 중요한 이슈로 부상하고 있었다. 시카고에 있는 싱크탱크인 시카고 카운실Chicago Council의 여론조사에 따르면 2015년을 기점으로 공화당 지지자들의 이민에 대한 인식은 급속도로 부정적인

---

* 정확한 트럼프의 발언은 다음과 같다. "When Mexico sends its people, they're not sending their best. They're not sending you. They're not sending you. They're sending people that have lots of problems, and they're bringing those problems with us. They're bringing drugs. They're bringing crime. They're rapists. And some, I assume, are good people."

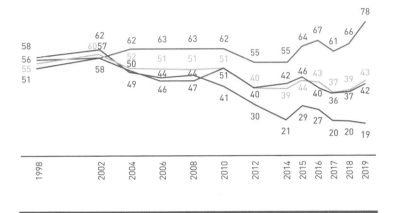

이민자들이 다음 10년간 위협이 될 것인가라는 물음에 대한 응답   출처: 시카고 카운실

■ 전체 ■ 공화당 ■ 민주당 ■ 무소속

이민자에 대한 미국인의 의견 변화

방향으로 변했다. 2019년에는 무려 78퍼센트의 공화당 지지자들이 이민은 미국에 위협이 된다고 응답할 정도였다. 이쯤 되면 공화당 후보가 이민자들을 좀 까주는 게 왜 문제가 되겠는가. 오히려 더 신랄하게 말해주기를 기다릴 수도 있다. 그리고 트럼프는 그런 대중의 요구에 꽤 충실하게 답하는 편이다.

반대의 예도 있다. 바이든 후보는 7월 중순, 무려 2조 달러에 달하는 돈을 기후변화에 대비한 친환경 사업에 투자하겠다고 공언했다.

물론, 트럼프 행정부가 석유나 석탄업계에 힘을 주고 있는 부분을 정확하게 조준한 정책 공약이다. 그리고 그보다 더 중요한 것은, 민주당 지지자들이 중요하다고 생각하는 톱 3 이슈 가운데 하나라는 점이다. 공화당 지지자들에게는 별반 와닿지 않겠지만, 바이든 후보가 지지를 이끌어내야 하는 민주당 성향 지지자들에게 호소하고 그들을 결집시키기 위한 이슈로 '기후변화'를 먼저 치고 나갔다고 볼 수 있다(봤지? 나 여러분 말 다 듣고 있다니까요).

그렇지만 뭐니 뭐니 해도 선거는 역시 먹고사는 일이 가장 큰 이슈일 수밖에 없다. 불평등 해소나 재정 건전성 유지처럼 뉴스에 나오는 뜬구름 잡는 이야기 말고, 당장 내 주머니에서 나갈 돈이 얼마나 있는지, 안정적으로 풍족하게 살 수 있는지, 회사에서 잘리지 않고 계속 잘 다닐 수 있는지, 그래서 나와 가족의 건강보험은 잘 지켜질 수 있는지 등, 현재 경제 상황이 이 모든 것을 충족해주는지가 선거에서 가장 중요하게 작용한다. 특히 경제적 성과는 현직 대통령을 평가하는 가장 중요한 잣대일 수밖에 없다. 생각보다 사람은 상당히, 매우 경제적인 동물이다.

엇갈리는 이슈 속에서 표심을 읽게 된 거야

시기에 따라 시대정신을 반영하는 이슈가 힘을 받는 경우도 있지만, 언제나처럼 미국인들 곁에 있어왔던 이슈도 있다. 대표적인 사례가 낙태다. 총기 규제도 그렇고, 지금은 몇 번의 대법원 판례로 논쟁이 종결되어가는 동성 결혼과 성소수자 차별 금지도 그러했다. 굳이 숫자를 들이밀지 않아도 알 수 있겠지만, 공화당 지지자들은 낙태, 동성 결혼, 총기 규제 등에 반대하는 입장이다. 그리고 민주당 지지자들은 찬성하는 쪽이다.

그런데 간혹 이슈와 정당 지지가 제대로 맞지 않는 경우가 있다. 예를 들어, 전반적으로 이민자에게 관용적 태도를 보이는 민주당은 많은 유색인종이 지지하는 정당이다. 흑인 유권자만큼은 아니지만, 히스패닉 유권자들도 60~70퍼센트 정도는 민주당 대선 후보에게 표를 주어왔다. 그런데 히스패닉 유권자는 출신 국가의 영향으로 가톨릭인 경우가 많다. 가톨릭은 개신교보다도 사회, 도덕적 이슈에 보수적인 스탠스를 취하곤 한다. 특히 낙태는 가톨릭교도들에게 용납하기 어려운 이슈다. 이 지점에서 히스패닉 유권자들은 인지 부조화를 겪는다.

엇갈리는 이슈 포지션은 정치인도 유기적으로 움직이게 한다. 버몬트주가 지역구인 버니 샌더스 상원의원은 민주당보다도 훨씬 더 왼쪽에 위치한 사람이다. 인권과 사회보장, 거대 기업에 의한 경제적 독식과 불평등에 대해 그 누구보다 목소리를 높여왔다. 이미지만 생각하면 총기 규제에 적극적인 목소리를 내야 할 것 같지만, 사실 그는 총기 규제에 반대한다. 이유는 한 가지다. 버몬트는 워낙에 사냥 인구가 많은 주다. 그렇기 때문에 총기 규제에 적극적일 수가 없다.

특정 시기에 뜨는 이슈와 이슈에 대한 포지션은 가변적이다. 자유무역에 대한 유권자들의 입장 변화가 대표적인 사례다. 전통적으로 민주당은 자유무역에 회의적인 태도를 보여왔다. 이로 인해 피해를 입는 블루칼라 노동자들이 주요 지지자들이기 때문이다. 그런데 아이러니하게도 북미자유무역협정NAFTA을 추진하고 체결한 대통령은 조지 H. W. 부시와 빌 클린턴이었다. 마지막 서명은 빌 클린턴 대통령이 했다. 당시 상원의 표결 결과를 보면, 27명의 민주당 의원들이 찬성하고 28명이 반대했던 반면, 공화당 의원은 34명이 찬성하고 10명만 반대했다. 지금 트럼프 대통령의 자유무역에 대한 입장을 생각해보면 참으로 놀라운 일이다. 여론도 마찬가지로 달라졌다. 민주당 지지자들이 NAFTA에 대해 가졌던 생각은 해를 거듭할수록 긍정적으로 변했고, 공화당 지지자들은 부정적으로 변했다. 갤럽 조사에 따르면 1997년 민주당 지지자들의 33퍼센트만이 NAFTA에 대해 긍정적 의견을 보였다. 하지만, 20년 후 이 수치는 무려 67퍼센트로 두 배가 된다. 공화당 지지자들은 초반에는 NAFTA에 대해 민주당 지지자들보다 훨씬 긍정적이었다. 1997년 당시 42퍼센트 정도의 공화당 지지자들이 긍정적 의견을 보였다. 하지만 20년 뒤에는 22퍼센트밖에 안 되는 공화당 지지자들만이 NAFTA에 대해 찬성하는 놀라운 변화를 보여줬다. 이제는 공화당 지지자들이 NAFTA에 대해 훨씬 회의적인 생각을 가지게 된 것이다.

사실 갤럽 여론조사는 2004년과 2017년 수치만 나와 있어서 중간에 어떤 변화가 있었는지 정확히 보여주지 못한다. 그런데 시카고

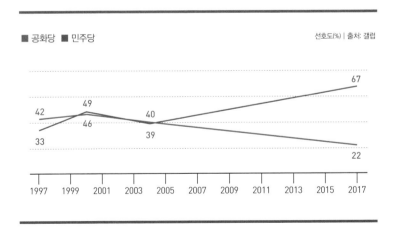

■ 공화당 ■ 민주당 　　　　　　　　　　선호도(%) | 출처: 갤럽

67

49
42
46
40
33　　　　　　　39

22

1997 1999 2001 2003 2005 2007 2009 2011 2013 2015 2017

민주당과 공화당 지지자들의 NAFTA에 대한 선호 의견 변화

카운실에서 2008년, 2013년 그리고 2017년 조사한 바에 따르면, 공화당 지지자들은 NAFTA에 대해 2013년까지 별다른 의견 변화가 없다가 2017년 조사 때는 급격하게 부정적인 의견을 보였다. 여기에는 트럼프 대통령의 영향이 없었다고 말할 수 없다. 트럼프 대통령은 2016년 선거 유세 때부터 자유무역에 대해 맹공격을 퍼부었다. 특히 NAFTA에 대해서는 자신이 집권하면 당장 뜯어고쳐서 저 염치없는 멕시코나 캐나다가 더 이상 미국을 등쳐먹고 살지 못하도록 하겠다고(정확히 이 워딩은 아니지만) 호언장담했고, 실제로 백악관에 들어서면서 NAFTA 개정 작업에 들어갔다. 지지하는 후보 혹은 지도자의 어젠다 투척과 명확한 편 가르기는 여론에 굉장한 영향을 미치고, 대중은 마치 예전부터 그런 생각을 했왔던 것처럼 그 정치인이 자신의 뜻을 대변해준다며 더 강한 지지를 보낸다. 어쨌든, USMCA United States-Mexico-Canada Agreement라는 다소 매력 떨어지는 이름으로 개정된 새로운 북미자유무역협정은 트럼프의 생각만큼 속도감 있게 진행되지는 못했고, 협상과 협상을 거쳐 2020년 7월이 되어서야 발효되었다. 그리고 공화당 지지자들은 같은 자유무역협정이지만 NAFTA는 나쁘고 USMCA는 훌륭한 협정이라고 생각한다(그런데 실제로 USMCA가 NAFTA와 어떤 부분에서 얼마나 다른지 잘 아는 유권자는 얼마나 될까).

인종 카드와 파급력

2020년 선거를 두고 바이러스 대 폭력Virus v. Violence이라고도 이야기한다. 코로나19와 이에 제대로 대처하지 못한 트럼프를 공격하는 게 더 먹힐지, 아니면 조지 플로이드 사건으로 인한 시위가 격화하는 가운데 법질서를 수호해야 한다는 트럼프의 주장이 더 먹힐지를 의미한다. '인종 카드'는 사실 꽤 잘 먹히는 카드다. 민주당을 지지하는 진보적인 백인 유권자라도 폭력적으로 변질되어가는 시위를 보면 눈감고 싶을 것이고, 사회 규범 잘 지키면서 사는 중도 성향의 유권자라면 더욱 동조하기 어렵다. 그럴 땐 오히려 트럼프처럼 강한 법질서를 강조하는 후보에게 남몰래 동의할 가능성이 높다. 트럼프는 이 부분을 잘 이용하고 있다. 그리고 민주당과 바이든 후보는 되도록 이 이슈가 수면으로 떠오르지 않기를 바랄 것이다.

플로이드 사건과 BLMBlack Lives Matter 운동을 바라보는 시각은 인종별, 정당별로 크게 갈린다. 전체로 보았을 때 67퍼센트의 미국인이 BLM 운동에 찬성하지만, 흑인이 86퍼센트, 히스패닉이나 아시아계가 70퍼센트 넘게 찬성하는 데 비해 백인의 경우는 61퍼센트 정도에 그친다. 물론 이것도 플로이드 사건 이전에 비해 많이 상승한 수치이긴 하다. 그런데 지지 정당별로 보면 더 확연한 온도 차가 느껴진다. 민주당 지지층의 91퍼센트가 이 운동에 찬성한다고 답한 반

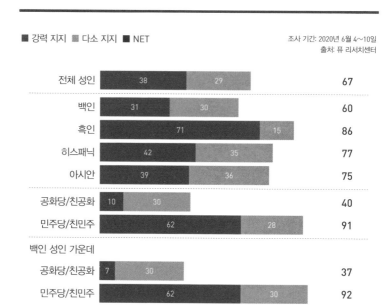

■ 강력 지지 ■ 다소 지지 ■ NET   조사 기간: 2020년 6월 4~10일
                                                출처: 퓨 리서치센터

	강력 지지	다소 지지	NET
전체 성인	38	29	67
백인	31	30	60
흑인	71	15	86
히스패닉	42	35	77
아시안	39	36	75
공화당/친공화	10	30	40
민주당/친민주	62	28	91
백인 성인 가운데			
공화당/친공화	7	30	37
민주당/친민주	62	30	92

BLM 운동에 대한 찬성 의견: 인종별, 지지 정당별

면, 공화당 지지층은 40퍼센트밖에 되지 않는다. 특히 백인 응답자
만 보았을 때에는 그 간극이 더욱 심하다. 공화당을 지지하는 백인
응답자 중 37퍼센트만이 BLM 운동을 지지했다. 이는 92퍼센트의
백인 민주당 지지층이 이 운동을 지지하는 것과는 굉장히 다른 태
도다.

트럼프 대통령이 이 운동이나 인종차별에 대해 굳이 언급하지 않

고 '법과 질서Law and Order'를 강조하는 까닭이 있다. 플로이드 사건에 대해 어떻게 이야기하든 그를 지지하는 이들에게는 큰 영향을 미치지 않는다. 차라리 이를 계기로 시위가 이어지고 있는 상황을 지적하고, 공권력을 동원해서라도 시위를 진압하고, 그 와중에 시위대를 폭력적인 집단으로 몰고 가서 각을 세우는 것이, "BLM은 지지하지만 저런 시위는 싫어"라고 말하는 중도 보수적인 백인 유권자층을 끌어내는 데 유리하다. 트럼프 입장에서는 어차피 유색인종은 자신을 지지하는 집단도 아니니까 굳이 신경 쓸 필요가 없다. 그리고 '인종 카드'는 앞서 말했듯이 미국 정치에서 꽤 잘 먹힌다.

그리고 연방대법원

한참 이 책의 원고 마무리 작업을 할 즈음, 충격적인 뉴스가 들어왔다. 미국 연방대법원 판사인 루스 베이더 긴즈버그Ruth Bader Ginsburg 대법관이 세상을 떠났다는 소식이었다. 87세의 고령에 암 투병도 이미 여러 차례, 최근 췌장암으로 다시 병원에 입원했다는 이야기가 있었기에 불안불안했지만, 그렇게 대나무처럼 꼿꼿했던 분이 결국 스러져갔다는 소식에 가슴이 훅 하고 꺼지는 느낌이었다. 그리고 든 다음 생각은, '이번 대선이 정말 걷잡을 수 없는 진흙탕 싸움으로 가겠구나'였다. 조금 일찍 등장한 셈이지만, 이 사건보다 더 큰

1993년 당시 백악관에서 연방대법관 취임 기자회견을 하는 루스 베이더 긴즈버그

선거는 어떻게 대중을 유혹하는가

옥토버 서프라이즈^{October Surprise}*는 없을 것이라 생각했다(그 뒤 트럼프 대통령 부부가 코로나19 확진 판정을 받았다는 소식을 들었다. 도대체 서프라이즈의 끝은 어디란 말인가).

미국 보수 진영에도 여러 갈래가 있지만, 이 중 막강한 힘을 발휘하는 분파는 개신교 복음주의파다. 전통적인 공화당 보수라 하면 경제적인 보수를 일컫는데, 이들과 내전까지 불사하는 이들이 바로 도덕적 보수의 기치를 내건 복음주의자들이다. 1980년대부터 레이건과 함께 등장한 이들은 시간이 지날수록 종교적 색채가 강한 보수의 슬로건을 내세우면서 미국 정치에 영향력을 미쳐왔다. 그러면서 '문화 전쟁^{culture war}'이라는 말이 등장한다.

이들의 숙원사업은 낙태를 일정 부분 허용했던 1973년의 연방대법원 판결인 로 대 웨이드^{Roe v. Wade} 판결을 뒤집는 것이다. 당연히 이들은 성소수자 문제, 이민자 문제에도 극보수 스탠스를 지킨다. 하지만 미국이란 국가가 이민의 나라라는 주장은 함부로 공격하기 어렵고, 성소수자 문제는 이미 2015년과 2020년의 동성 결혼 합법화 및 성소수자들에 대한 직장에서의 차별 금지법을 연방대법원이 지

---

* 10월의 이변이라고도 한다. 미국 대통령 선거 막판에 발생해 분위기를 반전시키거나 선거의 판세를 뒤흔드는 이벤트를 가리킨다.

지해줌으로써 거의 종결되다시피 했다. 최후의 보루처럼 남은 투쟁 이슈가 낙태인 셈이다(물론 다른 이슈도 다시금 부상할 가능성이 있기는 하다).

트럼프 대통령은 절대로 이들의 이상적인 정치인이 아니다. 이혼 경력이 두 번이나 있고, 소문난 난봉꾼인 데다, 누가 봐도 교회 예배에는 크리스마스 때나 한 번 갈 것처럼 생긴 사람이다. 그럼에도 이 보수적인 유권자들이 트럼프에게 표를 준 이유는 하나다. 미국을 다시 개신교의 국가로 만들어달라는 바람과 함께, 제발 낙태 판결을 뒤집어줄 보수 성향 판사를 임명해달라는 소망을 피력하는 것이다.

긴즈버그 대법관의 사망 소식은 이와 긴밀한 관계가 있다. 당장 상원의 공화당 대표인 미치 매코널Mitch McConnell 의원은 고인의 사망 소식이 뜬 지 채 몇 시간도 지나지 않아, 다음 대법관 임명 절차에 돌입하겠다고 했다. 지난 2016년 2월 보수계의 거두였던 안토닌 스칼리아Antonin Scallia 대법관이 급사했을 때, 선거가 있는 해에는 현직 대통령이 대법관을 임명해서는 안 된다며 청문회조차 거부하던 그였다. 4년 전과는 다른 상황이라고 하는데, 그 다른 상황은 백악관에 공화당 대통령이 있다는 것 외에는 하나도 없다. 그래도 2016년 당시에는 무려 8개월 이상이 남은 상황이었는데, 지금은 40여 일밖에 남지 않은 상황. 트럼프 대통령이 이에 호응하면서, 보란 듯이 여성 대법관 후보를 내세웠다.

어찌 보면 트럼프 입장에서는 보수 대법관 임명할 테니 재선시켜달라고 보수 성향 유권자들에게 호소하면서 대선 때까지 이 이슈를 끌고 가는 게 유리할 수도 있다. 트럼프에게 뜨뜻미지근하던 기독교 보수 유권자들이 대거 투표장으로 나올 수 있기 때문이다. 과연 새로운 대법관 임명이 가능할지 모르겠지만, 이번 대선의 메가톤급 이슈가 된 것만은 틀림없다. 민주당과 진보 성향 유권자들은 분노하고 있다. 2016년에 자기들이 그렇게도 반대해서 놓친 대법관 자리를 두 눈 뜨고 뺏길 수 있는 상황이니 말이다. 중도 성향 유권자들도 표리부동한 공화당의 모습에 분노 투표를 할 가능성이 있다. 이래저래 한 치 앞을 보기 힘든 방향으로 굴러가고 있다. 한 가지 확실한 사실은, 역대급 진영 선거가 될 것이라는 점이다.

그래서일까. 많은 이들은 오히려 선거 이후를 걱정하고 있다. 누가 이기든, 큰 상처를 남길 것으로 보이기 때문에.

PART 3 | 격변하는 시스템

: 누구에게 호소할 것인가

투키디데스의 함정

장소는 지중해에 위치한 고대 그리스. 기원전 431년부터 404년까지 무려 30년 가까이 스파르타를 중심으로 한 펠로폰네소스 동맹과 아테네를 중심으로 한 델로스 동맹 사이에 격돌이 일어난다. 페르시아의 침략 이후 아테네는 지중해 상권을 장악하며 막대한 부를 쌓았고, 페리클레스라는 걸출한 정치가도 낳았다. 스파르타는 모두가 알다시피 강력한 군사력으로 무장한 국가였다. 언제나 그렇듯이 펠로폰네소스 전쟁 역시 처음부터 이 두 국가와 이들이 이끄는 동맹의 전면전으로 시작하지 않았다. 주변국의 분쟁에서 시작되어 결국 두 거대 도시국가의 격돌로 번진 것이다.

전쟁은 결국 스파르타의 승리로 막을 내렸지만, 스파르타 역시 잃은 것이 많았다. 고대 그리스의 찬란한 두 도시국가는 그렇게 스러져갔다. 이 전쟁을 기록한 것이 바로 투키디데스의 『펠로폰네소스 전쟁사』다. 투키디데스의 『펠로폰네소스 전쟁사』가 특별한 것은, 단순히 일어나는 사건을 기술하는 데 그치지 않았다는 점이다. 투키디데스는 그리스를 폐허로 만든 이 전쟁이 일어나게 된 원인을 깊이 고민했다. 그리고 "이 전쟁이 일어날 수밖에 없었던 이유는 아테네의 부상과 이로 인해 스파르타에 스며든 두려움 때문"이라고 결론 내렸다. 결국 필연적으로 일어날 수밖에 없었던 구조였다는 말이다.

패권 국가들이 충돌을 피할 수 없었던 상황은 역사 속에 많이 존재한다. 특히 하버드대학교의 그레이엄 앨리슨^{Graham T. Allison} 교수는 전 세계적 베스트셀러 『예정된 전쟁: 미국과 중국의 패권 경쟁, 그리고 한반도의 운명』에서 지난 패권 경쟁이 일어났던 16번의 사례를 통해 세력 전이가 어떻게 이루어졌는지 분석한다. 특히 그는 피할 수 없는 세력 간 경쟁을 강조하면서 '투키디데스의 함정^{Thucydides Trap}'이라는 용어를 사용한다. 결국 구조적으로 충돌이 일어날 수밖에 없다는 의미다.

이 모든 이야기는 현재의 미국과 중국을 연상시킨다. 계속되는 무역 갈등과 화웨이로 대변되는 중국 통신 및 첨단 기술에 대한 미국의 견제, 그리고 해킹 등으로 인한 사이버 안보 위협과 중국에는 총영사관 폐쇄라는 초강수까지, 두 국가는 서로를 향해 무서운 속도로 달려가는 고속열차 같기만 하다.

패권 경쟁 속의 미국 유권자

트럼프 대통령이 백악관에 들어서면서부터 미국과 중국은 양보 없는 싸움을 하는 듯 보인다. 사실 트럼프 대통령이 아니라 그 누가 백악관에 들어왔더라도 앞으로 한 세대 후 누가 국제 질서를 이끌어가는지를 두고 충돌할 수밖에 없는 일이었다. 미국 유권자들은 이런 긴장되는 상황을 얼마나 잘 인식하고 있으며, 이런 상황을 잘 해결할 후보는 누구라고 생각하고 투표를 할까?

문제는, 앞서 말했듯이 미국 유권자에게 외교정책은 별로 중요한 이슈가 아니라는 점이다. 예외적인 경우가 있기는 하다. 미국이 전쟁 중이라든지, 자유무역협정처럼 특정 집단에 경제적 타격이 예상

되는 경우에는 유권자들이 반응하기도 한다. 하지만 대체로 외교정책은 세계 패권국에 살고 있는 미국인에게 심드렁한 이슈다. 더군다나 중국처럼 미국에 직접적인 타격을 주는 떠오르는 강대국쯤 되지 않는 다음에야, 크게 신경 쓸 일이 아닌 것이다.

2017년 북한의 핵실험과 미사일 도발로 한창 한반도가 긴장 상황일 때, 미국 공중파 방송인 ABC의 〈지미 키멜 라이브Jimmy Kimmel Live〉에서 흥미로운 실험을 한 적이 있다. 미국인의 75퍼센트가 북한의 핵개발이 미국에 치명적인 위협이라고 답했다는데, 미국인이 대체 북한에 대해 얼마나 알고 있는지 실험해본 것이다. 할리우드 쇼핑몰에 나가서 북한 핵개발에 대해 질문한 뒤, 그러면 북한은 어디에 위치해 있는지 지도에서 짚어보라고 했다. 그런데 꽤 많은 사람에게 물어봤는데도, 북한의 위치를 정확하게 짚은 이는 단 한 명도 없었다. 재미를 위해 악마적 편집을 했을 수도 있지만, 실제도 크게 다르지 않겠다는 생각이 들었다. 아마 북한이 핵무기를 가지고 있다는 사실조차 모르는 이도 상당히 많을 것이다. 아닌 말로, 북한 덕에 '핵무기'에 관심이 많은 한국인도 전 세계에서 핵무기를 가지고 있는 국가 이름을 대보라고 한다면 모두 맞히는 사람은 별로 없을 것이다.

그런 만큼 외교안보정책은 대통령의 어젠다가 되기 쉽다. 국내 정치는 직접적으로 국민의 생활에 영향을 미치는 까닭에, 의회의 의원들이 자신들의 '재선'을 위해 목숨 걸고 달려든다. 하지만 외교안보정책은 자신의 지역구 유권자들과 직접적인 이해관계가 없어서 아무래도 소홀할 수밖에 없다. 그보다는 자신의 지역구에 다리도 놓고, 공원도 짓고, 기업을 들여와서 일자리도 만들어내는 게 훨씬 우선순위에 놓여 있는 일이다.

그럼에도 불구하고 선거 때는 외교나 안보가 이슈가 되기도 한다. 2008년에는 이라크 전쟁 실패의 책임을 묻는 과정에서, (운 좋게도) 표결 자리에 없었던 오바마 후보가 마음껏 상대 후보들을 비난할 수 있었다. 그렇지만 딱 그 정도인 것이다.

그렇다면 중국 이슈는 이번 선거에서 묻힐 것이란 이야기일까?

그렇지 않다. 하지만 패권 경쟁 때문이 아니라 코로나19 때문에 등장할 것이다. 트럼프와 바이든 둘 중 어느 한 명이라도 중국과 이권 사업을 벌인다든지, 친밀한 관계를 맺는다든지 하는 모습을 보여줄 경우 판세에 불리하게 작용할 수밖에 없다. 트럼프가 자신의 전리품으로 사용하려 했던 무역 협상 결과도 지금 상황에서는 큰 의미가 없다. (사실 코로나19가 없었더라도 대중은 무역 협상의 성과에 구체적인 관심을 가지지 않았을 것이다. 민주당 지지자들은 알맹이 없는 협상 결과라고 비난했을 테고, 공화당 지지자들은 설사 트럼프 대통령이 수치를 뻥튀기해서 말하더라도 별로 개의치 않았을 테니 말이다. 지지자들에게는 뭔가를 했다는 사실이 중요하지, 그게 정말로 어떤 의미 있는 결과를 냈는지는 별로 중요하지 않다.)

미국인의 중국에 대한 시각은 2011년 이후 지속해서 나빠졌다. 2020년 들어서는 중국에 대해 안 좋게 생각하는 미국인이 66퍼센트, 호의적으로 보는 미국인은 26퍼센트에 지나지 않았다. 그리고

출처: 퓨 리서치센터

중국에 대한 미국인의 시각

선거는 어떻게 대중을 유혹하는가

이런 현상은 어느 특정 정파가 아니라 공화당과 민주당을 가리지 않고 마찬가지로 나타나고 있다. 공화당 지지자들이 민주당 지지자들보다 더 강한 반감을 품고 있지만, 민주당 지지자들이라고 절대 뒤지지 않는다. 이런 상황에서는 어떤 후보도 중국에 대한 압박을 늦추자고 할 수 없다. 지난해 11월 의회에서 만장일치로 통과시킨 홍콩 인권법에 트럼프 대통령이 서명을 안 할 수도 있다는 이야기가 나오기도 했는데, 지금은 당장 서명하고도 남을 상황이다.

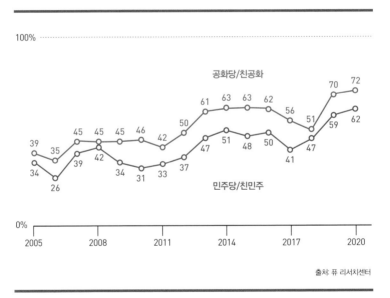

민주당과 공화당 지지자들의 중국에 대한 비우호적 인식 비율

제발 정신 좀 차려줘

전 세계의 많은 이들이 2020년 미국 대통령 선거에 주목하는 이유는 여기에 있다. 2016년 느닷없이 뒤통수를 맞은 미국의 전통 동맹국들이 한때 중국을 대체국으로 생각했던 것도 사실이다. 그러나 좀 겪어보니 아무리 봐도 중국은 아닌 것이다. 이념과 정치체제의 다름을 극복하기도 힘들고, 유럽인들이 질색하는 인권유린도 만만치 않다. 최근 들어서는 아닌 말로 코로나19까지 퍼뜨렸으니 원수같이 보일 만도 하다.

다음은 전 세계 국가들의 중국에 대한 부정적 인식과 1인당 GDP 사이의 상관관계를 그래프로 나타낸 표다. 표에서 나타나듯이 1인당 GDP가 높은 국가일수록 중국에 대한 인식이 확실히 좋지 않다. 중국에 긍정적인 국가들은 대체로 개발도상국이나 현재 경제상황이 안 좋은 아프리카, 중남미 국가다. 일대일로一帶一路 프로젝트를 통해 거점이 되는 지역에 인프라를 건설해주고 돈도 많이 빌려주니, 깐깐하고 돈도 잘 안 빌려주면서 잘난 척하는 백인 국가에 비해 훨씬 인기가 높다. 하지만 기억해야 할 것이 하나 있다. 전 세계 GDP의 50퍼센트 가까이 되는 생산을 OECD 국가들이 차지하고 있다는 사실이다. 중국이 미국에 도전하면서 세계 패권을 노린다면, 저개발 국가보다는 결국 깐깐하고 잘난 척하는 경제력 있는 백

● 북아메리카 ● 유럽 ● 러시아, 우크라이나 ● 아시아─태평양
● 중동, 북아프리카 ● 사하라 이남 아프리카 ● 라틴아메리카

100% ·······

상관관계 = +0.73

일본

스웨덴
캐나다
대한민국 프랑스
이탈리아 오스트레일리아   미국
필리핀   체코공화국 영국
                슬로바키아 스페인 네덜란드
인도   터키   독일
  인도네시아
  남아프리카 폴란드 헝가리
케냐   브라질 그리스 리투아니아
    레바논 아르헨티나   이스라엘
나이지리아 멕시코 불가리아 러시아
      우크라이나 튀니지

0% ─

0달러   10,000달러 20,000달러 30,000달러 40,000달러 50,000달러 60,000달러

세계 각국의 중국에 대한 비호감도와 1인당 GDP 상관관계

인 선진국에게 인정받아야 한다.

이쯤 되니, 이전에 미국의 리더십 아래 쉽게 묻어가던 시절이 그리
워지는 것이고, 얼른 미국이 정신 차리고 예전으로 돌아와주길 애
타게 바라고 있다. 동맹국에 대한 예우도 이전처럼 해주고 말이다.

만일 이번 2020년 대선에서도 미국인이 트럼프를 택한다면, 많은 미국의 동맹국은 그야말로 각자도생하는 정글로 진입하게 될 테고, 이전의 큰형님 국가 미국은 기억 속에서 지워버릴 각오를 해야 할 것이다.

누구를 위한 정당인가

제1차 세계대전이 끝나고 잘나가던 미국 경제는 위기를 맞는다. 대공황The Great Depression이 닥친 것이다. 이후 민주당의 프랭클린 D. 루스벨트가 대통령에 당선되고, 그 유명한 '뉴딜'정책을 내놓으면서 중앙 무대를 화려하게 휘어잡게 된다. 루스벨트의 뉴딜 연대New Deal Coalition는 참 오랜 생명력을 자랑한다. 심지어 거의 100년이 지난 지금 동북아시아의 한국에서도 쓰이고 있으니 말이다. 당시 뉴딜이 끌어안은 유권자 집단이 광범위했던 것도 지금까지 뉴딜의 인기가 식지 않는 이유겠지만, 제2차 세계대전의 발발이라는 어부지리든 뭐든, 미국 경제를 살려놓은 것만은 사실이기 때문이다. 그리고 결정적으로, 네 차례 당선에 성공한 루스벨트가 종전을 얼마 앞두고 사망했기 때문에 안타까움 한 스푼까지 더해져서 그야말로 레전드 정책이 되어버렸다. 미국인에게 루스벨트는 경제대공황에 빠진 미국을 다시 일으켜 세우고, 세계대전에서 정의로운 연합국 진영의 중심국이 되어 승리함으로써 국가적 자존심을 한껏 드높인 대통령이다.

루스벨트 대통령은 뉴딜을 통해 이전까지 미국에서 환영받지 못하던 사회복지정책과, 정부가 적극적으로 개입하는 경기 부양책을 내놓게 된다. 사실 유럽 여러 국가에서는 이미 시행하고 있던 정책들이라 뒤늦은 감이 있었지만, 유난히 시장주의적인 미국에서는 대공황이라는 경악스러운 사건이 있었기에 이나마도 가능했다. 뉴딜은 1차와 2차로 나눌 수 있는데, 1차 뉴딜에서는 일자리 만들기부터 나섰다. 가장 직접적이고 빠른 시간 내에 일자리를 만들 수 있는 방법이었던 도로, 공항, 다리 등과 같은 인프라를 건설하는 프로젝트가 정부 주도하에 시행됐다. 또 1933년 농산물 가격을 안정시키면서 농가의 소득을 높이는 데 도움을 주기 위한 농업조정법Agricultural Adjustment Act; AAA을 의회에서 통과시켰다.

2차 뉴딜은 이보다 더 나아갔다. 와그너 법Wagner Act이라고도 하는 전국노동관계법을 통과시키면서 노동조합 설립과 교섭 권한에 관한 법적 기틀을 마련했다. 또한, 연금과 사회안전망을 강화한 사회보장법Social Security Act도 만들었다. 이른바 부유세Wealth Tax도 만들었는데, 초고소득자의 소득세율을 79퍼센트까지 올리기도 했다. 사실 500만 달러 이상의 소득을 거두는 초고소득자에게 부과된 79퍼센트의 어마어마한 세금을 낼 만한 사람은 당시 전 미국에서 딱 한 명뿐이었다. 그 이름도 유명한 존 D. 록펠러. 다분히 상징적인 세율이었지만, 서민과 노동자들에게는 환영을 받았다(반대로, 부자와 사업가로부터 원성을 들었다).

그리고 30년 후인 1964년, 민주당의 린든 B. 존슨 대통령은 '위대한 사회The Great Society'라는 대대적인 사회보장 프로그램을 시작한다. '빈곤과의 전쟁War on Poverty'이라 이름 붙여진 이 프로젝트는 사회보장 제도를 본격적으로 확대하는 상당히 과감하고 광범위한 정책이었다. 가장 잘 알려져 있는 것은 노인과 빈곤층에 의료보험을 제공하는 메디케어Medicare와 메디케이드Medicaid 프로그램이다. 또한, 최저임금 인상, 실업수당 지급, 직업 훈련 확대 같은 노동정책과 공공주택 건설 등 저소득층을 위한 주택정책도 있었다. 지방정부와 주정부 재량으로 운영되던 공립학교에 연방정부의 자금을 투자해 공교육 불균형을 해소하려 노력하기도 했다. 이런 일련의 과정을 거치면서 미국의 민주당은 노동자를 위한 정당, 취약계층을 위한 정당, 반기업적이고 높은 세금을 선호하는 정당, 거둬들인 세금을 사회정책에 쓰는 '큰 정부big government'를 주장하는 정당이라는 이미지를 가지게 되었다.

레이건과 신보수주의

사실 대공황과 제2차 세계대전을 거치면서 공화당은 여러모로 중앙 정치에서 힘을 발휘하지 못했다. 아무래도 대공황의 원죄가 컸다고 볼 수 있다. 아이젠하워와 닉슨 같은 공화당 대통령이 나오긴 했지만, 이들은 중도 우파에 가까운 인물들이라고 할 수 있다. 민주당만큼은 아니지만 적당한 수준의 사회보장제도를 지지하고, 적당한 수준의 흑인 민권운동도 지지하는, 온건한 보수라고나 할까. 이런 공화당이 '찐'보수의 모습을 띠기 시작한 것은 레이건 때부터였다.

레이건 하면 떠오르는 레이거노믹스는 소위 신자유주의Neo-Liberalism의 영향을 받은 경제정책으로, 마거릿 대처Margaret Thatcher의 대처리즘Thatcherism과 같은 선상에서 평가받는다. 강력한 긴축정책으로 인플레이션을 억제하고, 기업과 부유층을 위해 감세 조치를 했으며, 규제를 철폐하고 '작은 정부small government'를 지향했다. 미국으로서는 어쩔 수 없는 조치이기도 했던 것이, 치솟는 물가도 잡아야 했고 일본처럼 무섭게 도전해오는 경제 성장국도 적당히 처리해야만 하는 시기였다. 그때만 해도 미국이 소련과 공산주의 블록에 대항해 자유주의 블록을 이끌던 리더였고 끗발이 있었던 터라, 서독과 일본을 윽박질러 플라자 합의Plaza Accord*도 이끌어냈다. 그리고 때마침 무너져 내려준 동유럽의 공산주의 블록과 구소련 덕분에, 미국의 아성에 도전하는 국가는 더 이상 지구상에 없었다.

작은 정부와 시장 중심의 경제정책을 추구하다 보니 공화당은 기업가들과 부유층의 이익을 대변하는 모양새가 되었는데, 여기서 중요한 '새로운 피'를 빼놓을 수 없다. 바로 네오콘Neocon이다. 우리는 네오콘이 본격적으로 정권을 잡고 좌지우지한 것이 조지 W. 부시 대통령 때로 알고 있지만, 이들이 자신들의 리더로 여기고 환호하며 따르기 시작한 대통령은 레이건이다. 네오콘은 본시 트로츠키 계열의 사회주의자들이었다. 극좌 편향의 진보 계열에 환멸을 느끼고 공산주의 세력에 강경하게 대응해야 한다는 주장을 하면서 우향우를 한 것이 네오콘이다. 누가 그랬던가. 최근에 미워진 이가 제일 밉다고. 그렇게 사회주의사상에 심취했던 이들이 이에 환멸을 느끼

---

* 1985년 미국, 영국, 프랑스, 서독, 일본의 재무장관과 중앙은행장들이 미국 뉴욕에 있는 플라자 호텔에 모여 각국 정부가 외환 시장에 개입함으로써 달러화 약세를 유도하기로 결정한 합의.

며 돌아서니, '이보다 더 흑화할 수 없다'는 말이 딱 맞아떨어질 정
도였다. 레이건 역시 민주당 지지자였다가 강경 보수 공화당 지지
로 전향한 인물이다. 소련과 공산주의에 매우 강경한 입장이었던
점이나, 자유무역과 자유시장 경제 원칙에 충실했다는 점에서, 레
이건과 네오콘은 제법 잘 어울리는 매칭이었다.

네오콘은 워낙 외교 경험이 많은 현실주의자였던 아버지 부시 대통
령 때는 별로 힘을 못 쓰다가, 아들인 조지 W. 부시가 대통령이 되
면서 다시금 전면에 나서기 시작했다. 이들은 외교정책에서 미국
식 자유민주주의의 위대함을 보여주고, 세계 경찰의 노릇을 때로는
관용으로, 하지만 필요할 때는 무자비한 무력으로 실행해야 한다
는 입장이었다(그러니까 남의 나라에 민주주의의 씨앗을 뿌리겠노라고 되
지도 않는 침공을 하는 것이다). 이들은 또 국내 정책에서는 부시 대통
령이 '공감력이 뛰어난 보수compassionate conservative'가 되기를 요구했다.
물론, 이로 인해 격발된 무모한 두 개의 전쟁과 뒤따른 재정 악화는
2008년 금융위기를 불러왔고, 이후 네오콘은 정계에서 꽤 경멸받는
고유명사가 되었다.

그렇게 따지면, 트럼프는 네오콘과는 확연히 다른 스탠스를 가지고
있다. 미국의 경찰 노릇도 싫고 자유무역도 싫은데(이런 점은 오히려
올드 보수라 불리는 팔레오콘Paleocon과 닮아 있다), 그래도 미국이 일등이

니까 자꾸 기어오르면 혼내줄 거야. 지금까지 친구였든 뭐든 다 상관없고, 전 세계 국가 모두 오늘부터 1일, 혼나기 싫으면 다 내 밑으로 줄 서.

정리해보자면, 노선도 좀 바꾸고 부침도 있었지만, 지난 20~30년간 민주당은 큰 정부, 사회보장정책, 정부 주도의 인프라 사업, 규제 강화, 부유층과 기업에 대한 상대적으로 높은 세율, 노동조합과 저소득층의 지지를 기반으로 했다. 반대로 공화당은 작은 정부, 규제 완화, 고소득층 소득세와 법인세 감세, 기업과 월가로부터의 지지가 기반이다. 그렇다고 해서 모든 의원이 정당의 기조대로 일사불란하게 움직이거나 같은 성향을 띠지는 않는다. 실제로 힐러리 클린턴은 오바마 행정부의 국무장관이었고 민주당 대통령의 부인이었는데도, 외교정책에서는 네오콘 저리 가라 할 만큼 강경 기조를 가지고 있었다. 일례로 1990년대 이후, 힐러리 클린턴은 미국이 참전했던 전쟁에 대해 단 한 번도 반대 의견을 낸 적이 없다. 아프가니스탄 전쟁과 이라크 전쟁까지.

누가 보호주의를 말하는가

트럼프 대통령의 백악관 입성 후, 미국이 중국과 무역전쟁을 치르면서 전선을 동맹국인 한국, 일본, 유럽까지 넓히자, 공화당과 자유무역을 신봉하는 이들은 당혹스러워했다. "공화당 대통령이 왜 이러는 거야?" 자유무역주의자로 잘 알려진 《뉴욕타임스》의 칼럼니스트인 토머스 프리드먼^{Thomas L. Friedman}은 트럼프를 두고 "미국이 아닌 중국한테 딱 적당한 대통령"이라고 말하기도 했다. 그렇다면 공화당 대통령은 어떤 무역정책을 써야 했을까?

남북전쟁 이후 중앙 정치를 지배하던 공화당은 지금과는 사뭇 다른 모습이었다. 미국 정부는 진취적이고 혁신적인 산업정책을 추진했고, 경제는 추진 기어를 달고 막 움직이고 있었다. 여기서 질문. 미국 같은 신생국이 경제 발전을 시작할 때는 어떤 경제 및 무역정책을 추진할까?

이제 막 걸음마를 시작한 자국 산업을 보호하기 위해서, 미국의 공화당은 보호주의 무역정책을 선호했다(물론 발전할 만큼 발전한 선진 경제국한테는 시장의 문을 활짝 열기를 기대한다). 이에 반해, 면화 수출로 막대한 부를 쌓은 남부는 자유무역을 선호했다. 우리가 지금 통상적으로 알고 있는 민주당과 공화당의 포지션과는 '매우' 달랐다.

1892년 대통령 선거 포스터를 보면 그 차이가 그대로 나타나 있다. 민주당의 대선 후보로 나섰던 글로버 클리블랜드^{Glover Cleveland}는 포

1892년 관세에 대한 민주당 대선 주자와 공화당 대선 주자의 태도 차이를 보여주는 포스터

스터에서 '관세 개혁tariff reform'을 주장하고 있는 반면, 공화당의 대선 후보였던 벤저민 해리슨Benjamin Harrison은 '보호와 상호주의protection reciprocity'라는 말을 강조하고 있다. 대공황이 닥쳤을 때, 공화당 대통령이었던 허버트 후버Herbert Hoover와 당시 의회는 무려 평균 50퍼센트 넘는 관세를 부과하도록 하는 스무트–홀리 관세법Smoot-Hawley Tariff Act을 통과시켰다. 물론 이로 인해 미국도 다른 나라들로부터 보복 관세를 때려 맞았는데, 혹자는 진짜 대공황의 원인은 1929년의 주식시장 붕괴가 아니라 관세 전쟁으로 인한 경제 침체였다고도 한다. 하지만 뉴딜의 주인공 루스벨트가 집권하면서 관세는 점차 낮아졌고, 제2차 세계대전이 끝난 후 냉전이 시작되자 미국은 자유로운 무역 체제와 질서를 만드는 리더의 역할을 자임하기 시작했다. 이후 다자 협의체가 등장했는데, 우리가 잘 알고 있는 가트GATT나 세계무역기구WTO가 그 일례다.

물론 이로 인한 국내적 반발도 만만치 않았다. 20세기 초만 하더라도 자유무역에 찬성해왔던 민주당은, 새로 자신들의 지지 기반이 된 노동자들의 눈치를 보지 않을 수 없었다. 반면 기업 위주의 지지를 받던 공화당은 상황이 좀 달랐다. 처음에는 보호를 원하던 미국의 기업들이 기술혁신을 통해 규모가 커지고 자연스럽게 다국적기업이 되면서, 오히려 자유무역을 원하게 된 것이다. 그렇게 두 정당은 보호무역주의와 자유무역주의에 대한 스탠스를 자연스럽게 맞

선거는 어떻게 대중을 유혹하는가

바꾸게 된다. 민주당은 보호무역주의로, 공화당은 자유무역주의로. "사랑이 어떻게 변하니"라고 누군가 물었는데, "무역정책이 어떻게 변하니"라는 물음도 나올 법하다. 진실은 사랑도 무역정책도 변한다는 것이다.

그렇다면 민주당은 지금도 여전히 보호무역을 선호할까? 실상은 그렇지 않다. 하원의원이나 상원의원 중 일부는 자기 지역구나 주의 산업구조 및 유권자 요구에 민감하기 때문에 다른 목소리를 낼 수 있지만, 백악관의 태도는 세계의 시류를 따라가곤 했다. 북미자유무역협정을 시작한 것은 공화당 정부였지만, 이에 서명하면서 미국에 다양한 일자리를 많이 가지고 올 것이라고 선언한 사람은 민주당의 클린턴 대통령이었다. 새로운 종류의 민주당 대통령으로 불렸던 그는 노동조합에 의해 좌우되는 무역정책이 아니라 당시의 지배적인 시류였던 자유무역을 택했다. 한국과의 자유무역협정FTA이나 환태평양 경제동반자협정TPP을 수행해내고 매듭지으려고 했던 사람 또한 민주당의 오바마 대통령이었다. 오바마는 후보 시절 자유무역에 반대했지만, 한국, 콜롬비아, 파나마와 자유무역협정을 체결했다. 당시 공화당 의원들은 대체로 찬성표를 던졌고, 절반을 훌쩍 넘는 민주당 의원들은 반대표를 던졌다. TPP는 분명히 공화당 의원들의 구미에 맞는 협정이었지만, 오바마한테 자랑거리 하나 주는 게 도저히 용납이 안 됐던 공화당 의원들의 뭉개기로 인해 오바마 임기 내에 추진되지 못했다. 결국 트럼프 대통령이 백악관에 들어온 지 사흘 만에, TPP는 역사 속으로 사라졌다. 흥미로운 점은, 힐러리 클린턴이 2016년 선거 당시, 자기가 국무장관일 때 직접 추진했던 TPP에 서명하지 않겠다고 했다는 거다. 물론, 그 말을 믿는 사람은 별로 없었다. 그런 의미에서 보면 후보 시절의 공약은 사실 큰 의미가 없다.

일단 대통령이 되면 돌아가는 국제 정세와 시류에 더 영향을 받을 수밖에 없다. 공화당 대선 후보였던 트럼프가 보호무역주의를 주창하고 나섰던 것은, 그 자체가 아웃사이더여서 주류 공화당의 의견을 들을 필요가 없었기 때문이다. 트럼프는 이기기 위해서 보호무역주의를 이야기했고, 그 선택은 주효했다. 생각해보면 언제부터 공화당이 자유무역을 소리 높여 이야기했던가. 그냥 100년 전 공화당 기조로 돌아가자고. 정당의 정책 기조는 변하고, 변하고 또 변한다. 때로는 세계의 변화를 읽어서, 대부분은 선거에 이기기 위해서.

트럼프가 등장하면서 한 가지 확실해진 사실은, 공화당은 이제 예전의 공화당이 아니라는 점이다. 민주당 역시 예전의 민주당이 아니다. 토마 피케티 교수는 특히 민주당의 학력 수준이 높아진 점에 주목한다. 전통적으로 민주당은 저소득층, 노동자, 이민자들이 지지층의 주를 이루다 보니 학력 수준이 낮을 수밖에 없었는데, 최근

선거는 어떻게 대중을 유혹하는가

들어서는 민주당 지지자들의 학력 수준이 눈에 띄게 높아졌다. 여기에는 학력 수준이 높은 유색인종의 유입, 노동자 부모 밑에서 고학력으로 자라난 새로운 세대의 영향이 크다. 반대로 공화당 지지자들의 학력 수준은 낮아졌다. 스마트한 유색인종이나 잘나가는 자식 세대에 밀려난 백인 유권자 집단이 된 것이다. 엘리트 정당으로서의 이름이 무색해진 셈이다. 전당대회만 보더라도 얼마나 다양한 정당인지, 반대로 얼마나 '하얀' 정당인지 눈에 띄게 차이가 난다.

무역에 대한 입장도 이제는 달라졌다. 민주당 지지자들이 자유무역을 지지하고 공화당 지지자들은 보호무역을 선호하는 모습을 보인다. 산업구조도 마찬가지 형편이다. 이제는 리버럴한 성향의 플랫폼 기업들이 세계 시총 10위권을 대부분 차지하다 보니, 기업이 무조건 공화당에 친화적이라고 보기도 어려워졌다. 이쯤 되면 '비포 트럼프, 애프터 트럼프'라고 하는 말이 상황을 확실히 진단하고 있는지 잘 모르겠다. 확실한 것은, 트럼프 대통령만이 원인은 아니라는 거다. 이미 큰 방향은 정해져 있었고, 트럼프는 귀신같이 그 시점에 등장한 것 아닐까. 어쨌든 두 정당은 하나의 결론에 이른 것 같다. 다시 스위치하기로.

블랙 라이브스 매터

"I can't breathe(숨을 쉴 수 없어요)."

2020년 미국을 강타한 사건. 미네소타주 남동부 미니애폴리스 Minneapolis에 거주하던 46세의 조지 플로이드가 남긴 한마디다. 경찰의 진압 과정에서 무릎에 목이 짓눌려 죽어가던 그의 희미한 이 외마디는 미국 전역에서 시위를 촉발했다. 이 충격적인 모습은 스마트폰 영상에 고스란히 담겼고, SNS에서 무서운 속도로 공유되면서

2020년 6월 백악관 앞에서 조지 플로이드의 죽음에 항의하며 그의 사진을 들고 행진하는 시위대

많은 이를 경악시켰다. 일전의 일을 다시 보는 듯한 느낌을 기시감 내지는 데자뷰라고 하던가. 1963년 앨라배마주 버밍햄Birmingham에서 있었던 흑인 민권운동 시위가 생각났다. 당시 경찰들은 곤봉과 경찰견, 살수 호스로 시위대를 무자비하게 진압했고, 폭력적인 장면이 신문과 TV를 통해 사진과 영상으로 퍼져나가면서 평안한 저녁을 즐기던 평범한 미국인들을 충격에 빠뜨렸다. 결국 1963년의 버밍햄은 흑인 민권운동이 전국적으로 확산하고 민권법과 투표권법이 통과되는 단초가 되었다.

앨라배마 버밍햄에서 있었던 민권 시위대 진압 모습
경찰견에게 공격당하는 고등학생 월터 개즈던Walter Gadsden(위)과 소방 호스로 물을 뿌려 시위대를
진압하는 소방관들(아래)

많은 사람이 질문을 해왔다. 미국 경찰은 왜 저렇게 강압적으로 진압하는지. 흑인들에게 유독 강압적인 것인지, 아니면 흑인들이 너무 민감한 것인지. '흑인의 생명은 중요하다Black Lives Matter'는 운동의 정확한 의미가 무엇인지, 여기에 맞불을 놓는 '모든 이의 생명은 중요하다All Lives Matter'가 (흑인들에게 미안하지만) 그렇다고 특별히 차별이라고 볼 수는 없는 것 아닌지.

사실 미국의 흑인 민권운동과 경찰의 공권력에 관한 역사를 알지 못하면 이 이슈를 이해하기 어렵다. 단순히 플로이드라는 한 명의 흑인에 대해 폭력적인 경찰이 선을 넘은 무자비한 진압을 하다 일어난 사고가 아니기 때문이다. 왜 이 이슈는 미국 전역에서 시위를 불러일으켰으며, 결국에는 인종차별적인 성격을 띤 트럼프 정부에 대한 저항의 의미까지 가지게 되었을까.

'추노꾼'으로서의 원죄

신대륙에 정착해 살기 시작하면서, 사람들은 정착지의 질서를 지켜줄 기구를 필요로 하게 되었다. 보스턴Boston, 뉴욕 같은 도시에서는 '야경꾼night watch'라는 이름으로 자발적인 안전요원들이 생겨났다. 마치 렘브란트의 그림에서 볼 수 있는 장면처럼 말이다. 이들이 했던 일은 지금처럼 범죄자를 쫓고 체포하는 법 집행이라기보다, 싸움이 나거나 질서를 어지럽히는 것을 방지하고 처리하는 역할이었다고 보면 된다. 그런데 남부에서는 조금 다른 의미의 조직이 생겨나서 발전했다. 바로 '노예 순찰대Slave Patrols'다.

역시 자발적인 조직이었지만, 이들은 특별한 임무를 띠고 있었다. 달아난 노예를 쫓아가 잡아 와서 주인에게 넘기는 일, 노예들의 반란을 진압하는 일, 그리고 농장의 규칙을 지키지 않은 노예들을 처벌하는 일. 1700년대 초 사우스캐롤라이나에서 처음으로 만들어진 이 조직은 미국 건국 당시 노예 소유를 허용했던 거의 모든 주에 존재했다. 이들의 권한은 자못 막대해서, 노예의 거주지는 물론, 도망친 노예를 숨겨주고 있다고 의심되는 백인들의 자택도 무단으로 침입해 수색할 수 있을 정도였다. 당연한 이야기이지만, 이들은 거의 모두 백인 남성이었다. 노예주들은 여러 가지 이유로 이들에게 의존할 수밖에 없었는데, 그중 가장 중요한 이유는 당시 남부 인구의 상당수가 노예였다는 사실이다. 가장 많은 노예를 거느렸던 사우스캐롤라이나나 미시시피는 노예 인구가 전체 인구의 50퍼센트를 넘었고, 앨라배마, 조지아, 루이지애나도 40퍼센트가 넘는 인구가 노예였다. 아무리 억압하고 권위로 누른다 해도, 숫자가 늘어나면 노예주들이 느끼는 위기감도 커질 수밖에 없었다. 어느 날 밤, 건장한 노예 여러 명이 합심해서 내 저택으로 쳐들어온다면 어쩌란 말인

선거는 어떻게 대중을 유혹하는가

가. 그리고 노예 수입이 금지되어 천정부지로 치솟는 노예 가격을 볼 때마다, 도망치는 노예 한 명 한 명이 눈물 나게 아까워서 견딜 수가 없었다. 다시는 이런 일이 없게끔, 반드시 잡아 와서 본보기로 호되게 혼내줘야 했다.

노예 순찰대는 남북전쟁이 끝나고 노예들이 해방되면서 사라졌다. 하지만 순찰대라는 껍데기만 사라졌을 뿐, 다른 이름의 비슷한 조직은 또 생겨났다. 쿠 클럭스 클랜Ku Klux Klan 같은 조직이 대표적이다. 그리고 노예 순찰대의 폭력적인 성격은 추후 설립된 경찰에까지 일부 이어졌다. 이제 그들이 쫓는 사람들은 노예가 아니었다. 자유인이 된 흑인들이었다.

쿠 클럭스 클랜, 짧게 'KKK'라 부르는 이 집단은 자경단이라는 명목으로 생겨났다. 테네시주의 펄래스키Pulaski에서 처음 생긴 KKK의 창시자는 네이선 베드퍼드 포레스트Nathan Bedford Forrest로, 남북전쟁에 참전한 사령관 출신이었다. 네이선 포레스트의 이름은 영화 〈포레스트 검프Forrest Gump〉에도 나온다. 영화 앞부분에서 설명하듯, 주인공 포레스트는 네이선 포레스트의 이름을 따서 붙인 것이다. 앨라배마 같은 곳에서 이런 종류의 차별이 얼마나 무심하고도 자연스럽게 이루어지고 있는가를 보여준 장면이라 할 수 있다. 처음부터 KKK가 흑인들을 상대로 테러 행위를 하기 위해 세워진 건 아니었다. 북부 연방군과 공화당에 의해 흑인들도 투표를 하고 정치에 뛰어들 수 있게 되면서, 남부 백인들은 정치적으로 설 자리가 좁아졌다고 느꼈고, 위협받는 자신들의 권익을 지키기 위해 일종의 친목회를 만들었다. 그러니까 시작은 우리가 생각하는 KKK보다 훨씬 '순한 맛'이었다고 봐도 무방할 것 같다. 이후 네이선 포레스트는 자신의 인종차별적인 태도를 반성했다고 한다.

남부는 변하지 않는다

남북전쟁이 끝난 이후, 남부는 얼마간 북부 연방군의 군정 통치를 받았다. 정치적인 협상을 통해 군정이 끝난 뒤, 남부가 전쟁 이전의 상황으로 돌아가는 데는 긴 시간이 필요하지 않았다. 자유의 몸이 된 것을 만끽하고 적응하기도 전에, 대다수의 흑인은 이전과 크게 다르지 않은 삶으로 돌아갈 수밖에 없었다. 1870년대에 이르러서는 민주당뿐 아니라 공화당 역시 인종적 평등에 관한 이야기는 한마디도 꺼내지 않았다.

이때 남부를 지배하고 있던 실질적인 법을 '짐 크로 법'이라고 부른다. '짐 크로'라는 이름은 백인이 얼굴을 까맣게 분장하는 이른바 '블랙 페이스black face'를 하고 등장해 흑인풍의 노래와 춤을 추는 민

에드워드 윌리엄스 클레이Edward Williams Clay가 그린 삽화에 등장하는 짐 크로

스트럴 쇼^{Minstrel show} 속 주인공 이름이다. 당시 연극 속 캐릭터인 짐 크로를 연기했던 인물은 토머스 다트머스 라이스^{Thomas Dartmouth Rice}인데, 그가 이 연극을 공연했던 것은 사실 1830년대 초반이었다. 미 전역에서 꽤 인기가 있었고 영국에 건너가서 공연을 하기도 했다. 한참의 시간이 지난 후, '짐 크로'는 악명 높은 인종차별의 고유명사가 되었는데, 라이스도 자신이 연기했던 이 역할이 역사에 이리 오랫동안 남을 줄은 몰랐을 것이다.

차별의 수준을 넘어서 폭행에 가까운 흑백분리가 법으로 만들어졌다. 많은 흑인이 이 법으로 인해 모욕과 수모를 당해야 했고, 이에 대항하는 모습을 보이다가 소리 소문 없이 사라지는 일도 비일비재했다. 이 모든 테러 행위를 허용해준 것이 짐 크로 법이었다. 심지어 이 관습법은 미국 역사상 최악의 연방대법원 판결 중 하나로 꼽히는 플레시 대 퍼거슨^{Plessy v. Ferguson, 1896} 판결을 통해 법적인 힘도 얻어냈다. '분리되나 평등하다^{Separate but Equal}'라는, 법적인 양심에 의심이 가는 판결문과 함께 말이다. 음식점, 화장실, 학교, 숙박시설 등 거의 모든 생활시설 전반에서 흑인과 백인이 갈 수 있는 곳이 구분되었다. 영화 〈그린 북^{The Green Book}〉을 본 독자라면 기억할 것이다. 영화의 제목이자 영화 속에 등장하는 '그린 북'은 흑인들이 안전하게 남부를 여행할 수 있도록 흑인이 갈 만한 식당, 호텔, 휴게소 등을 소개하고 있는 책이다. 짐 크로 법은 그 정도로 엄격하게 지켜지고 있었다. 그리고 이를 어기는 흑인은 즉각적으로 처벌받았다.

19세기 말 개혁주의 운동을 타고 막 등장하기 시작한 전문적인 '경찰'은 짐 크로 법을 어기는 흑인들을 체포하고 구금하는 역할을 담당했다. 그렇다고 KKK 같은 단체가 사라진 것도 아니었다. 1915년 다시 등장하기 시작한 KKK는 더욱 잔혹한 행동으로 공포의 대상이 되었다. 테러에 가까운 폭력적인 행동에는 KKK뿐 아니라 일반인도 가담하곤 했고, 남부에서는 이른바 '린칭lynching'이 만연했다. '린칭' 혹은 '린치'는 정당한 법적 절차를 거치지 않고 집단적으로 행해지는 폭력이나 처형을 의미한다. 2019년 트럼프 대통령이 자신을 탄핵한 것을 두고 '린칭'을 가하고 있다는 말을 트위터에 사용해서 크게 논란이 되었던 적이 있다. '린칭'은 그렇게 함부로 입에 올릴 수 없는 처절한 상처가 담겨진 단어이고, 인종차별적 발언을 하기로 유명한 대통령이 트위터에 던지는 것이 매우 부적절하다고 여겨질 만큼 인종적인 단어다.

블룸버그 통신의 보도에 따르면, 1882년부터 1968년 사이 무려 5,000건의 린칭이 있었고(물론 이 수치는 정확하지 않다. 훨씬 더 많다는 의견도 있다), 린칭에 희생된 이들의 절대다수인 75퍼센트는 흑인이었다. 백인들이 생각하기에 불경하고 나쁜 행동을 한 흑인을 잡아서 법적 절차를 거치지 않고 자기들끼리 처단했는데, 방법 또한 잔인하기 짝이 없었다. 그러나 가장 참혹하고, 심지어 인간이란 무엇인가를 의심하게까지 하는 것은, 이런 린칭이 비밀스럽게 진행된 게 아니라 매우 공공연하게 이루어졌다는 사실이다. 마을 사람들이 삼삼오오 모여서 그 광경을 구경했고, 가족 단위로 마실 가듯 나가서 어린아이들도 함께 광란의 장면을 즐겼다. 희생된 흑인의 신체 일부를 절단해 기념품처럼 가져가기도 하고, 관객(?)을 위해 그 자리에서 샌드위치를 팔기도 했다. 백인들은 마치 운동경기를 보러 온 사람들처럼 그 장면을 즐겼다. 이들은 희생당한 흑인들의 시신을 주로 나무나 철책에 매달아놨는데, 이를 두고 재즈 보컬의 레전드라 할 수 있는 빌리 홀리데이^{Billie Holiday}는 〈이상한 과일^{Strange Fruit}〉이라는 곡을 부르기도 했다. 나무에 매달린 흑인의 시신을 '과일'로 표현하면서. 이런 무법지대에 경찰은 전혀 등장하지 않았다. 사실은, 함께 참가하기도 했다. 경찰은 무도한 이들과 한통속이었다.

민권운동이 한창이던 1960년대, 경찰은 다시 한 번 흑인들에게 폭압적인 존재로 전면에 등장한다. 짐 크로 법에 저항하며 정당한 투표권을 보장하고 흑백분리법을 폐지하라는 요구가 빗발치던 때였다. 흑인들과 이에 동조하는 많은 백인이 마틴 루터 킹이라는 걸출한 지도자를 비롯한 여러 민권운동가의 지휘 아래 저항운동을 펼쳤다. 흑인 출입 금지 레스토랑에 조용히 들어가 음식을 주문하고 앉아 있거나, 길거리에서 평화 시위를 했다. 흑인 학생 7명과 백인 학

선거는 어떻게 대중을 유혹하는가

생 6명은 남부 버스 터미널의 흑백분리정책을 철폐할 것을 요구하며 버스를 대절해 남부를 돌기도 했다. '프리덤 라이드Freedom Ride'라 불린 이 운동을 하던 사람들은 그야말로 고난이라는 고난은 다 겪어야만 했다. 백인들에 의해 집단 폭행을 당하기 일쑤였고, 타고 있던 버스가 불타기도 했다. 결국에는 당시 법무부 장관이었던 로버트 케네디Robert Kennedy가 연방군을 투입하기까지 했는데, 이때에도 이런 테러와 범죄행위를 막기는커녕 도왔던 것이 경찰이었다. 민권운동가였던 지미 리 잭슨Jimmie Lee Jackson을 사살한 것도 경찰이었고, 무고한 흑인들이 폭행을 당할 때 맘 놓고 때리라고 백인들을 엄호해준 것도 경찰이었다. 민권운동의 시기를 지나 닉슨 정권이 들어섰다. 그리고 닉슨 대통령은 법질서 확립을 외치며 경찰력 강화에 힘을 실어줬고, 이들의 타깃은 다시 흑인이 되었다.

최고 지도자의 인식이 중요한 이유

우리에게 잘 알려진 것이 조지 플로이드일 뿐, 그와 비슷한 죽임을 당한 경우는 허다하다. 가장 비슷한 예가 2015년 에릭 가너Eric Garner의 죽음이다. 불법으로 담배를 팔다가 뉴욕시 경찰에게 붙잡혔던 그는 뒤에서 목을 감은 경찰에게 "숨을 쉴 수 없어요"라고 호소했으나 무시당했다. 그리고 플로이드처럼 질식사했다. 2012년에는 플로리다에서 17살밖에 되지 않은 트레이본 마틴Trayvon Martin이 조지 짐머만George Zimmerman이라는 경찰 산하의 동네 순찰대neighborhood watch coordinator가 쏜 총격으로 사망했다. 짐머만은 마틴을 강도로 의심했다고 했지만, 마틴은 총기도 소지하지 않은 비무장 상태였던 것으로 드러났다. 마찬가지로 비무장 상태였던 18살 소년 마이클 브라운Michael Brown이 경찰의 총에 의해 사망한 사건은 2014년 미주리주 퍼거슨Ferguson에서 폭동을 야기하기도 했다. 유명한 퍼거슨 폭동의 단초였다. 더 기가 막힌 것은, 이런 사건과 연루된 경찰이 대부분 무죄로 풀려났다는 사실이다.

'흑인의 생명은 소중하다'는 운동은 하루아침에 일어난 것이 아니다. 플로이드의 사망도 어쩌다 생긴 안타까운 일이 아니다. 300년 가까이 계속되어온 흑인 공동체와 백인 자경단, 노예 순찰대, KKK, 경찰과의 폭력적인 갈등 속에서 폭발한 일이다. 아직도 남아 있는 인종차별로 인해 불행하게 발생한 일이 아니라, 지속적인 차별과 폭력의 역사가 만든 연장선에 놓여 있는 것이라고 보아야 한다. 매우 개탄스러운 사실은, 21세기가 훌쩍 넘은 지금, 마치 중2병 걸린 허세 덩어리에 우스꽝스러운 존재로 전락한 KKK가 다시 대낮의 미국 거리에 나타났다는 것이다.

트럼프가 대통령에 당선된 이후, 2017년 8월 버지니아주 샬러츠빌

Charlottesville에서 열린 극우 집회에는 남부 연합기와 KKK 상징을 든 이들이 등장했다. 거리는 이 밖에도 하켄크로이츠 깃발을 든 네오 나치와 대안 우파 지지자들로 가득 메워졌다. 한편 이에 반대하는 단체와 시민들의 시위도 맞은편에서 함께 열리고 있었다. 결국 두 집단은 충돌했고, 이로 인해 부상자와 사망자까지 나왔다.

문제는 트럼프 대통령의 반응이었다. 그는 샬러츠빌 사건과 관련해 혐오 발언과 행위 등을 비판하는 성명을 냈다. 그런데 뭔가 꺼림칙하게 양비론적 입장을 보였다. 인종차별주의자, 백인우월주의자, KKK, 네오 나치뿐 아니라, 이들에 반대하기 위해 모인 시민들까지 싸잡아서 충돌과 폭력 사태를 낳은 범인처럼 취급했다는 인상을 주기 충분했다. 트럼프 대통령의 발언에 충격을 받고 크게 분노한 게리 콘Gary Cohn 당시 국가경제위원회 위원장이 사임의 뜻을 밝히기도 했다는 뒷이야기가 있다. 콘은 유대인이다. 그는 미국 거리에 등장한 하켄크로이츠에 숨이 막힐 정도의 분노를 느꼈다고 전해진다.

다른 사람도 아니고 대통령이 양비론적 뉘앙스의 발언을 했다는 점은 부적절하다. 사실 트럼프는 그때뿐만 아니라 2016년 선거 유세 내내 그리고 그 이후로도 이민자에 대해 서슴지 않고 모욕적인 발언을 함으로써 미국을 사뭇 다른 세상으로 만들어놓았다. 지금 미국에서는 심지어 리버럴하다고 알려진 곳에 거주하는 이민자 혹은 유학생들이 인종차별적 언사와 모욕을 당했다는 이야기가 예전과 달리 심심치 않게 들린다. 사실상 최고 권력자인 대통령이 인종차별적 모욕을 허용한 상황이나 마찬가지이기 때문이다. 마치 애써 막고 있던 제방의 수문을 열어젖힌 것과 같다. 대통령이 했기 때문에 이제는 그 누구도 참을 필요가 없는 사회 분위기가 만들어졌다.

링컨, 그 위대한 이름

2013년으로 기억한다. 영화 〈링컨Lincoln〉이 한국에서 개봉했다. 미국인이 가장 존경하는 대통령 중 다섯 손가락 안에 들어가는 인물로, 더 이상의 설명이 필요 없는 이름이다. 스티븐 스필버그Steven Spielberg 감독에 내가 특히나 좋아하는 배우 다니엘 데이 루이스Daniel Day-Lewis가 링컨 역을 맡았다는데, 또 얼마나 신들린 연기를 했을지 기대가 넘쳤다. 이 영화는 무려 아카데미상 12개 부문에 후보로 올랐고, 다니엘 데이 루이스는 그의 세 번째 오스카를 거머쥐었다. 보러 가는 데 주저할 이유가 없었다.

무려 2시간 30분의 러닝타임 동안 눈을 떼지 못하고 영화를 봤다. 다니엘 데이 루이스가 저렇게 에이브러햄 링컨을 닮았던가 감탄했고, 샐리 필드Sally Field가 하고 나온 목걸이를 보면서 링컨이 대통령에 취임할 때 부인 메리에게 선물했던 바로 그 목걸이임을 알아보는 재미도 있었다. 그렇게 영화를 보고 나서 든 생각은 하나였다. '이 영화는 우리나라에서 망하겠구나.' 〈링컨〉은 기본적으로 미국의 역사와 정치를 알지 못하면 하품만 하다 나올 영화였다. 그리고 내 예상대로 저조한 흥행 성적을 보이고 금방 내려왔다.

우리가 아는 링컨은 노예제도에 반대하고, 남북전쟁을 북부 연방군의 승리로 이끈 훌륭한 대통령이다. 나와 시대를 같이한 세대라면 기억할 만한 『성문 종합영어』에 실렸던 "국민의, 국민을 위한, 국민에 의한(of the people, for the people, by the people)"이라는 불후의 문구를 외쳤던 게티즈버그Gettysburg 연설의 주인공이다. 당시 나는 책에 실렸던 예시 글이 긴 연설문의 일부라 생각했다. 나중에 그 한 장의 글이 연설문의 전부라는 사실을 알고 깜짝 놀랐다. 실제로 2분 정도밖에 되지 않는 짧은 연설이었다고 한다. 동시에 링컨은 극장에서 암살당하는 비극적 결말을 맞이한 대통령이고, 소름 끼치는 미국 대통령 암살의 저주라는 도시 전설urban legend 같은 이야기의 주인공이기도 하다. 하지만 링컨은 우리가 지금 알고 있는 강력한 연방정부를 가진 '미합중국the United States of America'을 건국한, 어쩌면 진정한 국부라고 할 수 있다.

영화는 수정헌법 13조를 통과시키는 과정에 드러나는 링컨의 정치력을 보여주고 있다. 이른바 노예제도 폐지 3법이라 불리는 수정헌법 13조, 14조, 15조 중 13조는 노예해방을 선언하는 조항이다. 링컨과 그의 참모들은 전쟁이 끝나기 전에 반드시 수정헌법을 통과시켜야 한다고 생각했다. 그러지 않으면 저 음흉한 남부인들이 어떻게든 전쟁 전의 상황으로 되돌려놓을 게 뻔하다고 봤기 때문이다. 결국 끈질긴 설득과 회유, 그리고 비리마저 마다치 않는 치열한 타협 끝에, 그는 13조를 통과시키는 데 성공한다. 하지만 링컨은 암살되고 만다. 그럼으로써 완벽하고 견고한 건국을 직접 매듭짓지 못했고, 안타깝게도 지금까지 계속되는 인종 갈등의 불씨를 남겨두고 말았다.

많은 사람이 링컨의 게티즈버그 연설을 기억한다. "국민의, 국민을 위한, 국민에 의한"이라는 라임까지 들어맞는 이 아름다운 구절은 미국뿐 아니라 전 세계의 민주주의가 나아가야 할 방향을 명징하게 가리켰다. 하지만 나는 개인적으로 링컨이 1858년 일리노이주 상원의원 선거에 나가기 전, 공화당 후보로 지명받았을 때 했던 후보 수락 연설의 한 구절을 더 좋아한다. 링컨의 가장 훌륭한 점은, 미합중국은 절대로 분열되어서는 안 된다고 생각했다는 점이다. 남과 북으로 나뉜 채 적이 되어 싸우며 갈기갈기 찢어진 미국을 통합해야만 살아남을 수 있다고 생각했다. 그의 통찰력은 지금도 생명력이 있다고 믿는다. 미국뿐 아니라, 우리 사회에도.

"스스로 분열된 집안은 바로 설 수 없습니다. 저는 이 정부가 절반은 노예로, 나머지 절반은 자유민으로 살아가는 상태를 영속할 수 없음을 믿습니다."

미국의 뿌리, 이민자들
: 이민과 정치 지형 변화 I

귀공자 이미지가 강하던 배우 조인성이 깡패 역을 맡아 구성진 목
소리로 〈땡벌〉을 부르며 운전하던 모습이 담긴 영화 〈비열한 거리〉.
제목만 보고 사실 나는 마틴 스콜세지Martin Scorsese 감독을 떠올렸다.
그의 팬들은 잘 알고 있겠지만, 스콜세지 감독의 영화 중 〈비열한
거리Mean Street〉가 있기 때문이다. 그의 영화 가운데는 미국 이민자들
과 관련된 작품이 유독 많다. 〈택시 드라이버Taxi Driver〉〈갱스 오브 뉴
욕Gangs of New York〉, 그리고 지난 2020 아카데미 영화제에서 작품상 후

보에 올랐던 〈아이리시 맨Irish Man〉이 대표적이다.

비열한 거리 위의 아이리시 맨

뉴욕 퀸스Queens에서 태어난 이탈리아 이민 2세였던 탓일까. 스콜세지는 유난히 이민자들의 삶을 조명하는 영화를 많이 제작했다.

그런데 그의 영화 속에 나타난 이민자의 삶과 미국 사회는 우리가 흔히 떠올리는 미국의 모습이 아니다. '기회의 나라land of opportunity'이자 노력만 한다면 꿈을 이룰 수 있는 곳, 그래서 재능과 열정을 가진 이민자들이 문을 두드리고 아낌없이 그들을 받아들이는 곳이 '미국'이라는 허상을 주저 없이 부숴버린다. 개척자들이 세운 국가라는 용맹스러운 이미지 속에 숨겨진 이민자들의 세계는, 국가와 사회가 제공하는 모든 것의 사각지대에서 가장 폭력적이고 비열하고 적나라한 방식으로 살아남은 자들의 사회다. 그는 마치 고발하듯 미국 이민 역사의 민낯을 보여준다. 그래서 나는 그의 영화를 무척이나 좋아한다.

미국 이민의 역사는 스콜세지가 묘사하는 바와 같이, 결코 성공 스토리로만 점철되지 않는다. 아니, 사실은 매우 냉혹하고 어두운 정글의 법칙이 통하는 세계이기도 했다. 그럼에도 여전히 많은 이들이 꿈을 안고 미국으로 들어오고 있고, 현재 미국 인구의 대다수는 여차 저차 하여 이민에 한 자락씩은 걸치고 있다. 사실 거슬러 올라가면 거의 다 이민자이기도 하지만 말이다.

그런 이유로 미국 인구조사에서 이민자는 미국에서 태어나지 않은 미국인을 기준으로 한다. 즉, 외국 태생foreign born 을 의미한다. 그렇게 따졌을 때, 2018년 현재 미국 전체 인구 가운데 14퍼센트가 이민자다. 1890년 14.8퍼센트였던 역대 최고 기록에 육박하는 수치다.

최근 가장 많은 이민자는 멕시코 출신으로, 현재 미국에 거주하는 이민자의 25퍼센트다. 그 외 쿠바(3%), 엘살바도르(3.17%), 과테말라(2.25%) 등을 포함하면, 라틴아메리카 출신이 무려 50퍼센트의 이민 인구를 차지한다. 인도(5.93%), 필리핀(4.5%), 중국(4.97%), 한국(2.32%) 같은 아시아 지역 출신 이민자도 눈에 띈다. 흥미로운 점은, 언론에 많이 나오는 것처럼 멕시코 출신 이민자들이 쉴 새 없이 밀려들어 오는 상황은 아니라는 것이다. 오히려 이제는 아시아계 신규 이민자의 증가 추세가 눈에 띈다.

퓨 리서치센터의 조사에 따르면 2017년 새로운 이민자 중 인도에서 건너온 이민자가 12만 6,000명으로 가장 많았고, 그다음이 멕시

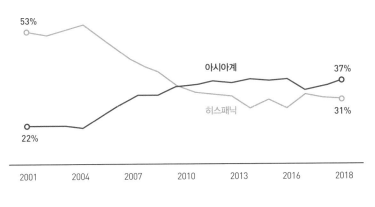

출처: 퓨 리서치센터

이민 현황: 새로 유입되는 아시아계 이민자 증가 추세

코로 12만 4,000명이었다. 세 번째로 많은 이민자는 중국에서 건너왔는데, 12만 1,000명이었다. 상황이 이렇다 보니, 아시아계가 차지하는 이민자 비율이 점점 늘어나고 있고, 전문가들은 2055년에는 이민자 집단 중 가장 큰 비율을 차지할 것으로 전망하고 있다.

위스키와 맥주, 그리고 와인

일단 위스키라 하면 스카치위스키가 생각나고, 맥주라 하면 독일이 생각난다. 와인이라면 프랑스도 있지만 이탈리아도 빼놓을 수 없다. 이렇게 나열해놓고 보니 모두 미국에 대거 이민을 왔던 대표적인 이민 주자들이다. 미국 이민자들은 주酒류 문화도 하나씩 들여온 것이다.

추측하건대, 주변에 미국으로 이민 가서 살고 있는 고모 한 명 없는 사람을 찾기 어려울 것이다. 나 역시 1970년대에 미국으로 이민을 간 외삼촌이 있고, 한국말을 잘 하지 못하는 외사촌들이 있다. 언뜻 기억하기로는 나의 부모님도 한때 이민을 생각하셨다고 들었다. 풍요롭지 못했던 1970년대, 한국에서 미국으로 꿈과 성공을 찾아 떠난 이들은 참 많았던 것 같다.

미국 이민의 역사를 보면 무척 흥미롭다. 18세기부터 시작되었던 이민이 지금까지도 정치사회적으로 큰 영향을 미치고 있기 때문이다. 다들 알다시피, 미국이 건국되기 전 아메리카 대륙으로의 이주는 영국, 스페인, 네덜란드, 프랑스 인구가 거의 대부분을 차지하고 있었다. 이민이라고 하기에는 애매한 아메리카 대륙으로의 이주가 처음 시작되던 때, 청교도들이 뉴잉글랜드 지역으로 건너가고 영국 왕실주의자들이 버지니아를 기점으로 남부로 퍼졌다면, 애초에 네덜란드가 차지하고 있다가 영국에 건네준 뉴욕도 있다. 원래 '뉴암스테르담New Amsterdam'이라는 이름을 가졌던 이 지역은 영국에게 넘

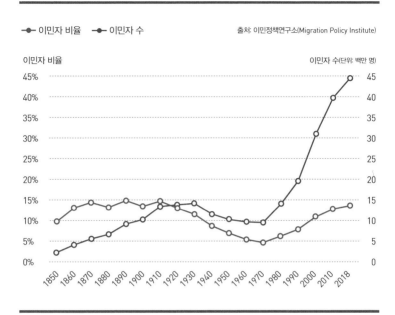

미국 이민자 변화 추이

어간 이후 '뉴욕'으로 이름이 바뀌었다. 중상주의로 한때 무역의 거점이자 엄청난 부를 거머쥐었던 네덜란드의 상업문화 덕분이라 할지, 뉴욕은 여전히 세계에서 가장 열린 시장주의자들의 도시로 건재하다. 그리고 중부에는 제퍼슨 대통령이 나폴레옹으로부터 사들이기 전까지 프랑스가 차지하던 루이지애나가 넓게 퍼져 있었다. 플로리다를 포함한 남서부는 스페인의 몫이었다.

각기 다른 국가에서 온 이민자들은 거주하는 지역도 달랐다. 영국에서 건너온 이들은 이미 초반부터 동부와 버지니아를 중심으로 한 동남부에 정착했다. 아일랜드나 스코틀랜드에서 온 이들은 펜실베이니아에 내려서, 아직 누구도 차지하지 않고 남아 있는 땅을 찾아 애팔래치아산맥을 따라 남서쪽으로 갔다. 가진 게 땅밖에 없었던 미국은 고향을 떠나 맨몸으로 새로이 시작해보려는 이들에게 매력적인 곳이었다. 거기나 여기나 삶이 고달프고 힘든 것은 매한가지였기 때문이다.

19세기 초부터 철도와 인프라 사업, 그리고 도시 건설을 위한 값싼 노동력이 필요해진 미국에 또다시 이민 붐이 불었다. 1820년부터 1870년까지 무려 700만 명이 넘는 이민자들이 쏟아져 들어왔다. 이 중 3분의 1이 아일랜드에서 건너온 이들이었다. 감자 대기근으로 인해 굶어 죽는 이들이 속출하자 미국으로 탈출한 것이나 마찬가지였다. 당연히 가진 것 하나 없이 몸뚱이만 가지고 건너온 이들은, 초창기 미국으로 건너온 스코틀랜드-아일랜드 이주민과 달리 땅을 살 돈이 없었기에 뉴욕과 같은 곳에서 도시 노동자로 정착했다.

당시 또 많이 건너온 이들이 독일인이었다. 트럼프 대통령의 할아버지인 프리드리히 트럼프Friedrich Trump 역시 19세기 말 미국에 이민을 왔는데, 1885년 뉴욕에 첫발을 디딘 것으로 알려져 있다. 독일에서 온 이민자들은 주로 대륙 위쪽에 위치한 미네소타, 오하이오, 위스콘신, 노스다코타, 사우스다코타, 미주리 같은 중부의 주들을 중심으로 자리 잡았다. 밀워키Milwaukee는 위스콘신주에서 가장 큰 도시인데, 현재 메이저리그 야구팀인 밀워키 브루어스Milwaukee Brewers는 맥주를 즐기는 독일 전통을 담은 네이밍인 셈이다.

비슷한 시기, 스칸디나비아에서도 많은 이민자가 건너왔다. 특히 스웨덴 이민자들은 현재 미네소타 지역에 걸쳐 살았고 노르웨이와 덴마크 등지에서 온 이민자들 역시 미네소타, 위스콘신, 아이오와 등지에 정착했다. 그런 탓에 독일과 스칸디나비아 이주민의 유럽 사회민주주의적 특징은 지금까지도 이 지역에 이어져 내려오고 있다. 위스콘신은 미국 진보 시대Progressive Era의 중심이 되었던 주이고, 노르웨이 이주민 덕분에 공교육의 전통이 빨리 뿌리내리기도 했다. 그래서인지 특정 정파에 휩쓸리기보다는 합리적이면서도 개혁적 성향의 정치적 전통이 강한 편이다.

이후 건너오는 이민 집단은 이탈리아계다. 19세기 말부터 20세기 초까지 쏟아져 들어온 이들은 '신新이민 집단'인 셈이었다. 이미 많은 이민자 집단이 먼저 도착해 정착하고 심지어 텃세까지 부리는 상황에서, 이탈리아 이민자들은 가난하고 배움이 짧고 심지어 시칠리안 마피아와 연관되어 있다는 이유로 많은 차별을 받았다. 당장 마피아를 다룬 수많은 할리우드 영화만 봐도 알 수 있다.

그런데 다음 표에서 보다시피 이민자 숫자가 한동안 줄어드는 시기가 다가온다. 1924년 제정된 이민법The Immigration Act 때문이다. 이 법은 이미 정착해서 미국에 살고 있는 이민자들의 국적을 조사해서, 국적별로 2퍼센트에 해당하는 이민자들만 쿼터quota제로 받는 내용을 담고 있었다. 그렇게 되면 이미 와서 정착해 있던 조기 이민 그룹인 독일, 영국, 아일랜드 등지에서 오는 이들(이젠 새로운 이민 자체는 많이 줄어든)에게 유리하지만, 후기 이민자 그룹인 남부 유럽, 동부 유럽 그리고 아시아 지역에서 새로 들어오려는 이민자들에게 매우 제한적이 될 수밖에 없었다. 전체적인 결과는 이민의 제한이었다.

그러다가 다시 이민의 문호를 열기 시작한 것은 1965년 린든 B. 존슨 대통령이 이 쿼터제를 폐지하고 기능별 취업이민을 허용하면서였다. 필립 하트Philip Hart 상원의원과 이매뉴얼 셀러Emanuel Celler 하원의원의 이름을 따서 하트-셀러 법Hart-Celler Act이라고도 불리는 이 법은, 당시 북서 유럽 백인을 차별적으로 우대하는 미국의 이민법을 개정하는 큰 발걸음이었다. 여기에는 미국에서 불고 있던 민권운동과 인종차별 반대 분위기가 중요한 역할을 했다. 국내에서 피부색에 따른 차별에 반대하는 시민운동이 연일 거리를 뒤덮고 있는데, 대놓고 출신 국가에 따라 이민을 제한하고 차별하는 것은 대외적으

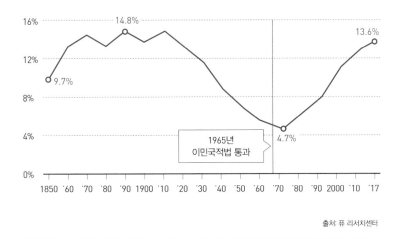

16%

14.8%

13.6%

12%

9.7%

8%

4%

1965년
이민국적법 통과

4.7%

0%

1850 '60 '70 '80 '90 1900 '10 '20 '30 '40 '50 '60 '70 '80 '90 2000 '10 '17

미국 이민 인구 비율 변화

로도 창피할 뿐 아니라 자유세계를 이끌고 있는 미국으로서 체면을
구기는 일이기도 했다.

뉴욕항의 자유의 여신상 발 아래 마련된 단상에서 사인을 했던 당
시 존슨 대통령은 이 법이 미국 사회에 얼마나 큰 영향을 가져올지
깊이 생각하지 않았던 듯하다. 개정된 이민법이 어떤 혁명적인 성
격을 가지고 있는 것도 아니고 미국인의 생활을 바꿔놓거나 국력에
영향을 미치지 않을 것이라 말하기도 했다. 아니면 알면서도 애써
그 효과를 축소하려 했을지도. 어마어마한 수의 이민자가 밀려들었

1965년 이민국적법에 서명하는 린든 B. 존슨 대통령

고 우리가 알고 있는 인종의 '용광로melting pot'는 이 시점부터 만들어
지기 시작했다. 그리고 급기야 미국의 정치 지형도까지 바꿔놓기에
이르렀다.

우리 편과 너희 편
: 이민과 정치 지형 변화 II

1960년대부터 시작된 미국 이민 붐은 지금까지도 이어지고 있다. 앞서 말했다시피 단초가 되었던 1965년의 이민법은 민주당 소속이었던 의원 두 명에 의해 발의되었고 민주당 대통령에 의해 서명되어 법제화되었다. 당시 정부와 의회는 이 법으로 인한 이민 효과를 인지하지 못했지만, 효과는 꽤 빠르게 나타났다. 일단 이민 인구가 크게 증가한 것은 물론이거니와, 이제는 이민자 문제를 둘러싼 정당 간 의견 차이가 현격하게 나타나기 시작한 것이다.

이민자와 정당의 함수관계

현재 미국 유권자들은 일반적으로 민주당은 이민자에게 호의적이고 공화당은 그렇지 않다고 인식하고 있다. 부모를 따라 불법으로 체류하게 된 청소년과 아이들을 구제해주는 행정명령은 민주당 대통령 오바마가 내렸고, 공화당의 트럼프 대통령은 불법 체류자에 대해 단호하게 대처하는 수준을 넘어 적대적 감정까지 드러냈다. 그런데 민주당이라고 처음부터 그랬던 것은 아니다. 이민의 문을 열어준 1965년 이민국적법은 민주당 의원들이 발의하고 민주당 대통령이 사인했지만, 민주당이 본격적으로 이 이슈를 가져가기 시작한 것은 그보다 훨씬 뒤의 일이다.

먼저, 미국인이 이민자에 대해 어떤 인식을 가지고 있는지 살펴보자. 퓨 리서치센터가 1994년부터 2019년까지 추적한 미국인의 이민자에 대한 인식은 큰 변화를 보인다. 1994년만 하더라도 이민자는 미국인의 일자리를 빼앗고 미국 사회에 부담이 되는 존재라고 응답한 비율이 63퍼센트로 월등히 높았다. 국가 경쟁력을 높여줄 것이라 보는 비율은 31퍼센트에 지나지 않았다. 그러다가 2019년에는 결과가 완전히 뒤집혔다. 부정적인 인식은 28퍼센트로 줄었고, 긍정적인 인식이 62퍼센트로 크게 증가한 것이다. 여기에는 이민자에 대한 전반적인 사회 인식 변화도 있지만, 무엇보다 민주당 지지

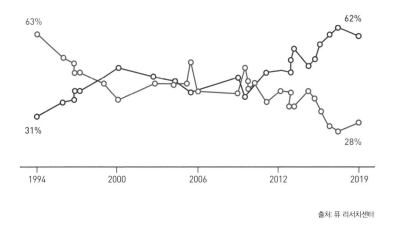

○ 일자리, 주거, 헬스케어 측면에서 국가 부담으로 작용 ● 재능과 근면함으로 국력 강화에 도움

63%

62%

31%

28%

1994   2000   2006   2012   2019

출처: 퓨 리서치센터

이민자에 대한 미국인의 인식 변화

자들의 '심경 변화'가 가장 컸다.

1994년만 하더라도, 민주당 지지자들과 공화당 지지자들 사이에는 이민자에 대한 태도에 큰 차이가 없었다. '이민자가 미국의 경쟁력을 높여준다고 생각하는가'라는 질문에 민주당의 34퍼센트가 '그렇다'고 응답했고, 32퍼센트의 공화당 지지자가 마찬가지로 '그렇다'고 답했다. 그러던 것이 2019년에 와서는 무려 83퍼센트의 민주당 지지자들이 '이민자는 국가 경쟁력을 높이는 자원'이라고 답한

다. 반면 1994년에는 민주당 지지자들과 큰 차이가 없었던 공화당 지지자들은 2019년에 와서도 비슷한 대답을 하고 있다. 38퍼센트의 공화당 지지자들이 이민자에 대해 긍정적으로 평가한 것이다. 공화당 지지자들은 25년 전이나 지금이나 크게 변한 바가 없다.

반대의 경우를 살펴보자. '이민자들은 자신들의 직장을 빼앗아가고, 건강보험이나 주거 문제에 부담이 되는 존재'라고 답한 비율 역시 1994년에는 민주당이든 공화당이든 지지 정당별로 크게 다른 수치를 보이지 않았다. 공화당의 64퍼센트, 민주당의 62퍼센트가 이민자에 대해 적대적 태도를 드러냈다. 사실 민주당은 노동조합이나 블루칼라 노동자들이 전통적으로 지지해온 정당이다. 따라서 이민자들의 값싼 노동력으로 인해 자신들의 직업 안정성이 침해받는다는 위기감은 민주당의 블루칼라 노동자들이 더 절실하게 느낄 수밖에 없었다. 그리고 당시 민주당 정치인들은 지지자들의 이익을 대변해주었다. 하지만 25년이 지난 지금, 11퍼센트밖에 되지 않는 민주당 지지자들만 이민자들이 부담스러운 존재라고 답하고 있다. 반면 공화당 지지자들은 1994년보다는 줄었지만 여전히 이민자에 대해 부정적인 생각을 가지고 있었는데, 49퍼센트 정도의 공화당 지지자들이 이민자에 대해 부정적인 응답을 했다.

이민자들이 재능과 근면함으로 국력 강화에 도움이 된다고 응답한 사람의 비율

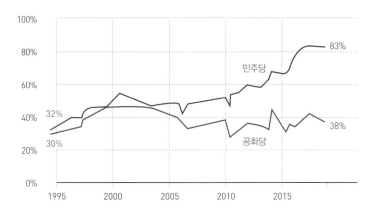

이민자들이 일자리, 주거, 헬스케어 측면에서 국가 부담으로 작용한다고 응답한 사람의 비율

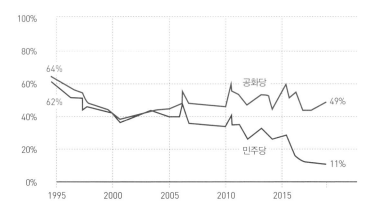

출처: 퓨 리서치센터

이민자에 대한 정당 간 인식 차이

이제부터 우리 편

다음의 문장을 읽어보자.

> "우리는 불법 이민자를 더 이상 두고 보아서는 안 될 뿐 아니라,
> 반드시 이를 막아야 한다고 생각합니다. …… (소홀했던 국경을 넘
> 어) 마약이 자유롭게 드나들었습니다. 불법 이민자들은 통제 불
> 가능했습니다. 미국에서 추방당한 범죄 전과 이민자들이 바로
> 다음 날 다시 국경을 넘어와 범죄를 저지르곤 했습니다."

누가 한 말 같은가? 현재 트럼프 행정부의 성명처럼 들린다. 그러나
놀랍게도 위의 문구는 1996년 대통령 선거를 앞둔 민주당이 내놓
은 정강정책 중 한 부분이다. 그리고 클린턴은 같은 해 불법이민 개
혁 및 이민자 책임법Illegal Immigration Reform and Immigrant Responsibility Act을 통
과시켰다. 많은 이들이 이 법이야말로 이민자들을 범죄자로 만들고
추방하는 악순환의 시작이었다고 비판한다. 이민, 특히 불법 이민
문제에 있어서 25년 전의 민주당은 공화당이나 트럼프 못지않은 강
성이었다.

지난 25년 사이에 무슨 일이 생긴 것일까?

일단은 많은 이민자가 미국으로 들어왔다는 점을 들 수 있다. 그리고 새로운 이민자 가운데 상당수가 히스패닉 유권자들이었다. 정당에 새로운 유권자 그룹이 생긴 셈이다. 이 새로운 유권자층을 잡은 쪽이 민주당이다. 앞서 표에서 보았다시피, 1990년대만 하더라도 민주당이나 공화당이나 이민자에 대한 인식은 똑같이 부정적이었다. 하지만 막 이민을 온 유권자 그룹의 가능성을 본 민주당은 적극적으로 이들을 지지자 그룹으로 끌어들였다. 2008년 민주당의 정강정책은 불법 체류자들을 '우리의 이웃^{our neighbor}'이라고 언급하기 시작했다. 불과 12년 전인 1996년의 정강정책에 쓰여 있던 문구와는 완전히 분위기가 다르다. 그리고 2016년 민주당 정책에는 불법 체류자와 관련해 '불법^{illegal}'이라는 말이 쓰이지 않았다. 언젠가부터 '불법 체류자^{illegal immigrant}'는 '서류 미비 체류자^{undocumented immigrant}'라는 말로 대체되었다. 이런 묘한 어휘 차이는 언론 매체에서도 나타난다. 진보 매체의 경우 'undocumented immigrant'를 쓰고 있고, 폭스 뉴스 같은 곳에서는 'illegal immigrant'를 쓴다. 언어를 통한 정치 성향 노출이라 할 수 있다.

또 이민자들을 '미국인의 일자리를 빼앗는 짐스러운 존재'가 아니라 취약계층으로 바라보는 인식 전환이 이루어졌다. 여기에는 민권 운동을 하는 운동가와 단체가 한몫했다. 인권적인 측면을 강조해서 연대할 수 있는 집단으로 이민자들을 규정한 것이다. 게다가 한때 이민자들을 '적'처럼 규정하던 미국노동총연맹American Federation of Labor and Congress of Industrial Organization; AFL-CIO은 시간이 지나면서 이들이 (노동조합비도 내고 세도 불릴 수 있는) 새로운 노조원이라는 생각을 하기 시작했고, 그런 이유로 우리 편이 될 이민자들을 더 이상 적으로 돌릴 필요가 없어졌다.

여기에 가세한 주체는 기업이다. 값싼 노동력을 필요로 하는 제조업뿐 아니라, 고급 기술이나 학력을 필요로 하는 세계적 기업들 역시 뛰어난 이민자들을 적극적으로 유치하게 된 것이다. 전자의 경우는 값싼 임금 때문이고, 후자의 경우는 기업의 성격상 리버럴한 친親민주당 성향이 맞았기 때문이다. 이렇게 정당의 정책적 목적, 시민사회의 인식 변화와 운동, 그리고 기업의 이해관계가 맞아떨어지면서, 민주당은 이민자에 대한 인식과 태도에 변화를 나타냈다. 위로부터의 변화는 민주당 지지자들에게까지 전파되었고, 오늘날 민주당과 공화당의 이민자에 대한 현격한 시각 차이가 만들어졌다.

용광로에 무슨 일이

민주당의 이민자에 대한 태도 변화는 민주당 지지자들의 인식만 변화시킨 게 아니다. 어쩌면 당연한 이야기일 테지만, 이민자들의 민주당에 대한 공고한 지지 역시 이끌어냈다. 먼저 2017년 퓨 리서치 센터의 여론조사에 따르면, 백인 유권자 집단의 공화당과 민주당 지지율은 각각 51퍼센트와 43퍼센트로, 공화당 지지가 높았다. 반면 그 외 다른 모든 소수인종과 이민자 집단에서는 민주당이 공화당보다 훨씬 인기 있었다.

가장 많은 히스패닉계 이민자들의 경우, 63퍼센트가 민주당을 지지하고 28퍼센트는 공화당을 지지하고 있었다. 사실 히스패닉계 이민자들이라고 모두 같은 정치 성향을 가진 것은 아니다. 이들 중에서 쿠바계 이민자는 여타 히스패닉계와는 달리 공화당 지지 성향이 강하다. 1959년 쿠바혁명으로 피델 카스트로^{Fidel Castro}가 정권을 잡았을 때 도망쳐 나온 쿠바인들은 미국에서 전격적으로 난민 지위와 영주권을 부여받으며 주로 플로리다에 정착하게 된다. 난민 지위 부여에 인색한 미국에서 냉전이 시작된 시대였기에 가능했던 일이다. 카스트로 정권에 반감을 품고 있었던 쿠바계 히스패닉 집단은 사회경제정책에서 보수적 성향인 공화당을 민주당보다 훨씬 선호했다. 달리 마코 루비오^{Marco Rubio} 같은 쿠바계 이민자가 플로리다주 공화당 상원의원으로 선출되는 게 아니다. 세대를 내려오면서 쿠바 이민자들의 정치 성향 역시 사뭇 달라지고 있지만, 많은 히스패닉 유권자 중 상당히 눈에 띄는 것은 여전하다. 아시아계 이민자들 역시 공화당보다 민주당에 더 호의적인데, 65퍼센트의 아시아계 응

백인

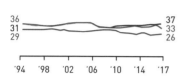
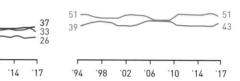

히스패닉계

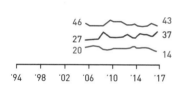
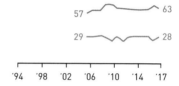

아시아계

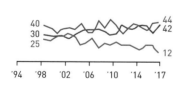
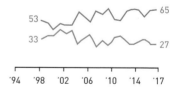

출처: 퓨 리서치센터

이민자 그룹별 정당 지지율

답자들이 민주당을 지지한다고 답했고, 27퍼센트가 공화당을 지지한다고 답했다. 흥미로운 점은, 히스패닉계와 아시아계 모두에게서 2000년대 초반부터 2017년까지 민주당 지지율이 꾸준히 올랐다는 점이다. 앞서 언급한 바와 같이, 민주당의 친이민자 정책이 잘 먹혔다고 볼 수 있다.

그런데 같은 이민자들이지만 이들의 인구사회학적 성격은 상당히 다르다. 가장 눈에 띄는 부분은 학력이다. 먼저, 이민자 비율이 가장 높은 멕시코 이민자들의 경우 학력 수준이 매우 낮다. 대학 졸업장을 가진 고학력 비율이 7퍼센트밖에 되지 않는다. 반면 고졸 미만의 저학력자는 무려 54퍼센트로, 본토 미국인의 9퍼센트와는 비교도 되지 않을 정도로 높다. 이 수치는 다른 이민자 집단에 비해서도 매우 낮은 수준이다. 이민자 집단 중 학력 수준이 높은 이들은 아시아, 중동, 유럽과 캐나다에서 건너온 이들이다. 아시아계 이민자들은 무려 53퍼센트가 대학 졸업장 혹은 그 이상의 학위를 가지고 있을 정도로 고학력자였다. 중동에서 건너온 이들도 마찬가지로 고학력자였는데, 이들 중 48퍼센트가 학사학위 이상을 가지고 있었고, 유럽이나 캐나다에서 건너와 정착한 이민자들 중에도 고학력자가 많았다. 사실 중남미에서 건너온 이민자들을 제외한다면, 미국에 건너온 이민자들은 미국에서 태어난 본토인들보다 학력 수준이 월등히 높은 셈이다.

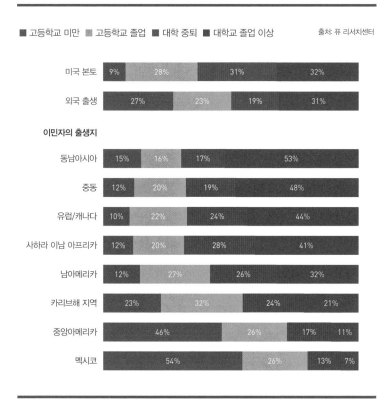

■ 고등학교 미만　■ 고등학교 졸업　■ 대학 중퇴　■ 대학교 졸업 이상

	고등학교 미만	고등학교 졸업	대학 중퇴	대학교 졸업 이상
미국 본토	9%	28%	31%	32%
외국 출생	27%	23%	19%	31%

이민자의 출생지

	고등학교 미만	고등학교 졸업	대학 중퇴	대학교 졸업 이상
동남아시아	15%	16%	17%	53%
중동	12%	20%	19%	48%
유럽/캐나다	10%	22%	24%	44%
사하라 이남 아프리카	12%	20%	28%	41%
남아메리카	12%	27%	26%	32%
카리브해 지역	23%	32%	24%	21%
중앙아메리카	46%	26%	17%	11%
멕시코	54%	26%	13%	7%

이민자와 미국 본토인의 학력 비교(2017)

현재는 히스패닉계 이민자나 아시아계 이민자 모두 높은 비율로 민주당을 지지하고 있다. 지난 2016년 대통령 선거에서 트럼프의 멕시코 이민자에 대한 모욕은 전혀 다른 환경에 살고 있는 아시아계 이민자에게도 영향을 미쳤다. 살아온 배경도 다르고, 처해 있는 상

황도 다르고, 얼굴 생김새도 다르지만, '이민자'라는 집단에 함께 묶여 있는 탓에 동질감을 가졌기 때문이다. 하지만 이런 동질감은 시간이 지날수록 희미해지기도 쉽다. 늘어나는 히스패닉 유권자를 잡기 위해, 특히 텍사스주에서의 선전을 위해, 민주당은 중남미에서 건너오는 이민자를 위한 정책에 더 신경 쓸 수밖에 없을 것이다. 그런 과정에서, 사회경제적으로 다르게 성장해버린 여타 이민자 그룹은 민주당과 괴리를 느낄 테고, 점차 다른 정당으로 옮겨 갈 가능성도 존재한다. 공화당이 이런 틈새시장을 어떻게 공략할 것인가는 앞으로 미국 정치를 바라보는 관전 포인트이기도 하다.

그러나 여전히 꿈을 이룰 수 있는 나라

앞서 살펴본 바와 같이, 미국에 건너가 살고 있는 우리의 '고모'와 '삼촌'들은 1960년대 이후에 정착한 이들이다. 국제 정세와 국내적 환경에 따라 미국의 이민정책도 부침을 겪었다. 최근 정치적 올바름의 영향으로 이민자에 대한 노골적 비난은 줄어들었지만, 분명히 미국 역사에서 이민자와 관련한 흑역사는 존재한다. 1928년 미국 대통령 선거에 나섰던 민주당의 앨 스미스Al Smith는 아일랜드 출신 가톨릭이라는 이유로 온갖 흑색선전에 시달렸고, 결국 허버트 후버에게 패했다. 존 F. 케네디라는 미국 역사상 첫 가톨릭 대통령이 탄생하기까지, 그로부터 32년의 세월이 필요했다. 노예해방이 있었지만 1960년대까지 실질적인 투표권 행사가 제한되었던 흑인들은, 그 유명한 셀마Selma 행진을 통해 자신들의 힘을 보여주고 요구를 관철했다. 그리고 40여 년 뒤, 미국은 흑인 대통령을 맞이했다. 비록 실패했지만, 여성에게 투표권이 부여된 지 거의 100년이 지난 뒤, 한 여성이 공당의 후보로 대통령 선거에 나서기도 했다. 그리고 그녀는 사실상 더 많은 득표를 했다.

본토인과 기득권의 저항과 사회적 냉대는 있을지라도, 결국엔 꿈을 이룰 수 있는 곳이기에, 미국은 여전히 많은 이들에게 매력적인 곳이다. 언젠가는 이민자 대통령도 볼 수 있지 않을까.

아메리카 퍼스트

'미국을 우선으로 America First.' 트럼프 대통령의 '미국을 다시 위대하게 Make America Great Again'만큼이나 유명한 문구다. 우리 언론에서는 '미국 우선주의'라고도 번역했고 전체적인 정책의 맥락을 따져서 '미국 고립주의'라는 말도 많이 썼다. 사실 '고립주의'라는 말은 그리 적절해 보이지 않는 것이, 아무리 애를 써도 미국이라는 국가가 '고립'된다는 건 어불성설이기 때문이다. 아마 지구상에서 '고립주의'라는 말이 어울려 보이는 국가는 북한 정도일 것이다. 워낙 미국 대통령답지 않은 선언이어서 '고립주의'라고 표현했을 뿐, 정확히 말하면 미국이 이제 외국 일에 간섭하거나 그 때문에 손해 보지 않고 자국 이익만 알뜰히 챙기겠다는 선언쯤 되지 않을까 싶다.

트럼프가 말한 아메리카 퍼스트, 즉 미국 우선주의가 드러나는 사례는 부지기수다. 그중에서도 시각적 충격을 가지고 온 것은 멕시코와 미국 사이에 세우겠다고 한 멕시코 장벽이다. 2016년 대선 당시 그는 '위대한 장벽Great Wall'을 세울 것이고, 멕시코 정부에 그 비용을 대게 하겠다고 호언장담했다. 허핑턴포스트Huffington post에 따르면 2020년 6월 기준으로 약 212마일에 달하는 트럼프의 장벽이 세워지긴 했다. 그런데 실제로 '트럼프의 장벽'이라고 이름 붙일 수 있을 만한, 트럼프 정부 들어와서 새로 세워진 장벽의 길이는 3마일, 즉 약 5킬로미터 정도에 불과하다. 나머지는 부시 대통령이나 오바마 대통령 시절에도 꾸준히 해오던 기존 장벽 보수에 지나지 않았다. 아, 물론 멕시코 정부는 단 한 푼도 내지 않았다.

많은 이들에게 미국은 열린 사회다. 세계 곳곳에서 이민을 받아들이고 다양한 사람들이 모여 사는 곳. 능력 있는 사람이라면 한 번쯤 건너가서 꿈을 펼쳐보고 성공하고 싶다는 생각이 들게 하는 나라다. 그렇기 때문에 트럼프의 장벽 건설 선언은 멕시코뿐 아니라 다른 나라 사람들에게도 묘한 배신감을 줬던 것 같다. 어쨌든 트럼프의 주장은 이거다. 우리 살기 바쁜데, 다른 나라 봐주는 것도 지쳤다. 우리부터 잘살자. 세계의 경찰 노릇 따위 관심 없다. 그렇지만 여전히 우리가 킹왕짱이니까 덤비지는 말아라.

사실 미국이 늘 국제사회 전면에 나서서 경찰 노릇을 한 건 아니다. 그리고 트럼프가 불간섭주의 주창자도 아니고 그 말을 처음 한 인물도 아니다. 원래 미국은 건국 때부터 다른 나라 일에 간섭 안 할 테니 우리한테도 간섭하지 말라는 이야기를 주구장창 해왔던 국가다. 이렇게 세계의 경찰 노릇을 하게 될 줄은 아마 그들도 몰랐을 것이다.

불간섭 원칙의 원조와 발전

"미국은 그 어떤 그리고 그 어느 국가의 간섭으로부터도 자유로워야 한다. …… 우리는 그 어떠한 외국과도 영속적인 동맹을 체결하지 않는 것을 진정한 정책으로 삼아야 한다."

과연 누가 한 말일까? 얼추 내용만 보자면 트럼프가 떠오르겠지만, 사실 위의 문구는 미국 초대 대통령인 조지 워싱턴이 대통령직에서 내려올 때 했던 고별사의 한 대목이다. 쉽게 말하면 미국은 미국의 일에만 전념해야 하며, 다른 나라와 지나치게 교류하면서 그쪽 일에 휘말리지 말 것을 당부하고 있다. 여기서 다른 나라는 유럽, 특히 프랑스와 영국을 의미한다. 당시 미국은 영국과의 관계를 돈독히 해야 한다는 연방주의자들과 프랑스와의 관계를 중시하는 반연방주의자들 사이의 갈등이 극에 달했다. 연방주의자에 가까웠던 워싱턴으로서는 프랑스가 사사건건 간섭하는 것도 불만스러웠고, 이와 관련하여 분란이 일어나는 상황도 매우 우려되었다. 전쟁을 통해 겨우 독립국가를 세웠는데, 외국의 간섭으로 인해 일어나는 잦은 분쟁이 위험 수준에 이르렀다고 본 것이다.

사실, 워싱턴의 경고가 아니더라도, 당시 미국의 국력으로는 국제무대에서 외교력을 펼치기 어렵긴 했다. 그냥 조용히 구석에 틀어박혀 독립전쟁하느라 무너진 재정 채우고 국가기관과 법령을 정립하는 게 우선이었다. 이런 기조는 꽤 오랫동안 지속되었다.

그러다가 그 유명한 먼로 독트린Monroe Doctrine이 발표된다. 제임스 먼로James Monroe 대통령이 1823년 의회 연두교서 연설에서 발표한 것으로, 유럽 국가가 아메리카 대륙 국가들의 식민지화를 시도하거나 전쟁을 일으키려 한다면 이를 미국에 대한 선전포고로 여기고 대응하겠다는 것이 골자였다. 한마디로 아메리카 대륙에 야심을 품지 말라는 말로, 그 대신 미국도 유럽에서 일어난 일에 대해서는 개입하지 않겠다는 약속 또한 잊지 않았다.*

1820년대 초반 즈음, 많은 중남미 국가가 스페인이나 포르투갈로부터 독립했다. 그러나 대륙의 유럽 열강이 언제 다시 신대륙으로 건너와서 식민화를 시도할지 모른다는 우려는 여전했다. 더불어 제국으로서의 면모를 갖추면서 유라시아 동쪽으로 영토를 확장하던 러시아도 있었다. 1741년 알래스카를 확보한 러시아는 베링해협을 지나 아메리카 대륙의 북서부 지역에 관심을 가지고 남하하고 있었다. 크리미아 전쟁**으로 인한 극심한 재정난을 해결해보기 위해 알래스카를 팔기 전까지, 러시아는 러시아-아메리카 회사Russian American Company를 통해 캘리포니아 북부에 이르는 지역을 확보하려고 했다.*** 이런 상황에서 여전히 존재하는 유럽 대륙의 제국주의를 우려하며 이를 미연에 방지하고자 선언한 것이 바로 먼로 독트린이다.****

---

* "아메리카 대륙은 앞으로 유럽 열강의 식민지로 여겨져서는 안 된다(The American continents … are henceforth not to be considered as subjects for future colonization by any European powers)." Monroe Doctrine, 1823. U.S. State Department: Office of the Historian.
** 1853년 제정 러시아가 흑해로 진출하기 위하여 오스만 제국, 영국, 프랑스, 사르디니아 공국 연합군과 벌인 전쟁.
*** 지금은 유적지로 지정이 된 로스 요새Fort Ross로 남아 있다. 로스 요새는 와인으로 유명한 캘리포니아의 서노마 카운티Sonoma County에 있다.
**** 이러한 점을 경고하고 함께 나선 것은 영국이었다. 대륙 유럽과 영국은 확실히 이해를 달리하고 있

물론, 건국이 마무리되면서 국가가 안정되고, 기계화가 진행되면서 제조업 발전을 비롯한 경제성장이 시작되어 '국가'로서의 자신감이 생긴 것도 이유 중 하나다. 한마디로 좀 살 만해지니, 슬슬 외부로 눈을 돌릴 수 있게 되었고, 가장 가까이 있는 중남미에 눈독을 들이기 시작한 것이다. 그런데 유럽이 여전히 아메리카 대륙에 관심이 있는 것 같아 보이니, 선제적으로 "우리 구역이니까 넘보지 말고 유럽 대륙이나 신경 써"라고 한 것이나 마찬가지다. 사실 유럽에서는 먼로 독트린에 큰 관심을 두지 않았다. 미국은 유럽의 세계에 도전하기에 아직은 작은 국가였다. 독트린을 발표한 미국 스스로도 얼마만큼의 진정성이 있었는지 잘 모르겠다. 1833년에 영국이 지금까지도 아르헨티나와 으르렁거리고 있는 포클랜드^{Falkland}를 점령했을 때, 미국은 아무런 액션을 취하지 않았다. 그래서 하버드대학교의 그레이엄 앨리슨 교수는 먼로 독트린에 미국이 실제로 무언가를 행하려는 의도가 들어 있었기보다는 그냥 희망 사항에 가까웠다고 말한다.*

었고, 영국은 미국을 이용해 유럽 대륙의 식민지 확장을 견제하려 했다. 원래 먼로 독트린은 영국 정부와 함께 공동 선언하려 했으나, 당시 국무장관이었던 존 퀸시 애덤스의 격렬한 반대로 미국 독자적으로 내게 되었다. 애덤스 국무장관은 영국으로부터의 영향력을 차단해야 한다는 점, 그리고 추후 미국의 독자적인 외교 활동에 제약이 걸릴 수 있다는 점을 강조했다.

* 그레이엄 앨리슨, 정혜윤 옮김, 『예정된 전쟁』, 세종서적, 2018.

그럼에도 불구하고 먼로 독트린은 미국 외교사에서 매우 중요한 위치를 차지하고 있다. 선언 초반에는 신대륙과 유럽의 고리를 끊는 고립주의 선언으로서의 의미가 강했지만, 점차 시간이 지나면서 미국의 경제력이 성장하자 아메리카 대륙에서 미국의 개입을 강화하는 방향으로 해석되었기 때문이다. 그리고 이런 적극적인 해석은 시어도어 루스벨트 대통령에 의해 이루어졌다. '루스벨트 계론 Roosevelt Corollary'이라고도 불리는 그의 선언은, '베네수엘라 위기' 상황에서 나왔다. 당시 베네수엘라는 유럽 열강으로부터 차관을 대거 들였는데, 이자가 계속해서 연체되고 있었다. 부패한 정치권력으로 인해 도저히 돈을 받을 가능성이 없어 보이자, 영국, 독일, 이탈리아 같은 유럽 국가가 이른바 '수금'을 하러 대서양을 건너온다.

시어도어 루스벨트 대통령은 해군력이 한 나라의 국방력을 결정한다고 본, 그야말로 해군주의자였다. 베네수엘라가 돈이 없는 것을 뻔히 알고 있던 루스벨트는 수금이 제대로 안 될 경우 혹여 유럽 국가들이 돈 대신 땅이라도 내놓으라고 할까 봐 걱정이 됐다. 특히 루스벨트에게는 눈부신 기술 발전에 힘입어 위로 치고 올라오던 독일이 지는 해처럼 보였던 대영제국보다 더 경계 대상이었다. 공격적이고 적극적이었던 '애국자' 루스벨트는 이른바 루스벨트 계론을 설파하면서 이전의 수동적이었던 먼로 독트린을 재해석한다. 그러면서 처음으로 미국이 '세계 경찰' 노릇을 해야 한다고 언급함으로

써, 미국의 확장을 암시한다.*

그럼에도 여전히 미국은 세계 무대에서 적극적으로 실력 행사를 하려는 국가는 아니었다. 그런 미국이 결국 국제 무대로 끌려 나올 수밖에 없었던 것은 두 번에 걸친 세계대전 때문이었다. 제1차 세계대전도 최대한 개입하지 않으려다 미국인 128명이 타고 있던 루시타니아호가 독일군에 의해 침몰당하면서 개입할 수밖에 없었고, 결국에는 느지막이 참전하게 된다. 그 결과물이었던 국제연맹the League of Nations은 미국의 우드로 윌슨Woodrow Wilson 대통령에 의해 주창되었지만, 정작 미국은 상원 비준에 실패하면서 참여하지 않았다.

제2차 세계대전은 미국을 그야말로 초강대국으로 올라서게 하고, 국제 질서의 리더 국가로 자리매김시킨 계기가 된다. 미국의 위상은 완전히 달라졌다. 흥미로운 것은, 달라진 미국의 위상이 사진 속에서도 보인다는 것이다. 제1차 세계대전이 끝난 후 전후 처리를 위해 베르사유 조약을 맺던 당시 정상들의 사진 속에 미국의 우드로 윌

---

* 1904년과 1905년 의회 메시지에 루스벨트 계론이 나타나 있다. "아메리카 대륙 국가들의 고질적인 잘못된 행위는 발전한 국가들이 개입해 풀어야 할 필요가 있다. 특히 서반구에서 벌어지는 부정한 행위나 무능한 권력에 대해 미국은 먼로 독트린에 의거해 국제 경찰력을 행사할 수밖에 없다(Chronic wrongdoing …… may in America, as elsewhere, ultimately require intervention by some civilized nation, and in the Western Hemisphere the adherence of the United States to the Monroe Doctrine may force the United States, however reluctantly, in flagrant cases of such wrongdoing or impotence, to the exercise of an international police power)."

슨 대통령의 모습도 있다. 윌슨은 가장 오른쪽에 앉아 있고, 중앙에
는 영국과 프랑스의 수상들이 앉아 있다. 그런데 제2차 세계대전 말
미쯤 있었던 얄타 회담이나 포츠담 회담에서, 당시 미국 대통령 프
랭클린 루스벨트는 정중앙에 앉아 있다. 어디에서나 센터가 중요하
다고 하지만, 최고 강대국이 모인 국제회담에서 중앙에 앉아 있는
미국의 위상은 30년 전과는 확연히 달라졌다고 하지 않을 수 없다.

사실 제2차 세계대전이 끝난 후, 두 차례의 지독한 전쟁에 지친 미
국인들은 이제 그만 예전처럼 우리끼리 행복하게 살자고 목소리를

베르사유 조약 당시. 왼쪽부터 이탈리아 수상 비토리오 엠마뉴엘 오를란도Vittorio Emanuele Orlando, 영국
수상 데이비드 로이드 조지David Lloyd Geroge, 프랑스 수상 조르주 클레망소Georges Clemenceau, 미국 대통
령 우드로 윌슨

내기도 했다. "저 시끄러운 유럽 애들이나 일본이랑 엮이지 않고도 우리 행복했잖아." 하지만 변해가는 국제 정세는 이를 불가능하게 했다. 소련이라는 공산주의 블록의 거대 강국이 미국과 서방의 자유와 민주주의를 위협하는 상황에서, 위대한 미국은 그 고귀한 가치를 지키기 위해 나서야 했다.

1947년의 트루먼 독트린Truman Doctrine은 그런 의미에서 미국 외교정책의 큰 전환점이다. 전쟁이 끝난 직후 미국의 공산권, 특히 소련에

얄타 회담 당시. 왼쪽부터 영국 수상 윈스턴 처칠Winston Churchill, 미국 대통령 프랭클린 D. 루스벨트, 소비에트 연방 총리 이오시프 스탈린Iosif Stalin

선거는 어떻게 대중을 유혹하는가

대한 입장은 명확한 편이 아니었다. 제2차 세계대전 말 무렵에 소련 역시 연합군의 일부였고, 루스벨트 대통령은 스탈린에 대해 큰 경계를 하지 않았던 것으로 보인다. 트루먼은 전임자였던 루스벨트에 비해 소련과 공산주의, 그리고 스탈린에 대해 훨씬 큰 경계심을 가졌다. 그리스에서 내전이 발발하면서 공산화의 위협이 서유럽에 확산하자 그는 트루먼 독트린을 통해, "무력을 가진 소수 혹은 외부의 압력이 자신을 종속하려는 시도에 맞서는 자유 국민을 지원해야 한다"고 천명한다. 그 직접적인 결과물이 마셜 플랜Marshall Plan이었다. 그리고 반공산주의와 냉전은 한국전쟁을 지나면서 심화되었다. 미국은 자유민주주의 진영을 이끌어가는 국제 무대의 리더로 자리매김하게 되었다. 미국 국민에게는 무거운 책임감과 동시에 자부심마저 느끼게 하는 위치였다.

그러니까 대략 70년 정도 걸린 것이다. 미국인들이 그 자리에 신물을 느끼게 된 것이. 바로 그 미국인들이 2016년 트럼프를 찍어준 것이다.

자유주의 국제 질서와 리더의 역할

자유주의 국제 질서liberal international order를 이끄는 리더국 미국은 강력한 국제적 파워를 행사해온 동시에, 필요한 경우 일정 부분 손해를 감수하기도 했다. 전후 만들어놓은 여러 국제기구에 가장 많은 액수의 기부금을 낸다든지, 미래를 위해 필요한 어젠다를 던지고 어르고 달래면서 함께 합류하게 한다든지, 분명히 합동으로 하는 일인데도 제일 많이 책임지고 손해도 보고 그래왔다. 원래 리더란 그런 것이다. 세상에 공짜 점심은 없다는데, 무릇 리더라면 공짜 점심을 사주는 입장이 된다.

그게 싫다는 것이다. 이제는 주변 국가들이 으레 미국이 손해 좀 보는 걸 당연하게 여기고 있다는 것이 미국인들의 불만이다. 뭐, 쉽게 말하자면, '호의가 계속되니 권리인 줄 안다'는 거다. 이 불만을 트럼프가 아주 노골적으로 드러내며 '소위 동맹국'에 적대감을 표했고, 이게 제대로 먹혔다.

그럼 미국인들은 이젠 세계 리더의 자리에 관심도 없고 그만 포기할 생각일까?

그건 아닌 것 같다. 여전히 많은 미국인은 미국이 세계의 리더여야만 한다고 생각하고 있고, 그 자리를 다른 국가, 특히 중국에 넘겨줄 생각은 없는 듯하다. 2016년에는 중국의 도전을 그다지 심각하게 생각하지 않았을지 모르지만 지금 상황은 상당히 다르다. 반감

뿐 아니라 위협도 함께 느끼고 있기 때문이다. 그렇다면 2020년 미국 유권자는 어떤 선택을 할 것인가? 어떤 결과가 나오든지, 인류는 또 하나의 역사적 선택을 맞이하게 될 것으로 보인다.

승자와 패자,
모두를 위한 사회를 꿈꾸며

투표율이 낮아지던 즈음, 많은 학자가 왜 투표율이 낮아지는지, 그리고 어떻게 이걸 끌어올릴지 골몰했다. 그러다 유명한 정치학자인 윌리엄 라이커William H. Riker와 피터 오데슈크Peter C. Ordeshook는 발상의 전환을 한다. '왜 투표를 안 할까'가 아니라 '왜 투표를 할까'를 궁금해해야 하는 것 아니야? 투표라는 행동에 들어가는 노력과 품으로 보건대, 전혀 남는 장사가 아니기 때문이다. 나의 한 표가 승패를 가를 만큼 소중하다는 말은 정말 오랫동안 전해져 내려온 '구라'다. 그 한 표가 정말 승패를 결정할 만큼 의미 있으려면, 내가 한 표를 던지기 전 후보들이 완벽한 타이를 이루고 있어야 한다. 그리고 마치 잔잔한 호수에 던져진 돌처럼 타이를 깨뜨리는 내 한 표. 잘 알다시피 그런 일은 살아가면서 거의 절대로 일어나지 않는다.

라이커와 오데슈크가 내린 결론은, 우리가 사회화 교육을 받았고 그로 인해 '민주주의 사회에 사는 시민으로서의 책임감'을 주입받았기 때문에 투표한다는 것이었다. 누가 나왔는지도 봐야 하고, 어떤 정책을 내세우는지도 (슬쩍이나마) 봐야 하고, 여당 혹은 야당이 지금까지 어떻게 정치를 해왔는지도 보고, 투표장에 가서 줄을 서고……. 이런 귀찮음을 상쇄하고도 남을 시민으로서의 책임감이, 합리적이고 경제적인 동물이라는 인간이라면 도저히 할 리 없는 '투표'를 하게끔 만든다는 이론이었다.

물론 나는 그들의 이론을 믿는다. 그런데 여기에 하나 더 추가하고 싶다. 우리는 수고를 무릅쓰고 투표를 한다. 왜?

재밌어서.

고상하게 우리의 대표를 뽑는 절차라고 하지만, 결국 선거는 외나무다리 위의 '결투'다. 말싸움도 하고, 흑색선전도 하고, 기싸움도 벌이고, 아이돌처럼 무대에 서서 지지자들의 환호를 받고, 그 모습에 지지자들은 더 고무되고. 마치 거대한 쇼처럼 신나게 사람들을 몰아가는 한바탕 놀이와 같다. 인간은 본시 경쟁의 긴장감을 좋아하며, 이겼을 때의 쾌감은 더 좋아한다. 후보와 정당을 지지하면서 그들과 일체화되고, 마치 자기가 선거에 출마한 사람인 양 흥분하고 동화하는 가슴 뛰는 경험을 한다. 행여 옆에 앉은 사람이 나와 같은 후보를 지지하면 바로 '동지'가 된다. 후보의 캠프는 우리에게 '소중한 한 표'라고 말하며 자존감도 높여준다. 지금까지 뻣뻣하기만 했던 분들이 "저를 선택해주세요!"라고 외치며 내 손 한 번 더 잡으려 하고, 눈 한 번 더 맞추려 하고, 내 앞에서 친근한 척한다. 몇 년에 한 번씩 돌아오는 유권자로서의 갑질. 공명심은 덤이다. 듣기만 해도 아드레날린이 뿜뿜 솟아나지 않는가.

선거는 '정당'이라는 기획사에 의해 만들어진 지상 최대의 쇼다.

안타까운 점은, 이 흥분되고 신나는 이벤트가 종국에는 인구의 절반이 행복의 절정을 맛볼 때, 나머지 절반은 좌절에 빠지게 한다는 사실이다. 모든 경쟁에서는 승자가 있으면 반드시 패자가 있다. 그리고 민주주의의 진정한 가치는, 승자가 승리를 어떻게 누리는지가 아니라, 패자가 패배를 어떻게 받아들이는지에 있다. 그래서일까. 나는 유난히 선거 이후 승자의 승리 연설victory speech 보다, 패배를 인정하는 패자의 양보 연설concession speech을 좋아한다.

2008년 한밤중에 존 매케인 후보의 양보 연설을 들었을 때도, 2016년 힐러리 클린턴이 하루의 시간을 두고 가까스로 심정을 추스른 뒤 연설을 했을 때도 그랬다. 승리 연설보다 훨씬 매력적이고 뭉클한 것이 패자의 패배 인정 연설이다.

2016년 선거 다음 날, 망연자실해하던 민주당 지지자들을 위해, 오바마 대통령은 백악관의 로즈 가든에서 짧은 연설을 한 바 있다. 오바마는 워낙 명연설이 많기로 유명하지만, 그날의 연설은 더욱 짜릿했다.

> "참 길고도 열심히 싸웠던 선거였습니다. 미국의 많은 이들은 오늘 매우 기쁠 것이고, 또 다른 많은 이들은 그렇지 못할 겁니다. 하지만 그게 바로 선거이고, 그게 바로 민주주의의 본질입니다. …… 중요한 점은, 우리는 모두 동료 시민의 선한 의지를 믿고 함께 가야 한다는 것입니다. 선한 의지에 대한 믿음이야말로 활기차게 기능하는 민주주의를 위해 꼭 필요한 것이고, 이 나라는 그렇게 240년 동안 전진해왔습니다."

트럼프가 등장하고 나서 많은 사람이 민주주의의 취약성에 대해 우려했다. 본인의 정치적 목적을 위해 국민을 갈라치기하는 대통령, 그리고 부단한 노력을 통해 겨우 마련한 '정치적 올바름'과 다양성의 공존이라는 사회적 규범을 삽시간에 무너뜨린 대통령. 북한과 얽힌 문제 때문인지 한국에서의 평가는 혼선을 보이고 있지만, 미국 내 절반 이상의 국민과 많은 동맹국이 바라보는 트럼프는 위험한 인물임에 틀림이 없다. 하버드대 정치학과 교수 스티븐 레비츠키Steven Levitsky와 대니얼 지블랫Daniel Ziblatt은 트럼프가 당선된 후, 오랜 전통으로 인해 끄떡없다고 여겨온 '미국의 민주주의'가 얼마나 취약하고 쉽게 무너질 수 있는지 경고했다. 쿠데타 같은 거친 방법이 아니라, 선거로 등장한 권력이 휘두르는 (세련된) 독재를 통해 우리의 민주주의는 난도질당한다. 상대를 인정하지 않고 악마화하고, 제도화된 권리를 함부로 사용하고, 갈등과 폭력을 조장하고 언론에 재갈을 물림으로써, 선거로 탄생한 정권도 얼마든지 독재정권이 될 수 있다. 제3세계 국가에서나 일어나는 일이 아니라, 민주주의가 자리 잡았다고 생각하는 나라에서도 일어날 수 있다는 게 그들의 주장이다.

그런 의미에서 아마도 2020년 대통령 선거는 처음부터 끝까지 '미국 민주주의'의 맷집이 얼마나 강한지 알아보는 리트머스 테스트가 될 것이다. 그리고 가장 힘든 테스트는 누가 당선되느냐가 아니라, 패배한 후보와 그의 지지자들이 이를 어떻게 받아들이느냐다.

벌써부터 많은 이들이 혹여 트럼프 대통령이 패배할 경우, 자신의 패배를 인정하지 않을 것이라는 생각들을 하고 있다. 이번 선거에서 유난히 우편 투표가 많아졌다는 것이 표면적인 이유지만, 지난 트럼프의 행적을 고려할 때 (만일 재선에 실패한다면) 도저히 순순히 물러날 것 같지 않은 캐릭터이기 때문이다. 물론 본인이 자초한 면도 있다. 또 이미 선거 결과 논란으로 인해 대체 누가 대통령으로 당선된 것인지도 한동안 몰랐던 2000년의 경험이 있지 않은가. 그 점잖은 앨 고어도 쉽사리 포기하지 않았는데, 하물며 트럼프야.

하지만 나는 이번에도 역시 우아한 패배 인정 연설을 기대한다. 그게 트럼프로부터 나올지, 바이든으로부터 나올지 아직 모르지만. 인간의 가장 강한 욕망을 가장 강한 의지로 억누르며 전하는 패배 인정 연설이야말로, 민주주의가 꿋꿋이 살아 있음을 보여주는 반증이 될 것이다.

|참|고|문|헌|

PART 1 선택의 역설

- "Presidential Election Results: Donald Trump Wins", *The New York Times*. https://www.nytimes.com/elections/2016/results/president

- Anglim, C. (1993), "Selective, Annotated Bibliography on the Electoral College: Its Creation, History, and Prospects for Reform", *Law Library Journal*. 85(2): 297-328.

- Bates, T. G. (2011), *The Reagan Rhetoric: History and Memory in 1980s America*, DeKalb: Northern Illinois University Press.

- Bitette, N. (Nov. 10, 2016), "Madonna, Mark Ruffalo, T. I. and more celebrities join New York City anti-Trump protests", *New York Daily News*.

- Bureau of Economic Analysis, U.S. Department of Commerce. https://www.bea.gov/

- Duverger, M. (1951), *Political Parties: Their Organization and Activity in the Modern State*, New York: Wiley.

- Ferling, J. (2004), *Adams Vs. Jefferson: The Tumultuous Election of 1800*,

Oxford University Press.

- Glass, A. (Apr. 24, 2013), "Truman Receives Briefing on Manhattan Project, April 24, 1945", *Politico*. https://www.politico.com/story/2013/04/this-day-in-politics-090514

- O'Donnell, M. (Apr. 2014), "How LBJ Saved the Civil Rights Act", *The Atlantic*.

- Oreskes, M. (July 2, 1989), "Civil Rights Act Leaves Deep Mark On the American Political Landscape", *The New York Times*.

- Panagopoulos, C. (2010), "Are Caucuses Bad for Democracy?", *Political Science Quarterly*, 125(3), 425-442.

- Peters, B. (Apr. 15, 2019), "Has the Longtime Swing State of Ohio Stopped Swinging?", *Roll Call*.

- Rae, N. C. (2004), "The Goerge W. Bush Presidency in Historical Context", *High Risk And Big Ambition: Presidency of George W. Bush*, ed. by Steven E. Schier. Pittsburgh, Pa: University of Pittsburgh Press, pp.17-36.

- Redlawsk, D. P., Tolbert, C. J. & Donovan, T. (2011), *Why Iowa?: How Caucuses and Sequential Elections Improve the Presidential Nominating Process*, University of Chicago Press.

- Riker, W. H. (Dec. 1982), "The Two-party System and Duverger's Law: An Essay on the History of Political Science", *American Political Science Review*, 76(4):753-766.

- Schmidt, K. & Andrews, W. (Dec. 19, 2016), "Historic Number of Electors Defected, and Most Were Supposed to Vote for Clinton", *The New York Times*.

- Sigelman, L. & Wahlbeck, P. (1997), "The 'Veepstakes': Strategic Choice in Presidential Running Mate Selection", *The American Political Science*

Review, 91(4), 855-864.

- Sloan, H. (2004), "In a Choice of Evils... Jefferson Is in Every View Less Dangerous than Burr": Alexander Hamilton to Harrison Gray Otis on the Deadlocked Presidential Election of 1800, *OAH Magazine of History*, 18(5): 53-57. http://www.jstor.org/stable/25163723.

- Stamp, J. (Oct. 23, 2012), "Political Animals: Republican Elephants and Democratic Donkeys", *Smithonian Magazine*.

- Stein, J. (May 2, 2016), "The Real Obstacle to Voter Turnout in Democratic Primaries: Caucuses", *VOX*. https://www.vox.com/2016/5/2/11535648/bernie-sanders-closed-primaries-caucuses

- Tolbert, C. J., Redlawsk, D. P. & Bowen, D. C. (2009), "Reforming Presidential Nominations: Rotating State Primaries or a National Primary?", *PS: Political Science and Politics*, 42(1), 71-79.

- Zelizer, J. E. (Jan. 2016), "How Jimmy Carter Revolutionalized the Iowa Caucus", *The Atlantic*.

- 토마 피케티, 안준범 옮김, 『자본과 이데올로기』, 문학동네, 2020.

PART 2 선거의 기술

- Allison, B., Rojanasakul, M, Harris, B. & Sam, C. (Dec. 9, 2016), "Tracking the 2016 Presidential Money Race", *Bloomberg*.

- Ansolabehere, S. & Konisky, D. M. (2006), "The Introduction of Voter Registration and Its Effect on Turnout", *Political Analysis*, 14(1): 83-100.

- Associate Press (Jan. 13, 1991), "Gravely Ill, Atwater Offers Apology", *The New York Times*.

- Axelrod, D. (2015), Believer: *My Forty Years in Politics*, Penguin.

- Berke, R. L. & Wines, M. (Nov. 3, 1988), "Bush, His Disavowed Backers And a Very Potent Attack Ad" *The New York Times*. https://www.nytimes.com/1988/11/03/us/bush-his-disavowed-backers-and-a-very-potent-attack-ad.html

- Boydstun, A. E., Ledgerwood, A. & Sparks, J. (2019), "A Negativity Bas in Reframing Shapes Political Preferences Even in Partisan Contexts", *Social Psychological and Personality Science*, 10(1), 53-61.

- Burleigh, N. (Jun. 8, 2017), "How Big Data Mines Personal Info to Craft Fake News and Manipulate Voters", *Newsweek*.

- Cadwalladr, C. & Graham-Harrison, E. (Mar. 17, 2018), "Revealed: 50 Million Facebook Profiles Harvested for Cambridge Analytica in Major Data Breach", *The Guardian*.

- Center for Responsive Politics, "Money-in-Politics Timeline". https://www.opensecrets.org/resources/learn/timeline

- Collins, D. A. (2014), "Absentee Soldier Voting In Civil War Law And Politics", *Wayne State University Dissertations*, Paper 1043.

- Engage Research (2012), *Inside the Cave: Obama's Digital Campaign*.

- Epstein, R. J. and Saul, S. (Apr. 10, 2020), "Does Vote-by-Mail Favor Democrats? No. It's a False Argument by Trump", *The New York Times*.

- Erikson, R. S. & Wlezien, C. (2012), *The Timeline of Presidential Elections: How Campaigns Do (and Do not) Matter*, University of Chicago Press.

- Fernandez, M. (Apr. 27, 2018), "Texas' Voter ID Law Does Not Discriminate and Can Stand, Appeals Panel Rules", *The New York Times*.

- Fineman, H. (Sep. 4, 1994), "Spin Doctors In Love", *Newsweek*.

- Garrett, R. S. (2018), "Money, Politics, and Policy: Campaign Finance before and after Citizens United", In *Campaigns and Elections American Style* (pp. 77-99), Routledge.

- Gerber, A. S. & Green, D. P. (2000), "The Effects of Canvassing, Telephone Calls, and Direct Mail on Voter Turnout: A Field Experiment", *American Political Science Review*, 94(3): 653-663.

- Green, D. P. & Gerber, A. S. (2019), *Get Out the Vote: How to Increase Voter Turnout*, Brookings Institution Press.

- Green, J. & Issenberg, S. (Oct. 27, 2016), "Inside the Trump Bunker, With Days to Go", *Bloomberg*.

- Hajnal, Z., Kuk, J. & Lajevardi, N. (2018), "We All Agree: Strict Voter ID Laws Disproportionately Burden Minorities", *The Journal of Politics*, 80(3): 1052-1059.

- Hall, M. (Aug. 12, 2020), "Trump Campaign Tweeted Mugshots of Released Black Inmates in a Callous Attempt to Smear the Biden Campaign, Which Some Said Channeled the Racist Bush Campaign 'Willie Horton' Ad", *Business Insider*. https://www.businessinsider.com/trump-campaign-tweets-black-mugshots-channeling-old-willie-horton-ad-2020-8

- Haltiwagner, J. (Sep. 13, 2019), "Presidential Debates Have Always Been Political Theater. Here Are Some of Their Most Memorable Moments", *Business Insider*.

- Haney-López, I. F. (2014), *Dog Whistle Politics: How Coded Racial Appeals Have Reinvented Racism and Wrecked the Middle Class*, Oxford University Press: USA.

- Helm, T. (Apr. 19, 2014), "Sultans of Spin: the Elite Election Strategists Coming to Britain", *The Guardian*.

- Hope, B. (Nov. 9, 2016), "Inside Donald Trump's Data Analytics Team on Election Night", *The Wall Street Journal*.

- Horowitz, J. (May 27, 2014), "Once Allies, Ex-Obama Aides Face Off in British Campaign", *The New York Times*.

- Howard, A. (Aug. 22, 2018), "US Election Campaign Technology from 2008 to 2018, and Beyond", *MIT Technology Review*.

- Illing, S. (Apr. 4, 2018), "Cambridge Analytica, the Shady Data Firm that Might Be a key Trump-Russia Link, Explained", *VOX*.

- Issenberg, S. (Dec. 19, 2012), "How Obama's Team Used Big Data to Rally Voters", *MIT Technology Review*.

- Kranish, M. (Nov. 10, 2018), "How Brad Parscale, Once a 'Nobody in San Antonio,' Shaped Trump's Combative Politics and Rose to His Inner Circle", *The Washington Post*.

- Krohn, J. (Dec. 16, 2016), "From Willie Horton to Western Journalism: Floyd Brown's Career in Media Manipulation", *Newsweek*. https://www.newsweek.com/2016/12/16/floyd-brown-maestro-media-manipulation-528591.html

- Lakoff, G. (2004), *Don't Think of an Elephant: Progressive Values and the Framing Wars—a Progressive Guide to Action*, White River Junction, VT: Chelsea Green Publishing.

- Lapowsky, I. (Sep. 20, 2017), "The Real Trouble With Trump's 'Dark Post' Facebook Ads", *WIRED*.

- Miller, W. E., Shanks, J. M. & Shapiro, R. Y. (1996), *The New American Voter*, Harvard University Press.

- Mitchell, D. (Sept. 16, 2015), "10 Memorable Moments in Presidential Debate History", *TIME*.

- Moore, J. & Slater, W. (2011), *Bush's Brain: How Karl Rove Made George W. Bush Presidential*, John Wiley & Sons.

- Newcott, B. (Sept. 25, 2020), "Behind the Scenes of the First Televised

Presidential Eebates 60 Years Ago", *National Geographic*.

- Newkirk II., V. R. (Feb. 18, 2017), "How Voter ID Laws Discriminate Against Racial Minorities", *The Atlantic*.

- Nickerson, D. W. & Rogers, T. (2014), "Political Campaigns and Big Data", *Journal of Economic Perspectives*, 28(2), 51-74.

- Powell Jr, G. B. (1986), "American Voter Turnout in Comparative Perspective", *The American Political Science Review*, 17-43.

- Prokop, A. (Sep. 26, 2016), "Do Presidential Debates Matter? Here's the Political Science Evidence", *VOX*.

- Reklaitis, V. (Feb. 6, 2020), "These Are the Basics of Campaign Finance in 2020 – in Two Handy Charts", *Marketwatch*.

- Relman, E. & Panetta, G. (Jul. 11, 2020), "Meet Roger Stone: One of Trump's Most Loyal Supporters Whose 40-Month Prison Sentence Was Just Commuted", *Business Insider*.

- Rosenstone, S. J. & Wolfinger R. E. (1978), "The Effect of Registration Laws on Voter Turnout", *The American Political Science Review 72*, no. 1: 22-45.

- Rutenberg, J. & Myers, S. L. (Aug. 13, 2007), "Karl Rove, Top Strategist, Is Leaving the White House", *The New York Times*.

- Seitz-Wald, A. (Apr. 19, 2020), "How Do You Know Voting by Ail Works? The U.S. Military's Done It since the Civil War", *NBC News*.

- The Washington Post (Dec. 2016), "How Much Money Is Behind Each Campaign?". https://www.washingtonpost.com/graphics/politics/2016-election/campaign-finance/

- Thompson, D. M., Wu, J. A., Yoder, J. & Hall, A. B. (Jun. 2020), "Universal Vote-by-Mail Has No Impact on Partisan Turnout or Vote Share", *Proceedings of the National Academy of Sciences*, 117(25): 14052-

14056.

- Unger, C. (Oct. 19, 2012), "Karl Rove Unleashes the Swiftboats", *Salon*.

- Vandewalker, I. & Lawrence N. (Oct. 18, 2016), "Small Donors Still Aren't as Important as Wealthy Ones", *The Atlantic*.

- Viebeck, A. (Jun. 9, 2020), "Minuscule Number of Potentially Fraudulent Ballots in States with Universal Mail Voting Undercuts Trump Claims about Election Risks", *The Washington Post*.

- Wall Street Journal Staff (Sept. 18, 2020), "How to Vote by Mail in Every State", *Wall Street Journal*.

- Winston, J. (Nov. 19, 2016), "How the Trump Campaign Built and Identity Database and Used Facebook Ads to Win the Election", *Medium*.

- 퀸투스 툴리우스 키케로, 이혜경 옮김, 『선거에서 이기는 법』, 매일경제신문사, 2020.

PART 3 격변하는 시스템

- Barone, M., Ujifusa, G. & Matthews, D. (2008), *The Almanac of American Politics*, Gambit.

- Batalova, J., Blizzard, B. & Bolter, J. (Feb. 14, 2020), "Frequently Requested Statistics on Immigrants and Immigration in the United States", *Migration Policy Institute*.

- Bliss, L. (Jan. 18, 2017), "A Comprehensive Map of American Lynchings", *Bloomberg*.

- Budiman, A. (Aug. 20, 2020), "Key Findings about U.S. Immigrants", *Pew Research Center*.

- Cullen, T. (Feb. 1, 2020), "Evangelicals See Trump as a Way to Get What They Want after Decades of Defeat", *The Guardian*.

- Date, S. V. (Jun. 23, 2020), "4 Years Later, Only 3 New Miles of 'Wall' And Not A Single Peso From Mexico", *Huffington Post*.

- Devlin, K., Silver, L. & Huang, C. (Apr. 21, 2020), "U.S. Views of China Increasingly Negative Amid Coronavirus Outbreak", *Pew Research Center*.

- Elliott, P. (Oct. 14, 2019), "Ohio's Reputation as a Must-Win State May No Longer Be True", *TIME*.

- Frey, W. (Jul. 1, 2020), "The Nation is Diversifying Even Faster than Predicted, According to New Census Data", *Brookings Institution*.

- Friedman, L. & O'Neil, C. (Jan. 14, 2020), "Who Controls Trump's Environmental Policy?", *The New York Times*.

- Gonyea, D. (Feb. 5, 2013), "How The Labor Movement Did A 180 On Immigration", *NPR*.

- Gould, L. L. (1989), *The Rise and Fall of the New Deal Order, 1930-1980*, Princeton University Press.

- Hassett-Walker, C. (Jun. 4, 2019), "The Racist Roots of American Policing: From Slave Patrols to Traffic Stops", *The Conversation*.

- Ikenberry, G. J. (2017), "The Plot against American Foreign Policy: Can the Liberal Order Survive", *Foreign Affairs*, 96, 2.

- Irwin, D. (2019), "U.S. Trade Policy in Historical Perspective", *NBER Working Paper* No. 26256.

- Johnson, L. B. (1964), Remarks at the University of Michigan: The *"Great Society"* Speech, *National Archives and Records Administration*, The Lyndon B. Johnson Library and Museum, May. 22.

- Kagan, D. (1969), *The Outbreak of the Peloponnesian War*, Cornell

University Press.

- Kagan, R. (2008), "Neocon Nation: Neoconservatism, c. 1776", *World Affairs*, 170(4), 13-35.

- Kelly, K. & Haberman, M. (Aug. 25, 2017), "Gary Cohn, Trump's Adviser, Said to Have Drafted Resignation Letter After Charlottesville", *The New York Times*.

- Khalid, A. (Feb. 19, 2019), "Democrats Used To Talk About 'Criminal Immigrants', So What Changed The Party?", *NPR*.

- Koyama, K. (2009), "The Passage of the Smoot-Hawley Tariff Act: Why Did the President Sign the Bill?", *Journal of Policy History*, 21(2), 163-186.

- LBJ Presidential Library website. http://www.lbjlibrary.org/

- Mearsheimer, J. J. (2001), *The Tragedy of Great Power Politics*, WW Norton & Company.

- Monroe Doctrine, 1823. U.S. State Department: Office of the Historian.

- Parker, K., Horowitz, M. J. & Anderson, M. (Jun. 12, 2020), "Amid Protests, Majorities Across Racial and Ethnic Groups Express Support for the Black Lives Matter Movement", *Pew Research Center*.

- Philimon, W. (Jun. 7, 2020), "Not Just George Floyd: Police Departmnets Have 400-Year History of Racism", *USA Today*.

- Popovich, N., Albeck-Ripka, L. & Pierre-Louis, K. (Jul. 15, 2020), "The Trump Administration Is Reversing 100 Environmental Rules: Here's the Full List", *The New York Times*.

- Potter, G. (2013), *The History of Policing in the United States*, Retrieved from.

- Riker, W. H. & Ordeshook, P. C. (1968), "A Theory of the Calculus of Voting", *The American Political Science Review*, 62(1), 25-42.

- Saad, L. (OCt. 25, 2019), "Americans' Views on Trade in the Trump Era", *Gallup*.

- Silver, L., Devlin, K. & Huang, C. (Dec. 5, 2019), "China's Economic Growth Mostly Welcomed in Emerging Markets, but Neighbors Wary of Its Influence", *Pew Research Center*.

- Smeltz, D. & Whisler, K. (Aug. 14, 2017), "Pro-Trade Views on the Rise, Partisan Divisions on NAFTA Widen", *Chicago Council*.

- Smith, C. & Kreutz, L. (Nov. 7, 2016), "Hillary Clinton's and Donald Trump's Campaigns by the Numbers", *ABC News*.

- Stokes, B. (2017), "Views of NAFTA Less positive – and More Partisan – in U.S. than in Canada and Mexico", *Pew Research Center*.

- Sundquist, J. (2010), *Politics and Policy: the Eisenhower, Kennedy, and Johnson Years*, Brookings Institution Press.

- U.S. Deparment of Homeland and Security, Immigration Data and Statistics.

- U.S. Department of State, Office of Historian, Washington's Farewell Address, 1796.

- Weigley, R. F. (1977), *The American Way of War: a History of United States Military Strategy and Policy*, Indiana University Press.

- Weitzer, R. & Tuch, S. A. (2006), *Race and Policing in America: Conflict and Reform*, Cambridge University Press.

- 그레이엄 앨리슨, 정혜윤 옮김, 『예정된 전쟁』, 세종서적, 2018.

- 스티븐 레비츠키·대니엘 지블랫, 박세연 옮김, 『어떻게 민주주의는 무너지는가』, 어크로스, 2018.

사진 출처

- 031쪽 Everett Collection / Shutterstock.com
- 067쪽 위 AP Photo / Mary Altaffer / 연합뉴스
- 067쪽 아래 AP Photo / Carolyn Kaster / 연합뉴스
- 082쪽 위 Chip Somodevilla / Getty Images
- 082쪽 아래 EPA / Craig Lassig / 연합뉴스
- 098쪽 Interim Archives / Getty Images
- 128쪽 Chicago Tribune / Getty Images
- 131쪽 AP Photo / Evan Vucc / 연합뉴스
- 183쪽 AP Photo / Ron Edmonds / 연합뉴스
- 193쪽 Richard Sobol / Getty Images
- 196쪽 Charles Ommanney / Getty Images
- 204쪽 EPA / Aude Guerrucci / 연합뉴스
- 224쪽 mark reinstein / Shutterstock.com
- 249쪽 위 Universal History Archive / Getty Images
- 249쪽 아래 Bygone Collection / Alamy Stock Photo
- 255쪽 bgrocker / Shutterstock.com
- 256쪽 위 AP Photo / Bill Hudson / 연합뉴스
- 256쪽 아래 AP Photo / Bill Hudson / 연합뉴스
- 261쪽 The Picture Art Collection / Alamy Stock Photo
- 282쪽 AP Photo / 연합뉴스
- 305쪽 Bettmann / Getty Images
- 306쪽 Heritage Images / Getty Images

EBS CLASS ⓔ 시리즈 03

선거는 어떻게 대중을 유혹하는가

1판 1쇄 발행 2020년 10월 21일

지은이 김지윤

펴낸이 김명중 | **콘텐츠기획센터장** 류재호 | **북&렉처프로젝트팀장** 유규오
북매니저 최재진 | **렉처팀** 이규대, 이예리, 김양희, 박한솔 | **마케팅** 김효정

책임편집 책과이음 | **디자인** 이슬기 | **인쇄** 상식문화

펴낸곳 한국교육방송공사(EBS)
출판신고 2001년 1월 8일 제2017-000193호
주소 경기도 고양시 일산동구 한류월드로 28
대표전화 1588-1580 **홈페이지** www.ebs.co.kr

ISBN   978-89-547-5428-6 04300
         978-89-547-5388-3 (세트)